大国产业结构

要素空间配置的影响

钟粤俊　著

Structural

Transformation

of

A Major Country

Impact of

Spatial Factor Allocation

格致出版社　上海人民出版社

本书的研究得到了国家自然科学基金专项项目"超大规模市场的动态均衡理论与量化方法研究：结构转型与改革路径"（72342035）、国家自然科学基金面上项目"大数据视野下的城市空间结构与有效治理"（72073094）、国家自然科学基金青年项目"要素空间配置与产业结构转型：统一大市场下的量化分析"（72403088）的资助，也是这些项目的阶段性研究成果。

序:中国的产业和空间结构转型

中国正在经历两个重要的结构转型:产业结构的转型和空间结构的转型,而这两个转型是交织在一起的。

一、产业结构迎接后工业化时代

当前,中国的人均GDP处在从中等收入国家向高收入国家行列迈进的阶段。进一步实现中国式现代化的进程,必然伴随着经济发展水平的提高和经济结构的升级。在产业结构方面,第三产业在中国GDP中所占的比重已经超过一半(2023年的比重为54.6%),经济事实上进入了后工业化阶段。

中共二十大报告提出加快建设制造强国,其意义无需赘述。但现实中,不时有观点直接将"制造强国"理解为要维持制造业在宏观经济中的比重,并且把制造业比重的下降等同于制造业的空心化。事实上,制造业和服务业发展之间相辅相成,"制造强国"将促使制造业占比下降。一个国家的制造业发展,从劳动密集型走向资本和技术密集型,是客观经济规律。在经济发展的早期，发展中国家在国际贸易中主要从事加工制造，而产业链"微笑曲线"的两端则主要布局在发达国家。虽然一些发展中国家的制造业产值和贸易额都非常大，但是附加值更高的则是在同产业链上由发达国家主要掌控的设计、研发、销售等服务业。

在经济发展的过程中，随着劳动、土地等各种生产要素价格逐步上升，发展中国家的制造业必定走向升级换代的过程，制造业的附加值则更为体现在"微笑曲线"的两端。也就是说，一个国家的制造业国际竞争力越强，其在研发、设计等前端产业以及销售服务等后端产业也越强。美、德、日等制造业强国在人均制造品出口逐步增长的过程中，其本国国内的服务业在就业和 GDP 中的占比在逐步提高。细分来看，高收入大国大致可分为两类：一类以英美为代表，以服务业发展为主；另一类以德日为代表，以制造业闻名。在美国过去的半个多世纪的历史中，其高技能劳动力从事的制造业占比大致保持稳定，而服务业占比逐步上升，且高技能服务业占比上升更快。但其实，即便在日本和德国这样的"制造业强国"，制造业在 GDP 中的比重也仅仅只有 20% 左右。

在发展中国家发展转型的历程中，制造业越强，越容易实现研发、设计、销售、服务等环节的本土化，以及对发达国家相应产业的替代。与此同时，一些劳动密集型的简单加工制造，有可能向经济发展水平更低的其他国家转移。在上述过程中，不能简单地把制造业在 GDP 和就业中所占比重的下降认为是产业空心化。哪怕有一些简单加工的制造行业转移到其他国家，只要本国能够把握相关行业的核心竞争力和附加值，则在全球产业生态链上，本国仍具有制造业控制力，仍是制造强国。

与上述经济规律相比，中国有重制造、轻服务的观念和体制环境，非常容易将"制造强国"简单地等同于提高制造业的比重。一个典型表现是，在中国有向"德国模式"对齐的流行观点。但是需要注意的是，向德国学习先进的制造业发展，并不意味着要维持高的制造业比重，德国的制造业在 GDP 中的比重也呈现下降趋势，近年只有 18%。更何况，德国的面积相当于中国的长三角地区，所谓的"德国模式"更像是"长三角模式"，不宜作为整个中国的类比对象。

更需要警惕的是，片面强调制造业比重可能会进一步强化地方政府重制造、轻服务的倾向，恶化服务业发展的环境。因此，要避免认为发展服务业是脱实向虚，或者认为服务业抢了制造业的劳动力。而应当在重视制造业的同时，加强服务业与制造业相互赋能。此外，我们还要看到，在当下中国一些制造业依赖出口消化产能的情况下，制造业持续增长面临着巨大挑战。换一种思维，如果国内充分释放发展服务业的空间，并将制造品作为服务业的中间产品，有利于国内消化制造品的产能。举例来说，餐饮业的增长，要使用餐具和桌椅为中间品，租车业的发展能把汽车作为投入品，而文旅的发展则要消化服装、运输工具和各种相关装备和仪器。根据中国的投入产出表，过去 20 年中国的服务业生产所用的中间产品（包括农产品、制造品和服务品）份额在不断提升，这是与服务业占 GDP 的比重不断提高相一致的。但是，如果看中间品内部，制造业产品作为中间品的份额在下降，服务业产品作为中间品的份额上升，其中既有合理的因素，恐怕也部分地因为作为最终品的消费服务业发展不足，没有充分发挥消化制造业产能的作用。

不仅如此，中国长期以来在经济结构方面还有只注重生产而不够注重消费的特点。经济发展的目标并不只是为了提高生产水平；客观上来讲，随着劳动生产率和收入水平的提高，必然会出现人们对于消费需求的增长，而消费的增长才真正体现出人民生活质量的提高。从不同的消费品需求来看，收入水平的提高会带来服务消费的更快增长，而传统的制造品消费增长相对缓慢。因此，制造业的强大和劳动生产率的提高，在消费端会促进服务消费的增长，而且服务消费增长的速度比制造品消费的增长更快，从而也会让服务业占比提高。

重制造、轻服务的倾向，还源于生产与消费的对立思维。在传统经济理论里，往往把经济活动区分为消费和生产，但在实际中，大量服务消费本身就具有生产的性质，或者有利于生产。首先，很多消费本身具有人力资本积累的性质，教育和医疗能增进人的知识和健康，会展、演艺等消费有利于设计等生产性服务业的发展；其次，消费本身也能推动科技进步，比如游戏产业推动元宇宙的发展，医美推动生物医药的进步，文体产业推动声光电各类仪器和技术的升级；再次，大量生活服务业把原来没有市场价值的家庭生产外包给市场，衍生了家政服务、餐饮、托育等，能够解放家庭成员的时间去生产或消费；最后，在宏观层面和城市间竞争中，一个城市提高自己的本地服务消费的品质和多样性，可以产生"以生活留人"的人才吸引力，成为对本地企业普惠型的产业政策。

基于上述逻辑，如果将中国的产业结构与发达国家历史同期相比，中国的服务业在 GDP 中的占比明显偏低。因此，中国当前需要加快不同产业之间的相互赋能和融合发展，以推动产业结构转型升级。尤其是在技术进步导致制造业出现机器换人的趋势下，只有服务业（尤其是生活服务业）才能持续创造就业，而且服务业的"劳动收入占比"高于制造业，更有利于提升人们的劳动所得，并促进消费。

二、空间结构的"向心"趋势

伴随着经济和人口的空间结构向城市、大城市集中的趋势，产业结构里制造业升级换代和服务业占比之间的关系主要体现在城市群内部。当前，中国已经形成了以中心城市和城市群为主要空间载体的区域经济发展模式，在这个阶段，中心城市和外围城市之间呈现出相互分工的状态。其中，中心城市的比较优势在于"微笑曲线"的两端，即设计、研发、销售等，而外围城市的比较优势在于制造，最外围的地区更具从事农业、旅游和自然资源产业的比较优势。同时，中心城市又因为人口规模大、人口流量大，有利于发展一些服务消费产业，比如餐饮、住宿、文化、体育等。

空间结构的"向心"趋势和经济的现代化使服务占比上升，会让人们担心区域协调发展被打破。而实际上，区域协调发展恰恰会在这一过程中得以实现和推进，在现代化进程中区域协调发展的最终状态是不同地区、不同规模的城市之间相互分工、优势互补。中共二十届三中全会提出，要完善实施区域协调发展战略机制，构建优势互补的区域经济布局和国土空间体系，健全主体功能区制度体系，强化国土空间优化发展保障机制。对于中国这样一个人口众多、幅员辽阔的大国来说，区域协调发展本身就是必须追求的战略目标，同时，还要科学地认识和理解区域协调发展对实现中国式现代化的重要意义。

当前中国经济面临人口老龄化、少子化的态势，对劳动力总量的增长构成了制约。在投资方面，投资热点不足，一些地区土地城市化的速度过快，缺乏后续需求支撑，前期投资无回报，地方政府债务压力巨大。面对这一局面，结构性改革是下一阶段经济增长的新动能。其中，要"实现资源配置效率最优化和效益最大化"，重点之一就是在经济和人口的空间格局发生重大变化的趋势下，改进资源的空间配置效率。具体来说，主要从两个方面调整：一是要通过人口空间再配置效率的提高，来缓解人口老龄化、少子化对经济产生的负向影响；二是要在土地政策上对人口流入地和人口流出地分类施策，促进土地资源的空间再配置。二十届三中全会出台的系列改革举措则为这两方面的资源空间再配置指明了方向，具体讨论如下。

1. 在人口战略方面，从数量红利转向质量红利和配置红利

中国式现代化是人口规模巨大的现代化。人口规模对于发挥市场规模效应和现代经济的集聚效应非常重要。然而，中国当前正在经历快速的老龄化和少子化趋势。根据第七次全国人口普查的数据，60 岁及以上人口占18.70%，65 岁及以上人口占 13.50%。2020 年全国育龄妇女总和生育率为1.3，在低出生率趋势下，最近两年中国人口出现了负增长。

对于备受关注的人口少子化趋势，要结合普遍规律和中国国情有所应对。青年人生育意愿低，短期是因为就业和收入增长受到一些负面影响；中期来看，有教育、住房等养育成木高的原因；而长期来看，少子化符合经济发展客观规律，少生优育是家庭收入水平提高后的理性选择。

从政策举措上来说，需要减缓人口老龄化、少子化对劳动力总量的负面影响。二十届三中全会提出，"以应对老龄化、少子化为重点完善人口发展战略，健全覆盖全人群、全生命周期的人口服务体系，促进人口高质量发展。完善生育支持政策体系和激励机制，推动建设生育友好型社会。有效降低生育、养育、教育成本，完善生育休假制度，建立生育补贴制度，提高基本生育和儿童医疗公共服务水平，加大个人所得税抵扣力度。加强普惠育幼服务体系建设，支持用人单位办托、社区嵌入式托育、家庭托育点等多种模式发展"。同时，"按照自愿、弹性原则，稳妥有序推进渐进式延迟法定退休年龄改革"。在教育方面，二十届三中全会提出"深化教育综合改革"。未来，还需要进一步普及十二年义务教育，适时推行十二年义务教育，为建设人力资本大国打下坚实的基础。

除了上述改革之外，二十届三中全会还提出，要"把握人口流动客观规律,推动相关公共服务随人走,促进城乡、区域人口合理集聚、有序流动"。这一改革方向意义重大。虽然从总人口和劳动力人口两个总量指标来看,人口的数量红利已经消失了,但在空间分布和结构转型的调整中,对经济增长起主导作用的城镇人口和第二、第三产业就业人员仍然是正增长的。2010—2022 年间,城镇人口从 66 978 万增长到 92 071 万,增长 37.5%,第二、第三产业就业人员从 48 174 万增长到 55 688 万,增长 15.6%。面向未来,通过人口的空间再配置,在个体层面可以促进就业、提升收入,而从宏观上来说,可以在给定人口数量的情况下,优化人力资源的空间配置,助力实现人口规模巨大的现代化。

截至 2023 年底,中国城乡间人均收入差距仍有近 2.4 倍。在最发达省份和最欠发达省份间,人均 GDP 和居民人均可支配收入的差距分别为 4.23 倍和 3.42 倍。加快制度改革,促进劳动力自由流动,能够通过城镇化所释放的红利,保持制造业和服务业总量劳动就业持续正增长。不仅如此,在劳动力越来越充分地跨地区流动的过程中,能够促进劳动力资源空间配置的效率,而且还出现了地区间、城乡间、沿海内陆间、南北间、各省内部城市间人均 GDP 差距逐步缩小的态势。所以说,一定要解放思想,不能认为经济和人口的集聚会带来地区间差距的扩大,实际上,经济和人口的同步集聚有利于地区间人均意义上的平衡发展和地区间分工协作、优势互补。

面向未来,要进一步顺应人口持续从小城镇向大城市及周边地区集中的趋势,提高劳动力资源的配置效率和全要素生产率。在经济较发达地区,不同学历和技能水平的人口之间形成"技能互补",是城市现代化发展的体现。因此,二十届三中全会明确提出,要"构建产业升级、人口集聚、城镇发展良性互动机制。推行由常住地登记户口提供基本公共服务制度,推动符合条件的农业转移人口社会保险、住房保障、随迁子女义务教育等享有同迁入地户籍人口同等权利，加快农业转移人口市民化"，要"优化区域教育资源配置，建立同人口变化相协调的基本公共教育服务供给机制"。

2. 在土地配置方面，在人口流入地和流出地分类施策

随着人口流动规模越来越大，不同地区日益明显地分化为人口流入地和流出地，建设用地的跨地区再配置将释放出大量经济增长动能。若干年来，由于行政力量对于城市建设用地供应的控制，沿海地区和大城市相对缺乏建设用地指标，其后果是这些优势地区的城市发展空间受限，住房价格高企，流动人口市民化的成本尤其是居住成本居高不下。而远离沿海和大城市的地区建设用地指标用不完，已有的城乡建设用地又大量闲置。从用地存量来看，根据第三次全国国土调查的主要数据，城镇村及工矿用地 3 530.64 万公顷（52 959.53 万亩）。其中，城市用地 522.19 万公顷（7 832.78 万亩），占 14.79%；建制镇用地 512.93 万公顷（7 693.96 万亩），占 14.53%；村庄用地 2 193.56 万公顷（32 903.45 万亩），占 62.13%；采矿用地 244.24 万公顷（3 663.66 万亩），占 6.92%；风景名胜及特殊用地 57.71 万公顷（865.68 万亩），占 1.63%。这组数据表明，包括建制镇在内的城镇地区建设用地仅仅不到农村地区村庄用地的一半（仅 47.19%）。

展望未来，根据产业和空间的关联，经济和人口向着沿海地区和大城市周围集聚的趋势不会改变，而是会继续加强。未来的土地制度和政策制定必须适应人口流入地和人口流出地的长期分化，完全有可能通过建设用地跨地区再配置，盘活土地资源，还能为相对欠发达的人口流出地区获得财政收入找到有效的路径。为此，二十届三中全会提出，要"深化土地制度改革。改革完善耕地占补平衡制度，各类耕地占用纳入统一管理，完善补充耕地质量验收机制，确保达到平衡标准"。在农村，随着城市化水平的提高，农村人口必然逐步减少。二十届三中全会提出，要"保障进城落户农民合法土地权益，依法维护进城落户农民的土地承包权、宅基地使用权、集体收益分配权，探索建立自愿有偿退出的办法"。这样，可以避免进城农民因为担心失去在农村的各种权益而不愿在城镇落户。在人口流出的过程中，农村已经出现大量闲置的建设用地和宅基地。在一些地理位置较差、非农产业发展空间较小的农村，农民自愿有偿退出宅基地后，可以将宅基地复耕为农业或生态用地，同时，可产生大量建设用地和补充耕地指标，在跨地区转让时给农村集体和农户带来财产性收入。而对于一些地理位置较好、非农产业发展空间较大的农村，更需要允许农户合法拥有的住房通过出租、入股、合作等方式盘活利用。有序推进农村集体经营性建设用地入市改革，健全土地增值收益分配机制。未来，还可进一步解放思想，进一步建立健全农村住房市场，允许农户通过自主的住房交易获取财产性收入。

随着经济和人口的空间再配置不断推进，二十届三中全会也提出，要"优化土地管理，健全同宏观政策和区域发展高效衔接的土地管理制度，优先保障主导产业、重大项目合理用地，使优势地区有更大发展空间。建立新增城镇建设用地指标配置同常住人口增加协调机制"。在人口逐步增长的城市，尤其是大城市，要进一步提高城市土地资源的利用效率。为此，要"优化城市工商业土地利用，加快发展建设用地二级市场，推动土地混合开发利用、用途合理转换，盘活存量土地和低效用地。开展各类产业园区用地专项治理。制定工商业用地使用权延期和到期后续期政策"。

土地的配置也将对房地产市场产生根本性的影响。在人口大量流入的城市，必然产生大量的住房需求，为此，二十届三中全会提出，要"加快建立租购并举的住房制度，加快构建房地产发展新模式。加大保障性住房建设和供给，满足工薪群体刚性住房需求。支持城乡居民多样化改善性住房需求。充分赋予各城市政府房地产市场调控自主权，因城施策，允许有关城市取消或调减住房限购政策、取消普通住宅和非普通住宅标准"。这种顺应需求的供给侧改革将有利于形成住房市场健康发展的长效机制，而在人口流入地增加建设用地和住房的供应，也将有利于这些地区进一步发挥其增长极的作用，更好地助力中国式现代化目标的实现。

三、结语

写完上面这样一些话，这篇序似乎还没开始，就已经结束了。我的意图是，要把钟粤俊这本书的一系列研究的背景交代得更为清楚。另一个背景是，我们有一个以上海交通大学为核心的研究团队，叫"大国经济的区域协调发展研究创新团队"，这个团队的主攻方向是城乡和区域发展，2024 年入选首批教育部哲学社会科学创新团队。我们用到的方法在理论上向空间一般均衡建模方向努力，在数据上致力于开发多源大数据，以支撑空间研究的需要。而在研究思想上，我们一直在推"空间政治经济学"这一研究方向，目的是要把基于中国体制和政策的背景植入空间经济理论当中，同时也把空间的视角带入有关中国制度和政策的研究中去。

钟粤俊曾经就读于上海交通大学安泰经济与管理学院，并获得博士学位。从攻读博士学位开始，一直到现在，他致力于研究中国的区域经济和产业经济之间的关联。他所使用的方法是在简约式微观计量经济学估计的基础之上，用量化空间的方法来估计一些政策的影响效应，目前读者看到的这本书是对他几年以来研究的一个阶段性的总结。他的研究为我们团队在城乡和区域发展以及产业和空间的关系等方面打下了很好的基础，也使得我在写下这篇序时能够对自己的一些话有充分的把握。借着本书出版之际，我也希望这一系列的研究能够得到社会各界更多的回应和关注。对于中国经济方方面面的相关问题,希望这些分析能够加深人们的理解。随着时间的推移,我们还将不忘初心,共同为推进学术研究和政策实践而努力。

陆　铭

2024 年 10 月于上海

目　录

绪　论

　　党的二十大报告指出，要加快建设现代化产业体系和经济体系，推动现代服务业同先进制造业、现代农业深度融合。因此，进一步提升对产业结构转型（尤其是服务业发展）的研究具有重要的价值与现实需要。党的二十大报告、二十届三中全会和国家"十四五"规划均指出，要破除制约要素合理流动的堵点，矫正资源要素失衡错配，从源头上畅通国民经济循环，加快构建国内统一大市场，深化流通体制和要素市场化改革，有效破除市场分割，畅通商品服务流通渠道，促进区域协调发展，进而推动产业结构转型升级。①要素空间配置和结构转型均是政府与学术界关注的核心问题和前沿研究方向，相关研究能够推动城市和区域经济学理论的发展，以及为全球范围内的结构转型提供来自中国的实践经验。值此畅通国内大循环和新发展阶段之际，如何打破制度性、结构性障碍，改善要素空间配置问题以释放结构红利，是中国建设全国统一大市场过程中面临的热点和难点。畅通国内大循环会带来要素空间分布变化，本书研究的重点就是要素空间配置影响产业结构

---

　　①　类似地，《中共中央、国务院关于加快建设全国统一大市场的意见》指出，要以统一大市场集聚资源、推动增长、优化分工。

转型的事实与作用机制，量化分析其对产业结构转型、发展和分工的影响。研究影响产业结构转型的因素及其机制对理解和认识如何推动中国式现代化和制造强国发展改革有重要的现实指导意义。值得注意的是，在中国的背景下，空间和政治因素是影响要素和商品资源的关键，故我们需要用包含政治因素的空间一般均衡理论或思维来讨论中国问题，从空间政治经济学视角来理解中国的产业结构转型。

作为本书的开篇，绪论起到统领全书和点题的作用，将提出本书研究的核心问题，并概述整体研究框架和各章的主要发现。我们将主要从理论价值和实践价值这两个维度分别阐述本书的价值和意义，具体如下。

（1）理论价值。相比而言，传统的产业结构转型研究不够重视空间因素的重要性，本书将从城市和区域等维度进行量化分析，从空间视角研究产业结构转型和发展问题，全面揭示中国的产业结构转型及其演变。党的二十大报告和二十届三中全会对深入实施区域协调发展战略、要素资源配置效率和结构转型、高质量发展等提出了具体的要求和目标。然而，由于存在一系列引导要素空间布局的政策（具体有哪些政策可以参见本书第2章），中国的生产要素在区域间低效配置这一现状意味着中国经济和区域发展仍有较大的结构调整空间。本书根植于发展中大国的特征，充分考虑要素空间在结构转型和高质量发展中的作用，将中心-外围理论、空间一般均衡等理论同中国实际相结合，从空间视角研究畅通国内要素循环对产业结构、经济发展等产生的影响及其作用机制，这对理解如何实现制造强国目标和推动经济高质量发展有重要的理论和现实指导意义。

（2）实践价值。本书将产业结构转型和要素错配纳入空间一般均衡理论分析框架，与中央高度关注的区域协调发展、要素配置效率、产业结构转型等问题紧密相关。顶层的政策设计已经认识到空间因素对结构影响的重要性,然而学术界对二者的讨论还不够深入。为填补这一不足,本书将深入研究和介绍要素空间配置影响产业结构转型的事实与作用机制,及其对高质量发展的影响。本书的研究发现,地区间产业结构转型(尤其是服务业发展)的差异和中国的区域和城市发展政策等,共同制约了产业结构转型升级和经济发展,研究新发展阶段下的要素空间配置影响有重要的现实意义和需要,也有利于我们找到中国和其他发达国家产业结构转型(尤其是服务业)存在差异的原因,帮助我们厘清结构转型中存在的问题。同时,本书的研究结果有助于澄清一些政策误区,并为当前推动全国统一大市场建设和高质量发展等相关政策的制定和实施效果评估提供科学依据,具有较高的实践价值和意义。

本书的主要框架如下。

除绪论外,本书共分为八章,所涉及的内容主要包括全国统一大市场建设、区域协调发展、高质量增长、高水平对外开放和产业结构转型等。各篇章具体的内容安排如下。

第1章为导言,介绍要素空间配置与结构红利之间的关系,点明要素空间配置的重要性。首先,系统性阐述中国区域经济畅通要素空间配置和产业结构、经济增长之间的逻辑和作用机制;其次,提出本书研究的核心问题并介绍相关文献综述;最后,基于宏微观数据,分解要素空间配置和结构转型对经济增长的影响。

第2章基于国际比较和国内比较描述特征事实,为后续章节的分析提供所需的一般性特征事实。本章首先重点描述了影响中国经济发展的要素空间配置及其相关制度背景,揭示中国要素空间的总体变化趋势和空间特征;其次,基于跨国数据和区域数据分别阐述中国和发达国家的产业结构转型特点及其影响因素;再次,介绍区域发展差异。如果区域发展没有差异,则要素空间配置并不影响结构转型和经济增长。然而，根据区域比较，我们发现，在世界范围内，城市化有利于提升服务业发展；在一国内部，区域间发展差异较大，区域间的服务业发展存在显著差异。

第 3 章重点讨论密度，分析人口集聚与服务业发展的关系。首先，从空间视角讨论城市层面影响结构转型的作用机制，主要包括规模效应、收入效应、替代效应和歧视效应；其次，基于翔实的宏微观数据，经验研究人口密度与服务业发展的关系；最后，基于经验研究的估算，简单测算障碍下降后中国服务业的变化。

第 4 章基于市场对家庭生产的替代效应视角讨论城市如何促进服务业发展，市场-家庭生产替代效应是影响城市规模经济（分享、匹配和学习效应）的另一个重要作用机制。首先，构建包含城市规模、外部冲击摩擦、市场和家庭生产消费的模型，考察在外生冲击下家庭如何在市场服务和家庭生产之间进行选择。其次，以 2020 年新冠疫情作为外生冲击，基于高频的消费大数据和百度检索数据，用双重差分（DID）和三重差分（DDD）回归模型检验市场服务对于家庭生产的替代，揭示了城市规模对服务业发展影响的重要性。

第 5 章基于第 2—4 章的事实与经验研究，量化分析城市间要素空间配置与结构转型、增长的关系，考察城市层面的要素配置效用。虽然城市层面的要素集聚趋势越来越明显，但是相关政策往往限制大城市发展，不利于规模经济对产业结构和发展的影响。因此，畅通城市间要素配置，有利于增长和促进产业结构转型。

第 6 章基于中心-外围理论探讨区域空间与产业分工的关系。研究结果表明，距离会显著影响区域内的地区分工，服务业份额随距离的增加而下降，但外围地区的消费性服务业会增加，制造业份额随距离的增加先升后降，农业份额随距离的增加而上升。研究同时发现，核心城市对区域内的分工效应会因其市场规模而异。

第 7 章在第 2 章和第 6 章的基础上，结合结构模型方法量化分析全国一体化建设的结构转型、增长和环境效应。从空间一般均衡的视角去理解发展、结构转型与污染的关系，为如何在集聚中实现"减碳"目标、"双碳"目标和发展改革提供理论支撑和政策建议，并多维度填补了一体化改革的经济学理论分析的空白。

最后为结语，是全书的总结和政策建议。我们发现随着经济发展水平的提高，全国统一大市场建设所产生的结构红利将会随着收入水平的提高而越来越大；畅通国内大循环是迈向中国式现代化强国之路的关键。

总的来说，本书每章讨论一个核心问题，章节间相互关联和承接，并呈现出层层递进的关系，是一本集合了区域经济学、城市经济学和劳动经济学的跨学科作品，也为量化分析（或结构模型）的学习和构建思路提供了介绍。

本书的理论框架和宏微观经济基础主要借鉴了主流经济学的理论分析框架，并结合了贸易的 EK（Eaton and Kortum，2002）模型、中心-外围理论和空间一般均衡理论进行分析，同时基于中国的现实背景，将空间和政治相结合（即空间政治经济学的视角）来讨论中国经济的增长和转型问题。

很重要的一个问题是，为何要用一般均衡的视角来分析中国的区域经济发展问题？在中国这样的一个发展中大国里，经济发展是一个需要兼顾全局和多维目标的过程，经济政策的制定既需要基于科学的依据，也需要考虑不同目标之间的关系，避免顾此失彼。基于一般均衡的视角分析区域经济发展，能较好地避免局部和全局最优的不一致或冲突问题。本书的第 1 章会详细介绍，如果不用一般均衡来思考中国的区域经济发展等问题，会导致一些地区（尤其是欠发达地区）的发展政策偏离比较优势，不能给当地经济带来持续增长能力，其结果是造成资源（要素）的空间错配和结果的进一步恶化,不利于整体发展目标的实现,并出现整体竞争力的下降。

本书采取了丰富、多元化的手段去论述中国的区域发展和产业结构转型问题,既有理论分析,也有大量的实际应用介绍,将简约式和结构式研究范式进行相互补充和完善。中国的经济学研究近几十年来取得了长足的进步和发展,未来仍然会继续向前推进,且越来越国际化。随着中国综合实力的不断增强,未来的中国发展问题将在全世界范围内变得越来越重要,从而会受到越来越多人的关注。因此,我们需要首先搞清楚大国经济的现实和问题,并且在运用已有经济学原理的基础上,发现新的理论空间。值得强调的是,中国最为重要的区域发展和产业结构转型相关的问题是当前中国各界关心的热点,尝试对相关问题梳理、讨论和总结,是撰写本书非常重要的原因和动力之一。

本书适合给有中高级宏微观经济学理论基础的高年级本科生或研究生作为城市与区域经济学的辅助阅读使用,或者作为经验研究方法与量化分析方法的辅助阅读使用。

本书的研究力求达到以下几个方面。

(1) 基于空间视角研究产业结构转型问题,重点关注商品部门向服务业的结构转型。传统的产业结构研究不够重视空间因素的影响,鲜有从要素空间配置的视角探讨产业结构转型问题及其对经济增长、环境和国际贸易的影响。本书从空间视角对该问题进行剖析,对中国经济结构中服务业占比偏低的现象给出解释,并为国际上有关结构转型的研究提供新的分析视角。全世界范围内,不同国家存在不一样的扭曲或政策干预,会对要素空间配置产生影响,进而影响产业结构转型和增长,本书则提供了来自中国的证据。另外,已有研究多从农业向非农业转型的视角进行讨论,同这些研究相比,本书重点关心要素空间配置对商品部门向服务业结构转型的影响。一方面,服务业的影响作用机制同其他部门有较大差异;另一方面,随着中国的生产力水平和人均收入进一步提高,服务业在宏观经济中的地位将更加重要,宏观经济结构将进一步向服务品和不可贸易品倾斜,研究服务业发展对理解和认识如何发挥国内超大规模市场优势,推动国内大循环发展改革具有重要的现实指导意义。

(2) 研究内容全面,研究数据完整和独特,研究方法前沿。首先,本书将从多维度全面揭示中国的产业结构和效率演变过程,从空间视角对中国现有的相关研究进行补充。其次,本书所用数据质量较高且完整,能较好地揭示经济发展规律;同时使用独特的数据和政策冲击对产业结构转型的作用机制进行检验。最后,本书研究内容全面且具有创新性,将产业链、产业部门的互补效应和土地市场扭曲等引入空间一般均衡分析框架。

(3) 本书将从不同的方向和层面进行量化分析,分别从地级市、省级和区域层面考虑不同发展阶段和不同改革方式(是渐进式改革,还是全国一起改)的影响及其机制。全面揭示中国的空间结构、增长演变过程,相关研究能够为全球范围内的结构转型提供来自中国的实践经验。

值此新发展阶段,如何打破制度性结构性障碍,改善要素空间配置问题以释放结构红利,是中国建设全国统一大市场过程中面临的重点和难点。研究产业结构转型的影响因素及其机制,对理解和认识如何推动中国式现代化和高质量发展改革有重要的现实意义。本书基于区域和城市发展政策研究要素空间配置影响产业结构转型的事实与作用机制,分析要素空间配置对产业结构转型的影响,进而推动高质量发展和对外开放。本书从现实问题出发,基于前沿的理论,利用丰富的数据,通过严密的逻辑推演和科学的量化分析得出可信的结论。

第1章 要素空间配置与结构红利

当前,中国处在国内和国际发展格局出现重大调整的历史时期。为推进经济更高质量发展,中国正在形成以内循环为主,国内国际双循环相互促进的新发展格局。改革开放以来,中国经济经历了从农业经济向现代经济、从封闭经济向开放经济的演变过程。这一过程在空间上体现为城市化水平不断提高,同时,经济和人口向沿海地区或中心大城市不断集聚。在经济和人口的"空间大变局"中,区域间的发展与平衡关系最为引人关注。事实上,发展和平衡并不矛盾,更好地促进发展才能更好地营造平衡。如何释放区域经济在空间配置过程中的结构红利①是进一步深化改革关注的重要议题之一,也是本书关注的重点。

本章将对要素空间配置对结构红利的影响及其机制运作进行综合讨论。现代区域经济学理论发展揭示了经济和人口等要素空间布局背后的客观规律,经济现代化和全球化发展使得经济活动和要素在少数地区集聚。

---

① 结构红利是指经济结构调整会对经济增长起到推动作用,它是产业结构演进对劳动生产率增长率影响效应的直接体现,例如,生产要素跨部门的重新配置,即生产要素从效率较低的部门流向效率较高的部门,从而促进生产率或产出增长。

从全球范围来看,中国出现的经济集聚现象并不特殊,沿海地区的经济集聚是经济全球化的结果,大城市周围都市圈的经济集聚更是体现了现代经济的空间集聚(配置)效应。然而,对于脱胎于农业经济和计划经济的中国社会来说,空间(尤其是经济)集聚引起了社会各界对于地区间发展不平衡的担忧。事实上,集聚经济是否有利于地区平衡发展,关键在于对平衡发展的理解。如果把平衡发展理解为经济和人口总量的均匀分布,那么现代经济的集聚发展就一定与平衡发展矛盾。从区域经济发展的客观规律来看,如果换一个思维方式,不再专注于地区之间经济总量意义上的平衡,而是关注地区间人均意义上的均等化,那么集聚和平衡就不再矛盾,从而可以实现"在集聚中营造发展和平衡",其中,人口自由流动是关键机制。中国古话说,"人往高处走",人们总是在追求更高的收入和更好的就业机会,在人口可以自由流动的情况下,只有当地区间的人均 GDP、人均收入和生活质量大致一样,劳动力流动才会达到稳定状态,这就是区域经济发展中的"空间再配置的均衡效应"。[①]

　　然而,中国和其他国家相比,存在制度性障碍和结构性问题,这些会对"在集聚中营造发展和平衡"产生影响。一方面,近年来的一系列引导要素空间布局的政策,阻碍了要素的自由流动,具体表现如下。第一,以户籍制度为核心导致人口流动障碍,尤其是农村户籍外来移民(或小城市到大城市的移民)在城市(或大城市)的劳动力市场以及教育、医疗等公共服务领域受到差别待遇,增加了劳动力流动成本。第二,出台了严格控制高人口密度城市的人口流入政策。例如,2014 年,《国家新型城镇化规划(2014—2020

---

　　① 在现代经济状态下,经济和人口虽然高度集中在少数地区,但是每个地区占全国的 GDP 份额和人口份额大致相当,不同地区之间的人均 GDP 大致均等。现实中,较发达地区通常存在更高的房价和生活成本,两个地区的人均 GDP 还存在一定差距,但是从实际收入和生活质量角度来讲,地区间发展已经基本平衡。

年)》出台,城区人口 500 万以上的特大城市的人口规模受到严格控制。第三,中国存在整体土地供应过快,但空间错配和结构失衡并存的现象。①第四,2003—2004 年中央开始对欠发达的农村、中西部以及东北老工业基地等地区进行大规模的财政转移支付和资本补贴等。②另一方面,人类经济发展史最为显著的事实之一是:经济资源遵循从农业向制造业转移,并最终向服务业转移的规律。在改革开放 40 多年的伟大历程中,中国服务业规模不断增长,对宏观经济增长和就业贡献的作用越来越重要。随着中国的生产力水平和人均收入进一步提高,服务业在宏观经济中的地位更加重要,宏观经济结构将进一步向服务商品和不可贸易商品倾斜。然而,与发达国家历史上同等发展水平(以人均购买力平价 GDP 衡量)时期相比,近十年来中国服务业在宏观经济中的比重严重偏低,无论是就业占比还是附加值占比都要相差十个百分点以上(钟粤俊等,2020;具体细节可以参见本书第 2 章的图 2.1)。中国服务业在经济中的占比受到抑制,进而带来消费需求不足和人民福利受损,成为中国经济发展不平衡不充分的重要体现,不利于国内大循环、国内国际双循环相互促进发展。

当前,中国正在进行经济结构调整。2020 年 7 月的中共中央政治局会议指出,要充分发挥中国超大规模市场优势和内需潜力,逐步形成以国内大循环为主体、国内国际双循环相互促进的新发展格局。产业结构转型

---

① 城市快速增加土地供应,土地城市化快于人口城市化(陆铭,2011;刘守英,2018)。本书认为土地供应空间错配是导致劳动力流动障碍的间接作用机制,进而影响劳动力流动。特别是 2003 年以后,人口流出的中西部地区的土地供应占全国的份额大幅增加,但是人口流入的东部地区尤其是大城市,其土地供应占全国的份额却下降了(陆铭,2011;陆铭等,2015)。在人口流入地限制土地供应,会提升房价,进而通过推升生活成本的机制阻碍移民进入,抬高当地工资水平(陆铭等,2015;陆铭,2017;Hsieh and Moretti, 2019)。劳动工资快速上升,而资本价格相对受抑制,使用资本替代劳动的"产业升级"提前出现,而这对制造业发展更有利。

② 中央的政策导向是为了平衡地区间发展,采取将资源大量引入相对欠发达地区的政策,并相对压缩对东部地区的资源投入。

升级,尤其是服务业的繁荣发展为发挥中国超大规模市场优势和形成国内大循环发展提供了有力保障,然而,由于前述的一系列制度性障碍和结构性问题,使得区域经济发展受限、结构转型升级面临挑战、服务业发展不足与消费不足,这些均是阻碍国内大循环、国内国际双循环相互促进发展的主要障碍。本书将从空间政治经济学的视角出发,探讨如何释放区域经济在要素空间配置中的结构红利,并分析其作用机制。具体地,本书将分别从要素空间配置(错配)现状及其后果、城市层面畅通要素循环的影响、区域层面畅通要素循环的影响等维度进行分析、总结和评论。我们认为,改善区域经济中的制度性、结构性障碍有利于释放区域经济在空间配置过程的结构红利,包括优化产业结构、促进增长(产出和社会福利)、缩小地区间发展差距、降低单位产出能耗和污染、更有利于区域经济协调发展等。

1.1　要素空间配置

对要素空间配置或空间集聚的系统性评估是国内外区域经济学研究的前沿课题之一,区域发展政策是影响要素空间配置的关键,本节将以区域发展作为影响要素空间配置的外生冲击,讨论其产生的影响。自 2000 年以来,中国实施的一系列区域协调发展政策影响了要素空间配置,这些政策希望形成东中西优势互补、良性互动的区域发展格局。在实际操作上,中央政府主要通过财政转移支付、建设用地指标倾斜、税收优惠、政府投资、产业政策扶持和金融信贷支持等方式帮助中西部地区发展,体现了社会主义国家共同富裕的追求。在这些政策支持下,中西部地区在固定资产投资增速、人均公共支出等方面都超过了东部地区[①]，2005 年以后，地区差距从多个维度呈现出"收敛"迹象。[②]

关于区域经济平衡发展的路径，核心问题是如何认识发展与平衡的关系。虽然通过政策引导资源，将其配置到地理条件欠佳区域的方式缩小了地区间差距，然而，区域发展政策在制定和执行过程中由于约束条件的限制将导致不能完全发挥作用，比如，由于存在信息不对称，政策制定者（尤其是中央作为全局推行的政策）往往忽视了地方比较优势；另一方面，由于存在地方和市场分割，政策执行过程中往往缺乏全局观（地方政府行为），导致区域发展政策整体效果不好。通过政策引导，将资源配置到地理条件欠佳区域的结果可能不仅使产业结构偏离当地的比较优势，没有带来高质量增长，还会降低整个国家的资源配置效率，不利于国家经济的长远健康发展。[③]例如，2003 年之后，由于严格限制东部地区的土地供应，推升了房价，阻碍了劳动力流入东部地区，进而产生了工资上涨的拐点，削弱了东部地区的劳动力成本优势（陆铭等，2015；韩立彬、陆铭，2018）。更重要的是，在全球视角下，倒逼产业转移的结果往往事与愿违。中国中西部地区的劳动力和土地成本低，相对于东部沿海地区似乎具有发展劳动密集型产业的比较优势，但在全球化背景下，越南、泰国等国家和地区的劳动力和土地成本更低，加之拥有

---

① 研究表明，2000—2016 年，西部地区资本投入对经济增长的贡献率一直在 70% 以上（魏后凯，2019）。

② 首先，在总量意义上，省际地区生产总值和工业总产值的产业集中度在 2005 年之后有所下降（朱希伟、陶永亮，2011）。其次，在经济总量差距缩小，而人口流动变化趋势小的情况下，省际人均 GDP 的差距从 20 世纪 90 年代以来的上升趋势也在 2005 年之后发生了逆转（徐现祥等，2011；Li and Gibson，2013）。最后，区域差距的缩小还体现在收入水平上。在反映工资差距的泰尔指数中，地区差距对整体工资差距的贡献从 2005 年的 0.175 下降到 2010 年的 0.093（Cai and Du，2011）。

③ 有研究评估了西部大开发政策的效果，一些学者发现西部大开发政策会促进西部地区经济增长，但主要是通过投资带动，并没有带来全要素生产率的提高（刘生龙等，2009；余运江等，2014；Jia et al.，2020），另一些学者发现西部大开发对经济增长和产业升级没有促进作用（刘瑞明、赵仁杰，2015；袁航、朱承亮，2018）。

港口,与中国中西部地区相比,更具有发展出口导向的劳动密集型制造业的比较优势。当中国沿海地区的生产(包括要素)成本上升时,产业就会转移到越南等国家和地区,这导致的后果是:一方面,在中西部地区仍然存在大量劳动力的情况下,中国却过早地"淘汰"了沿海地区的劳动密集型产业,这不利于经济和国际贸易的长期健康发展;另一方面,中国内陆欠发达地区吸引的企业有不少是高污染、高耗能企业(Chen et al.,2018;钟粤俊等,2023)。

区域发展政策带来的要素空间配置也会直接影响经济发展和产业结构转型,遵循市场规律的区域发展政策有利于区域经济发展,促进人均意义上的平衡和产业结构转型。①本书认为需要在转型时期结合具体的时代和体制背景去理解区域经济发展与平衡的动态路径。②然而,现有的关于中国区域发展政策(及其带来的要素空间配置)评估的研究中对一般均衡的讨论较少且不够深入。与此同时,现有政策研究未能对区域发展政策产生的影响进行全面评估,尤其是对现有区域政策会产生哪些负面影响的评估较少。③综上,平衡地区间经济发展的政策表面上似乎能使地区间的经济总量趋同,但

①　研究发现,开发区政策在促进对外开放、引领产业升级、推进城镇化等过程中发挥着重要作用。吴敏等(2021)发现,开发区政策显著促进了企业的技术创新行为;张天华和邓宇铭(2020)基于资源错配理论,实证检验中国开发区的设立对企业要素配置效率的影响后发现,开发区通过企业资源配置改善了宏观经济效率。也有研究发现,遵循地区潜在比较优势的产业政策会使其所扶持的产业有更快的发展或更可能培育出显性比较优势,但这一规律表现出明显的区域差异,只存在于中国的东部地区(赵婷、陈钊,2020)。

②　例如,20 世纪 90 年代,中国的主要任务是通过开放促进经济发展,但在劳动力流动不充分时,地区间发展差距有所扩大。2003 年前后,劳动力流动的体制和观念准备尚不足,为了缩小地区间差距,中国主要靠行政力量干预资源的空间配置,推动欠发达地区实现更快的经济增长。这一时期,出现了发展与平衡的矛盾,即资源"空间错配"问题,中国经济整体上出现了消费不足、过度依赖投资和出口的特征(陆铭、向宽虎,2014)。

③　几个例外是,Chen 等(2019)发现,同样是开发区政策,在沿海地区可以有效地利用经济发展的集聚效应,提升企业的生产效率,而在内陆地区,则因缺乏生产的集聚效应,开发区政策未能改善企业的生产效率。2003 年,在治理整顿开发区的过程中,东部地区的开发区被大量关停,这限制了沿海地区的发展,以牺牲增长的方式换取平衡。赵婷和陈钊(2019)指出,在地方尤其是中西部地区扶持的重点产业中,中央重点产业占比越来越高,导致中西部地区在产业政策选取上越来越偏离自己的比较优势。

实际上，由于一些区域发展政策偏离了欠发达地区的比较优势，不能给当地经济带来持续增长能力，其结果是造成资源（尤其是要素）的空间错配，并且在欠发达地区形成日益增长的债务负担，最终将不利于区域协调发展目标的实现。因此，中国需要尊重区域发展的客观规律，转变以地为本和以物为本的区域发展政策，转向以人为本的区域协调发展路径。近年来，由于区域发展的客观规律逐步被认识到，顶层的政策设计已经出现了转变，2019 年中央财经委员会第五次会议提出的指导思想有待于进一步转化为具体的政策。然而，现有研究对一些已有的具体政策的评估不够，更多关注的是对人口和土地政策的评估（例如，陆铭等，2015；韩立彬、陆铭，2018；Tombe and Zhu，2019；钟粤俊等，2024a），对区域发展政策的异质性评估研究较少，对公共服务如何做到合理的均等化以及人口流入地和流出地如何实施差异化的地区发展政策和有效财政转移支付等的研究仍然不足。

1.1.1 要素空间配置下的集聚效应

要素空间配置会影响集聚效应，而集聚的正负效应共同决定了空间均衡状态是区域发展政策影响经济发展和结构红利的核心机制之一。[①]无论从

---

① 对于中国而言，一个典型事实是：改革开放之后沿海地区的快速发展与区域差距的持续扩大。沿海和靠近大港口的地区由于地理条件优越和更高的开放程度，其产业集聚度较高（陆铭、陈钊，2006；金煜等，2006；Chen et al.，2008），从而比其他地方有着更高的经济增长速度（Ho and Li，2008；许政等，2010）。沿海地区的快速发展伴随着地区间经济差距的扩大，无论是从经济总量上（朱希伟、陶永亮，2011），还是人均 GDP（徐现祥等，2011；Li and Gibson，2013），抑或人均收入角度（Cai and Du，2011），地区间差距在 2004—2005 年之前整体上呈现出上升趋势，但这种经济集聚程度与地区间差距同时扩大的情况需要辩证地看待。区域协调发展需要为不同类型的企业和个人寻找适合自己的发展空间提供保障，为提高生产要素配置效率和国家竞争力进一步释放空间。因此，区域协调发展与缩小地区收入差距需要首先立足于人均收入的提高（即共同富裕），而非地区经济总量的均衡。现代经济中的工业和服务业有集聚发展的特征，而经济集聚的区位主要受到历史发展路径、地区比较优势、政策导向等多种因素的影响，并主要表现为地区间经济总量存在明显差异。（转下页）

全球范围还是一国内部来看，经济等在空间上的分布都不平衡，这是当今全球经济的一个典型特征。新经济地理学认为，仅生产上的规模经济和产品跨地区流通的运输成本两个因素，即可在一片各个地方初始条件完全相同的区域内，衍生出经济集聚的结果（Combes et al.，2008；陆铭，2022；陆铭等，2023）。除此之外，经济活动集聚产生的分享、匹配和学习效应，也能够产生空间维度的正外部性，从而提高生产效率（Gill et al.，2007）。而经济活动的集聚能够通过自我强化产生锁定效应（lock-in effect），这将使得经济集聚的趋势不断强化（Fujita and Mori，1996；Lu et al.，2024）。当然，考虑到拥挤效应和一部分不流动人口引致的经济活动远离中心城市的力量，集聚效应不会使得中心城市无限扩张（Combes et al.，2008；钟粤俊等，2024a）。区域经济发展政策如果能强化集聚经济客观规律的作用，其所起到的积极效应更强，更有利于区域和经济发展。中国经济进入后工业化发展阶段，同时出现了一些新的技术条件，然而关于集聚经济的新动力研究仍然缺乏。由于数据的可获得性或研究的局限性问题，虽然既有研究对集聚经济带来好处的讨论和分析有很多（Duranton and Puga，2004；Moretti，2004；Moretti，2012；Rosenthal and Strange，2004），也有研究发现，集聚会带来分享、匹配、学习机制，尤其是人力资本的外部性和技能互补，已经成为城市发

（接上页）在这种情况下，如果人口能够自由流动，则地区间人均收入水平将逐渐趋同。具体而言，当区域间存在人均收入差距时，劳动力会从欠发达地区向发达地区流动，这使得欠发达地区的人均资源拥有量（如土地、矿产等）提高，从而推动当地人均收入快速增长。另一方面，在发达地区，人口的流入使得劳动力市场供给充足，人均收入上升速度放缓。在这两种效果的共同作用下，人口流动会导致地区间人均收入差距缩小。此外，城市人口扩张在增强规模效应的同时，也会抬高房价和生活成本，缩小地区间的实际收入差距。而地区间收入差距的缩小将会削弱人口流动的动力，最终地区间人均收入和各城市的人口规模都达到"空间均衡"状态。在均衡状态下，地区间存在经济和人口总量的差距符合经济一般规律和国际经验，与此同时，地区间人均实际收入的差距将在人口自由流动的过程中逐渐减小，从而实现了地区间人均意义上的协调发展。当前中国已经出现地区之间经济和人口更集聚，但人均 GDP 差距逐步缩小的态势（Li and Lu，2021）。

展的基础和现代经济增长的源泉（梁文泉、陆铭，2015，2016；陆铭，2017；Glaeser and Lu，2018），但是，关于集聚经济的微观作用基础的研究仍然有进一步分析的空间，例如，对集聚经济里学习效应的研究、集聚带来市场服务如何替代家庭服务的讨论、集聚带来企业家精神的变化等问题的探讨仍然有待深化。

1.1.2　中国要素空间配置的现状：错配问题

区域发展政策导致中国出现空间错配的问题，尤其是要素空间错配。2019 年，中央财经委员会第五次会议提出要促进各类要素合理流动和高效集聚。然而，中国存在的一系列引导生产要素空间配置的行政力量，导致劳动力和土地供应等在空间上低效配置（陆铭，2016；钟粤俊等，2020；钟粤俊等，2023；钟粤俊等，2024a）。本部分将简要讨论中国要素空间错配的现状（更多细节见本书的第 2 章）。

全球范围内，随着人们收入水平提高而产生的服务需求，带来了消费型城市的兴起，人口持续向城市特别是大城市迁移。国际经验表明，随着经济发展和收入水平提高，城市化率也会越来越高（Glaeser，2011；陆铭，2016）。根据图 1.1 的中国、日本和韩国城市人口占比变化趋势图可以发现，随着经济发展水平（用人均 GDP 度量）的提高，各个国家的城市化率也越来越高。

然而，与这个全球普遍规律相比，中国一系列引导要素空间布局的政策，阻碍了要素自由流动。上述政策导向的主要目的是平衡地区间的发展，通过将资源大量引入相对落后地区，并且压缩东部地区尤其是大城市的资源投入，进而相对降低东部沿海地区的经济等增长速度（陆铭、向宽虎，2014）。

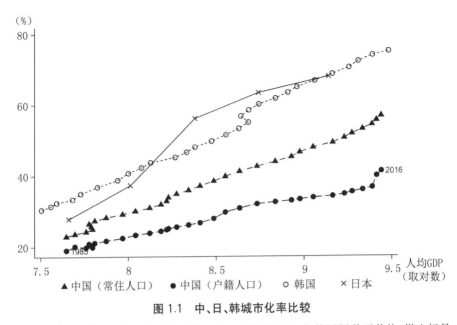

图 1.1　中、日、韩城市化率比较

注:横坐标轴是人均 GDP(取对数),统一换算成 2011 年的国际美元价格;纵坐标是城市化率。

资料来源:中国的非农业户籍人口比重数据来源于公安部数据库和国家统计局 2016—2018 年全国年度统计公报,城市人口比重数据来源于《中国统计年鉴》;韩国的城市化人口数据来源于联合国世界人口展望;日本的城市化人口数据来源于日本统计年鉴(联合国世界人口展望)。人均 GDP 是购买力平价的 GDP 除以总人口,统一换算成 2011 年的国际美元价格,源于 Maddison Project Database 2018, https://www.rug.nl/ggdc/historicaldevelopment/maddison/releases/maddison-project-database-2018(访问日期:2024 年 8 月 31 日)。

在沿海地区,由于土地供应相对收紧,导致房价上升。房价作为人口流入地最重要的生活成本会溢出到工资水平之上,导致工资上升速度快于劳动生产率上升速度,进而抑制东部地区和全国整体的经济竞争力(陆铭等,2015;韩立彬、陆铭,2018)。图 1.2 给出 2001—2012 年大城市土地供应增量占全国比重和常住人口占全国比重的变化趋势统计,大城市土地供应增量及存量占全国的比重逐年下降,但大城市常住人口占全国的比重逐年上升,即 2001—2012 年城市间的土地供应空间错配越来越严重。

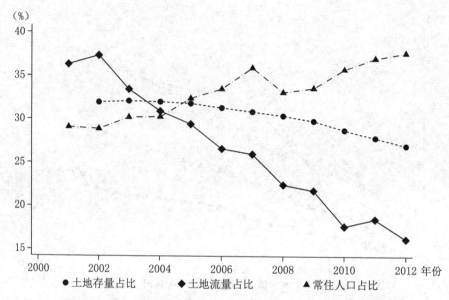

图 1.2 2001—2012 年大城市土地供应和常住人口占全国的比重

注:(1)按 2010 年人口普查数据的城镇常住人口规模划分大小城市,将城镇常住人口规模超过 500 万的地级市及以上的地区定义为大城市,否则为小城市。其中,大城市包括:上海市、东莞市、佛山市、北京市、南京市、哈尔滨市、天津市、宁波市、广州市、成都市、杭州市、武汉市、沈阳市、深圳市、温州市、石家庄市、苏州市、西安市、郑州市、重庆市、青岛市。(2)本章以 2003 年《中国城市统计年鉴》的建成区面积作为土地存量的基期反映各地区 2002 年的土地存量,以 2003—2013 年《中国国土资源统计年鉴》统计的各地区的土地供应作为各年的土地流量,计算各年大小城市的土地占全国的比重,比如,2003 年大城市的土地存量等于 2002 年大城市的建成区土地面积+2003 年大城市的土地供应流量,由此得出大城市土地供应存量呈逐年递减趋势(具体细节见表 2.3)。

资料来源:土地供应增量数据来源于 2002—2013 年《中国国土资源统计年鉴》的国有建设用地供应情况;常住人口数据来源于 2002—2013 年《中国城市统计年鉴》;2002 年建成区面积数据来源于 2003 年《中国城市统计年鉴》。

由于上述的系列政策,图 1.1 还表明,和历史上处于同等发展水平的日本、韩国的城市化率水平相比,中国城市的常住人口和户籍人口占比均较低。另一个相关现象是,由于中国 2014 年及以前的城市发展政策并没有放松对大城市的户籍管制,大城市的控人政策甚至越来越严格,因此,与世界上同等发展水平的国家相比,中国的大城市化水平严重偏低。图 1.3 表明,

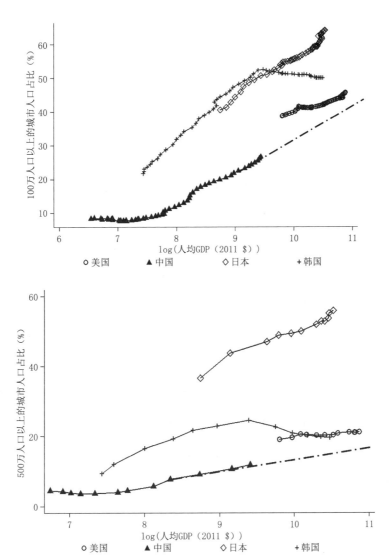

图 1.3　中、美、日、韩大城市人口占比比较

注：中国基于常住人口统计城市人口（包括城乡）占全国人口的比重，如果按户籍人口统计城市规模，中国和其他国家的差异将更大。按 2018 年人口数量是否超过 100 万或 500 万划分大城市，例如，上海市、东京市和首尔市的人口在 2018 年超过 500 万，这些城市均属于各国的大城市。黑色的点划线是基于过去几年的中国人口和经济发展水平数据做的延长拟合线。

资料来源：世界银行；Maddison Project Database 2018，https://www.rug.nl/ggdc/historicaldevelopment/maddison/releases/maddison-database-2018，人均 GDP 是购买力平价的 GDP 除以总人口，统一换算成 2011 年的国际美元价格（访问日期：2024 年 8 月 31 日）。500 万人口以上城市群人口占比变化趋势图数据来源于 World Urbanization Prospects 2018，https://population.un.org/wup/Download/（访问日期：2024 年 8 月 31 日）。

不论是以 100 万人口还是 500 万人口划分大小城市，同其他处于相似发展阶段的发达国家相比，中国人口向大城市集聚的占比都偏低。

1.1.3　关于要素空间配置影响的相关综述

由于地区间存在较大的发展差异，要素等空间错配导致中国的发展面临结构性问题，不利于释放区域经济在发展中营造平衡的结构红利。后工业化发展阶段，空间错配（配置）所导致的问题更应该受到关注，产生的影响更大。近年来，空间错配及其定量分析已经成为经济增长等相关领域的研究焦点。Banerjee 和 Duflo(2005)、Restuccia 和 Rogerson(2008)、Adamopoulos 和 Restuccia(2017)以及 Adamopoulos 等(2020)基于理论或经验研究指出，生产要素错配是解释国家和地区间生产率和人均产出差异的主要决定因素，生产要素错配的改善将带来巨大的经济收益。生产要素错配很重要的表现之一就是要素的空间错配，尤其是发展中国家面临的要素空间错配问题更严重。虽然自改革开放以来，中国的经济发展取得了举世瞩目的成就，但是在发展过程中却存在诸多阻碍经济发展的制度障碍和错配。Hsieh 和 Klenow(2009)基于一般均衡模型估计中国的生产要素错配的影响发现，如果将中国的生产要素配置水平改善至同美国相同时，其全要素生产率将提高 30%—50%。既有的相关研究从经济增长和全要素生产率、产业结构转型、房价（尤其是东部沿海大城市的房价）、债务（尤其是中西部等地区的债务）、能耗与污染等视角进行讨论，我们依次对这些文献进行梳理。

1. 劳动力流动障碍的影响

近年来，国内外有相关文献和媒体指出中国的劳动力供给存在短缺问题，本书认为这一问题的严重性是由劳动力市场扭曲所导致的。陆铭

（2017）指出，一个有效应对该问题的措施是通过改善劳动力流动障碍进而缓解劳动力供给不足。与此同时，降低劳动力流动成本，也有利于释放农村劳动力流动到城市部门就业，进而改善整体劳动力效率（Tombe and Zhu，2019；宋扬，2019；Liang et al.，2020；钟粤俊等，2023，2024a）。

　　早年关于劳动力流动障碍的相关文献多采用简约式的方法研究中国城市化的问题①，近年有不少研究试图针对中国的户籍制度构建理论模型，并通过量化分析的方法讨论其对中国的经济增长和社会福利的影响。这些研究发现改善劳动力流动障碍有利于显著提升生产效率、社会总产出和福利。②然而，关于劳动力空间配置和结构转型（尤其是服务业发展）相关的研究仍然较少，我们将在后面的章节对这部分内容进行重点探讨，填补这一领域的文献空白。

　　2. 土地空间配置的影响

　　土地是重要的生产要素之一，关于土地的研究主要基于量化分析的方法

---

　　①　例如，Yang（1999）、李实（2003）以及陆铭和陈钊（2004）等一系列研究指出，以户籍制度为代表的城乡分割政策使得劳动力流动受到阻碍，农村劳动力向城市流动的规模不足，流入城市后所获得的收入和所享受的公共服务与城市居民也有很大差距。这导致中国的城市化未能较好地发挥缩小城乡收入差距的作用，城乡收入差距长期处于较高水平。Au 和 Henderson（2006）使用中国城市层面的数据，首次实证估计出了城市规模与人均收入的倒 U 型关系。他们发现，由于中国城市化政策对人口流动的阻碍，大部分城市人口规模不足，使得集聚效应无法充分发挥，造成了整体经济效率和人均收入的损失。陆铭等（2008）用 2005 年的跨国数据拟合出一条人均 GDP 和城市化率的关系曲线，发现如果以此为参照，中国的城市化率低于合理水平大概 10 个百分点。上述研究结果表明，由于劳动力流动受到阻碍，中国人口的集聚程度远远不够，导致整体的大城市规模不够大，数量不够多，而中小城市数量太多。陈斌开等（2010）发现，许多城市在户籍和公共服务方面对外来人口存在着差别待遇，使得移民群体的消费比本地城镇户籍人口低 16％—20％。

　　②　例如，Whalley 和 Zhang（2007）构建了多部门的一般均衡模型，发现户籍制度改革有利于降低地区间的工资差异。Ito（2008）基于构建动态可度量的一般均衡（dynamic computable general equilibrium）模型方法发现，取消户籍制度会使更多的劳动力从农村流向城市，并减小城乡差异。刘晓峰等（2010）构建的劳动力市场完全竞争模型发现，城市化初期对移民的公共服务歧视政策可能有利于城市居民，但当城市化达到一定规模后，公共服务歧视会扩大收入差距，增加社会冲突，带来额外的社会成本。宋扬（2019）构建了刻画当前户籍制度特征的劳动力市场模型。他发现当户籍制度全面放开后，会有 1.64 亿新增的高龄农民工进入城市，劳动力的优化配置会大幅提高 GDP，城乡收入差距大幅缩小。Tombe 和 Zhu（2019）、Hao 等（2020）以及 Liang 等（2020）的研究发现，降低劳动力流动障碍有利于提高总的劳动生产率、社会产出和福利水平。

讨论农场土地面积供应如何影响农业生产率和产出。研究发现,相比于发达国家,落后地区的农业经营规模更小,有更低的农业生产率(Adamopoulos and Restuccia, 2014; Adamopoulos et al., 2020)。也有研究讨论地区间的土地供应配置会如何影响企业和地区生产效率、地方经济增长等(Henderson and Ioannides, 1981; Henderson, 1982; Behrens et al., 2014; Duranton et al., 2015; Hsieh and Moretti, 2019;黄文彬、王曦,2021; Liang et al., 2020)。

近年来,国内外有越来越多的学者指出,中国存在土地供应空间和结构错配,并对土地供应的空间错配所产生的影响进行评估(代表性的研究主要包括:陆铭,2011;陆铭等,2015;韩立彬、陆铭,2018;张莉等,2017;Fang et al.,2022)。本书将在后面的章节讨论土地供应错配(总量和结构)对产业结构转型和增长等的影响。

3. 要素空间配置对债务的影响

要素空间错配还会进一步导致地区(尤其是中西部地区)债务上升。[1]常晨和陆铭(2017)从城市土地、人口和产业关系出发,总结了国内新城的建设模式,指出土地利用与人口流动、产业发展方向相背离的新城建设,是导致新城发展缓慢、地方政府债务高企的关键原因。新城建设与政府债务之间的关系反映出统一货币区内欠发达地区的发展困境。一方面,中西部地区经济发展的起点相对较低,具体表现在劳动生产率相对较低。另一方面,当中国加入全球化后,沿海地区更多地享受到了发展出口导向型制造业的机遇,而中西部地区远离港口的地理条件则制约了它们参与全球化的空间。

---

[1] 防范化解债务风险成为近年来各级政府的一项重要政策目标。从地方政府来看,债务/GDP(即负债率)比较高的是中西部城市和中小城市。其背后的原因主要在于,在特定的历史时期,为了平衡区域发展,这些地区进行了大规模的基础设施投资,但由于经济发展的地理和自然条件不够好,事后没有足够的回报来偿还债务,反而给当地未来发展带来较大负担。相对应地,经济相对发达地区的债务总量虽然也不小,但是经济发展区位优势明显,负债率相对比较健康。

在统一货币区内部,欠发达地区没有独立的货币政策,不能因为自身劳动生产率低就单独地让人民币贬值来提高竞争力。因此,如果要通过加大投资来发展本地经济,就只能更多地依赖转移支付或借债,但也不能因为投资回报率低就实施较低的贷款利率。倾向于中西部地区的土地供应转化成了大规模的开发区与新城,但开发区招商引资不足,城市人口的增长速度远远慢于城市土地的扩张速度,甚至在有些大建新城的地区,人口出现负增长。同时,政府大规模进行土地融资导致地方政府债务日益严重,最终导致的结果是,中西部欠发达地区的负债率较高(具体见图1.4)。

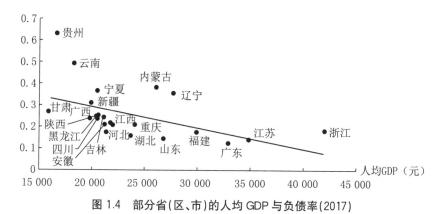

图 1.4　部分省(区、市)的人均 GDP 与负债率(2017)

资料来源:部分省(区、市)2018 年预算报告、地方政府债券发行信息披露文件、《中华人民共和国 2017 年国民经济和社会发展统计公报》等。图中没有包括北京、上海、天津、河南、湖南、山西、海南、西藏、青海和港澳台地区。

4. 要素空间配置对污染、能耗和环境的影响

要素空间配置同时也会影响污染、能耗和环境。相关研究指出,人口和经济活动的集聚有利于降低总污染(郑怡林、陆铭,2018;Duranton and Puga,2020;Qi et al.,2021)和污染排放强度(陆铭、冯皓,2016;钟粤俊等,2023),空间错配等导致的要素、商品和经济活动分散化发展不利于实现“双碳”目标。因此,本书认为,畅通要素循环将有利于减排,实现在集聚中“减

碳"的目标,并将在后面的章节讨论要素空间配置带来的环境变化。

1.1.4　畅通国内要素循环有利于释放结构红利

全世界范围内,不同国家存在程度不同的制度限制,也都对生产要素的空间布局产生重大影响,进而影响这些国家的经济增长与结构转型。新发展阶段,畅通国内要素循环对于充分发挥中国的国内市场潜力,推动形成以国内大循环为主体、国内国际双循环相互促进的新发展格局具有重要意义。钟粤俊等(2020、2024a 和 2024b)指出,要素流动障碍会带来国内消费不足,进而导致中国的经济结构更偏向出口和依赖国外市场,这不利于产业结构转型和高质量发展。

本书认为,中国生产要素空间配置效率的改善、畅通国内大循环生产等均有利于经济增长、产业结构转型,并强化地区间分工与区域协调发展,从而带来巨大的体制性和结构性红利(后面的章节将对具体的内容进行系统讨论和分析)。本书表明,经济发展是一个需要兼顾多目标的过程,经济政策的制定既需要基于科学的依据,也需要考虑不同目标之间的关系,避免顾此失彼。因此,要素空间配置(依赖于区域发展政策)应基于市场经济规律来施行对应的发展政策。

1.2　要素和结构转型的增长分解

前面重点讨论了结构转型的影响,但是要素空间配置和结构转型最终会影响社会发展和经济增长等,因此,有必要对中国的经济增长进行分解。

本部分基于会计恒等式的方法,用相关的数值简单分解中国的结构转型和地区流动人口分别对经济增长的影响有多大。具体地,给定其他条件,分解人口流动和产业结构调整会怎样影响经济增长。[①]我们通过一个简单的模型计算来说明地区流动人口增加和结构变化带来的潜在增长效应。这个计算显示,2000—2010 年间[②],移民增加和结构变化对总体经济增长的变化做出了巨大的贡献,具体分解如下:

$$Y = \sum_i \sum_j Y_{ij} = \sum_i \sum_j y_{ij} s_{ij} L_i \tag{1.1}$$

其中,i 是地区,j 是部门;Y_{ij} 是 i 地区 j 部门的 GDP 规模;地区-部门 GDP 可以表示为 i 地区 j 部门劳均 GDP(y_{ij})[③]和 i 地区 j 部门就业人口规模(L_{ij})的乘积,即 $Y_{ij} = y_{ij} * L_{ij}$。其中,$L_{ij} = s_{ij} L_i$ 是 i 地区 j 部门就业份额(s_{ij},刻画产业结构)和总就业人口规模(L_i)的乘积。[④]因此,产出增长率可以分解为:

$$\hat{Y} = \sum_i \sum_j \omega_{ij} \hat{y}_{ij} \hat{s}_{ij} \hat{L}_i \tag{1.2}$$

其中,ω_{ij} 是根据初始时期的 Y_{ij} 计算的权重。$\hat{x} = \dfrac{x'}{x}$ 表示变量 x 的相对变化,定义 $g_x = \hat{x} - 1$ 是增长率。为具体比较各效应对经济增长变化的影响,我们代入 2000—2010 年的数据,则地区增长变化 g_Y 分解为:

$$\underset{\substack{growth:449.0\% \\ Percentage:100\%}}{g_Y} = \underbrace{\sum_i \sum_j \omega_{ij} g_{s_{ij}}}_{\substack{22.5\% \\ 5.01\%}} + \underbrace{\sum_i \sum_j \omega_{ij} g_{L_i}}_{\substack{27.5\% \\ 6.13\%}} + \underbrace{\sum_i \sum_j \omega_{ij} g_{y_{ij}}}_{\substack{199.1\% \\ 44.33\%}} + \underbrace{\sum_i \sum_j \omega_{ij} g_{Residual_{ij}}}_{\substack{199.9\% \\ 44.53\%}}$$

----

① 为了行文的简便,我们这里仅考虑劳动力要素,加入其他要素可以进行类似分析。

② 替换成 2010—2019 年和 2000—2019 年的数据,结论类似。

③ 劳均 GDP 是指部门 GDP 比上部门就业人数,替换成人均 GDP 可以进行类似分析。

④ L_i 来源于《中国统计年鉴》的地区就业人口;y_{ij} 来源于《中国统计年鉴》地区劳均 GDP(等于 GDP 除以就业人口);s_{ij} 来源于《中国统计年鉴》的地区-部门 GDP 份额。

其中，下括号的第一行反映 2000—2010 年的流动人口、结构变化等对增长影响的变化率，第二行反映变化率对增长率的贡献率。$\sum_i \sum_j \omega_{ij} g_{s_{ij}}$ 反映结构转型效应，2000—2010 年增长了 22.5％，占总增长的 5.01％；$\sum_i \sum_j \omega_{ij} g_{L_i}$ 反映劳动力增长和再配置效应（人口增长和移民效应），2000—2010 年增长了 27.5％，占总增长的 6.13％；$\sum_i \sum_j \omega_{ij} g_{y_{ij}}$ 反映产出效率效应，2000—2010 年增长了 199.1％，占总增长的 44.33％。总产出变化除了受上述单变量变化影响，还会受变量间共同作用的影响，因此，需要考虑两个变量间的交互作用和三个变量间的交互作用。我们将这些交互项当成残差项（Residual），得出 2000—2010 年增长了 199.99％，对增长的贡献率接近 45％。总体来看，由结构转型驱动的因素（包括单变量和多变量交互的影响）让增长共上升了 71.9％（占总增长的 16％）。

首先需要说明的是，上述分解并不能很好地对内在的共同变化或相互影响效应进行充分讨论。例如，产业结构变化的同时，内部空间结构也会发生调整，所以需要进一步借助空间一般均衡模型进行量化分析，本书将在后面的篇章针对不同的问题分别进行讨论。交互项虽然反映为共同变化的效应，但是相互之间怎么影响并未体现出来。其次，上述分解并未揭示背后影响的理论逻辑机制，基于空间一般均衡量化分析可以对理论逻辑机制进行更清晰的讨论。基于上述原因，本书将在后续章节通过经验研究和量化分析方法探讨要素空间配置对结构转型和经济增长的影响及其作用机制。

1.3　本章小结

本章简单讨论了要素空间配置的现状、影响机制和相关的文献综述，从理论上讨论为什么畅通国内要素循环可以释放结构红利,并基于相关的统计数据对中国经济增长进行分解。

中国区域经济发展及其对应的要素市场必须坚持深化改革,形成全国统一开放竞争有序的商品和要素市场,以释放改革红利。要破除传统的体制机制和思想观念对于生产要素市场化配置的阻碍,为不同类型的企业和个人寻找适合自己的发展空间提供保障,为提高生产要素配置效率和国家竞争力进一步释放空间。

与此同时,不同地区应在市场配置资源的背景之下,根据自身自然地理条件、人力资源条件和历史文化条件,探寻本地发展的比较优势,把比较优势转化为竞争优势。各个地区形成差异化的有序分工、相互支持、共享成果的协调发展格局,共同为国家的可持续和高质量发展做贡献。

第 2 章　要素空间配置与产业结构相关的
　　　　特征事实

从本章开始,我们会基于特定的数据和理论对不同问题进行实证分析。在讨论畅通国内要素循环如何影响产业结构转型和经济增长之前,有必要先梳理二者相关的重要特征事实。结构转型是指现代经济增长过程中,经济活动在产业部门间的配置变化。当前中国的一系列引导要素空间配置的政策导致中国的统一大市场发展过程受到体制性、结构性阻碍的影响,并阻碍了国内大循环、国内国际双循环相互促进发展。本章将结合跨国数据和国内的宏微观数据,基于国际比较和中国的现状对比,介绍要素空间配置和结构转型等主要特征事实,多维度揭示二者之间的相关关系。

2.1　产业结构转型

首先介绍产业结构转型,本书根据国际标准产业分类体系(ISIC)划分三大产业(进行类似划分的有:Maddison Project Database;Herrendorf et al.,

2014；钟粤俊等，2020；Chen et al.，2022；钟粤俊等，2023；钟粤俊等，2024a）。其中，第一产业是指农业、林业、畜牧业、渔业和农林牧渔服务业，本书将其定义为农业部门。第二产业是指采矿业，制造业，电力、煤气及水的生产和供应业，建筑业，本书将其定义为制造业部门。第三产业是指除第一、第二产业以外的其他行业，本书将其定义为服务业部门。为统一标记，本书用各部门 GDP 占总 GDP 的比重计算部门 GDP 占比，用各部门就业占总就业的比重计算部门就业占比。

2.1.1　跨国比较部门结构变化

首先，图 2.1 表明，在全世界范围内，随着经济发展水平的提高，经济资源遵循从农业向制造业转移，并最终向服务业转移的规律，中国也不例外。然而，图 2.1 的 Panel C 也表明，与发达国家历史上同等发展水平（以人均购买力平价 GDP 衡量）时期相比，2010 年以后，中国服务业在宏观经济中的比重严重偏低，无论是就业占比还是附加值占比都差十个百分点以上。

其次，从农业部门就业占比来看（Panel A 左图），中国的农业部门就业占比远高于类似发展阶段国家的农业部门就业占比，这是由于中国一系列

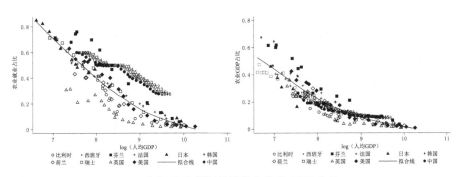

Panel A：农业部门的就业占比和 GDP 占比

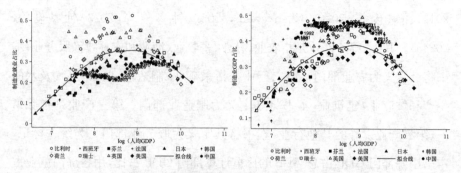

Panel B:制造业部门的就业占比和 GDP 占比

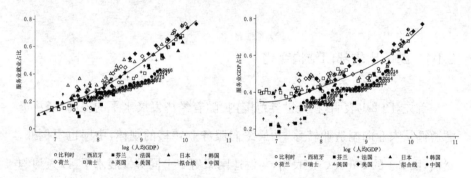

Panel C:服务业部门的就业占比和 GDP 占比

图 2.1 不同部门 GDP 占比和就业占比

注:根据 ISIC 划分三大产业,同 Maddison Project Database。拟合线是指除中国外的其他 10 个国家的 Lowess 拟合线。

资料来源:Maddison Project Database 2010,https://www.rug.nl/ggdc/historicaldevelopment/maddison/releases/maddison-database-2010,其中,人均 GDP 是按购买力平价的 GDP 除以总人口,统一换算成 1990 年的国际美元价格(访问日期:2024 年 8 月 31 日)。由于该数据库仅给出 2008 年及以前的中国人均 GDP,2009 年及以后的中国人均 GDP 数据则基于世界银行的中国人均 GDP 增长率推算,http://databank.worldbank.org/data/reports.aspx?source=2&series=NY.GDP.PCAP.KD#,以保持数据的可比性(访问日期:2024 年 8 月 31 日)。2009 年中国的人均 GDP 等于 2008 年人均 GDP 乘以 2009 年的人均 GDP 增长率,依此类推。中国的三大产业 GDP 和就业数据来源于 1992—2017 年《中国统计年鉴》。

要素空间布局政策,使大量人口被引导到农村,而农村主要从事农业。从农业部门 GDP 占比来看(Panel A 右图),中国的农业部门 GDP 占比并没有与类似发展阶段的国家有太大的差异。这是由于中国农业部门的生产效率较低,导致农业部门较类似发展阶段的国家有更多的就业占比,却只有相似的 GDP 占比。

再次,从制造业部门的就业占比来看(Panel B 左图),由于人口被大量滞留在农村,制造业部门的就业占比偏低,且到 2003 年以后,中国制造业部门的就业结构重新回到类似发展阶段国家的平均水平。因此,中国服务业部门的就业占比偏低的主要原因是农业部门就业占比偏高。从制造业部门的 GDP 占比来看(Panel B 右图),制造业部门 GDP 占比偏高。从 20 世纪 90 年代初期开始,中国的制造业部门 GDP 占比便一直高于同发展水平的国家。2001 年中国加入 WTO 后,这个规律仍没有太大的改变,反映了全球化促进了中国制造业的发展。

最后,图 2.1 揭示的另一个重要规律是:全世界范围内,当人均 GDP(取对数)达到或超过 9 以后,服务业部门的 GDP 占比呈现快速增加趋势,与此同时,制造业部门的 GDP 占比在人均 GDP(取对数)为 9 左右达到最大值,之后制造业部门的 GDP 占比开始出现下降趋势。这同 Buera 和 Kaboski (2012)、Herrendorf 等(2014)和 Alder(2022)基于产出结构、就业结构和消费支出结构等视角得出的结论一致。然而,中国同其他发达国家相比,其服务业部门的 GDP 占比快速增加的趋势相对较慢,随着时间推移,中国同发达国家的差距在扩大,这可能是要素空间错配导致中国服务业加速发展的阶段被相对推延所致(我们将在本书第 6 章对这部分内容作进一步分析和讨论)。

除此之外,与他国历史同期相比,中国经济长期以来处于消费(尤其是服务消费)相对不足的状态(具体见图 2.2)。研究认为,消费不足与要素市场存在的一系列体制性因素有关,但是鲜有研究注意到,当中国经济进入新发展阶段,服务消费对于消费增长的重要性将越来越强,而服务消费

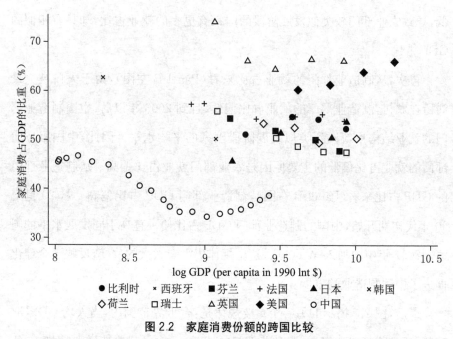

图 2.2 家庭消费份额的跨国比较

资料来源:消费数据来自 World Development Indicators;经济发展数据来自 Maddison Project Database 2010,其中,人均 GDP 是按购买力平价的 GDP 除以总人口,统一换算成 1990 年的国际美元价格(访问日期:2024 年 8 月 31 日)。

往往体现的是市场对于家庭生产的替代。更重要的是,人们习惯于将消费与生产对立起来,认为消费仅仅是"消耗",而不是积累,忽视了消费(尤其是服务消费)对提升劳动生产率的作用。中国服务业在经济中的占比受到抑制,进而带来消费需求不足和人民福利受损,成为中国经济发展不平衡不充分的重要体现,不利于国内大循环、国内国际双循环相互促进发展。

另一个现象是,在全球范围内,随着人们收入水平提高而产生的服务需求,带来了消费型城市的兴起,人口持续向城市特别是大城市迁移。然而,与这个全球普遍规律相比,中国的一系列要素空间布局政策阻碍了人口向城市特别是大城市迁移(陆铭,2017;钟粤俊等,2020;钟粤俊等,

2024a)，主要包括：第一，以户籍制度为核心的人口流动障碍，尤其是农村户籍外来移民或小城市的流动人口在城市或大城市的劳动力市场以及教育、医疗等公共服务领域受到差别待遇，提高了劳动力流动成本。第二，中国存在土地供应的空间错配。第三，2003—2004 年中央开始对欠发达的农村、中西部以及东北老工业基地等地区进行大规模的财政转移支付。这些政策都引起了人口空间分布变化，人口被引导到人口密度更低的农村、小城市和大城市的边缘地区。前面图 2.1 反映的中国与发达国家结构转型的差异（农业和服务业发展的扭曲）的原因之一就是受要素空间布局政策影响。

2.1.2　中国的产业结构

图 2.1 表明，不论是 GDP 还是就业份额，中国的服务业部门都在 2013年开始成为最大的产业部门。服务业是国民经济的重要组成部分，其发展水平是衡量现代社会经济发达程度的重要标志，服务业部门的发展会影响就业、幸福感和消费多样性等。加快发展服务业，提高服务业在三大产业结构中的比重，使服务业成为国民经济的主导产业，有利于推进经济结构调整、转变经济增长方式实现高质量发展。新发展阶段，中国服务业在就业和GDP 中所占的比重将持续上升。一方面，服务业的发展为其自身和其他城市的制造业赋能。在中国从制造业大国迈向制造业强国的过程中，制造业对研发、设计、信息、金融、贸易等生产性服务业的依赖不断增强，产业附加值将更多地产生于生产性服务业（陆铭等，2022）。然而，国家"十四五"规划提出加快推进制造强国建设、促进先进制造业和现代服务业深度融合之后，全国各地都把提高或维持制造业占比作为重要发展指标，却没有看

到在建设制造强国时，不同城市的制造业占比会发生分化，导致城市间出现制造业与服务业的分工。另一方面，随着生活水平的提高，人民会对高品质、多样化和多层次的消费性服务业产生更大的需求（钟粤俊等，2020；陆铭，2022）。国际经验表明，经济发展进入高收入水平之后，消费对于经济增长的贡献将日益上升（Kharroubi and Kohlscheen，2017；钟粤俊等，2024b）。

随着服务业部门规模的不断扩大，其内部异质性也会越来越强，如果要进一步分析服务业的内部，则需要对服务业做进一步细分。根据《生产性服务业统计分类（2019）》和《生活性服务业统计分类（2019）》，我们将服务业进一步划分为生产性服务业与消费性服务业。本书定义生产性服务业为批发零售业、交通运输业与现代物流业、金融服务业、信息服务业和商务服务业，生产性服务业专业化程度较高，其发展有利于现代制造业与服务业融合；其他部分为生活性服务业（包括公共服务业），其产品、服务用于解决消费者生活中的各种需求，这些生活性服务业需要面对面接触交流，其发展更依赖于本地市场的规模效应。

图 2.3 描绘了 1990—2021 年中国各部门占 GDP 比重的变化趋势图。1990 年以来，农业部门占 GDP 的比重逐年下降，服务业部门占 GDP 的比重逐年上升，制造业部门占 GDP 的比重先上升后下降。对服务业部门做进一步细分，生产性服务业和消费性服务业部门占 GDP 的比重均呈现上升趋势，但消费性服务业部门的波动变化更大。类似地，图 2.4 描绘了1990—2021 年中国各部门的就业占比变化趋势图。农业部门就业占比呈现逐年下降趋势，服务业部门就业占比呈现逐年上升趋势，制造业部门就业占比先上升后下降。

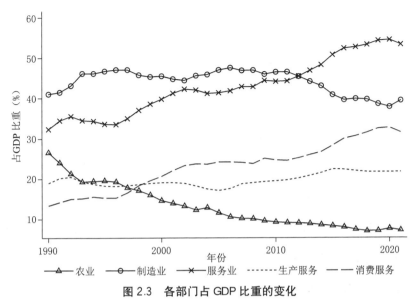

图 2.3　各部门占 GDP 比重的变化

资料来源:2022 年《中国统计年鉴》。生产性服务业+消费性服务业=服务业。

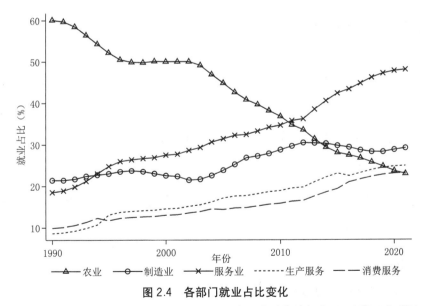

图 2.4　各部门就业占比变化

资料来源:2022 年《中国统计年鉴》,2011 年《中国劳动统计年鉴》以及第五次、第六次和第七次全国人口普查数据。生产性服务业+消费性服务业=服务业。由于人口普查可能高估了农业部门就业率,所以我们用《中国统计年鉴》计算历年三部门的就业人数,然后用人口普查数据计算生产性服务业部门占服务业部门就业人数的比重,从而计算出部门人口。

2.2 要素空间配置的制度背景与事实

和本书相关的另一个关键是要素空间配置,根据党的二十大报告和《中共中央、国务院关于加快建设全国统一大市场的意见》,畅通国内大循环的核心之一就是畅通要素的循环流通。后工业化发展阶段,要素空间错配所产生的影响可能更大以至于更不利于经济发展和产业结构转型。本节基于空间视角探讨中国的要素空间配置问题,介绍中国的人口、土地、资本和转移支付等空间配置的制度背景和相关的特征事实。

2.2.1 人口空间配置

近年来,一系列引导人口空间布局的政策使中国城市人口占比和大城市人口占比偏低(具体参见图 1.1 和图 1.3),这不利于发挥中国的大规模市场优势,以及促进消费型城市发展,进而影响城市特别是大城市对于满足服务需求和增进社会福利的作用,最终抑制中国的服务业和消费的发展(本书的第 3—5 章将对这些内容做进一步论述)。我们首先对中国引导人口空间布局的相关政策背景进行梳理。

1. 制度背景

(1) 户籍制度的演变。

中国的户籍制度根据地域和家庭成员关系,将户籍属性划分为农业和非农业户口。长期以来,中国的人口管理方针政策的制定与实施主要以此制度作为基础。①然而,户籍制度使得城乡间存在阻隔。随着城乡交流的日益广泛、市场经济高速发展和社会生活民主化的不断推进,户籍制度引起了越来越多的争议,户籍制度改革是各个时期关注的焦点,影响整个社会进步和发展。中国户籍制度的演变过程大致可以按如下四个阶段划分。

1956 年以前是第一个阶段。该阶段着重户籍的登记管理,主要是对人口居住地点与基本信息进行登记,并不涉及人口的自由迁徙和利益分配。部分重要的政策文件包括:1951 年 7 月,公安部制定并颁布了新中国成立后的首份户籍法规《城市户口管理暂行条例》,基本统一了全国城市的户口登记制度。1953 年,在第一次全国人口普查的基础上,大部分农村建立起了户口登记制度。1955 年 6 月,国务院发布《关于建立经常户口登记制度的指示》,规定全国城市、集镇、乡村都要建立户口登记制度,开始统一全国城乡的户口登记工作。

1957—1978 年是第二个阶段。该阶段着重户籍对人口自由流动的限定,主要是对人口的城乡流动行为进行约束与管控。部分重要的政策文件包括:1956—1957 年,相关部门颁发了限制和控制农民盲目流入城市的相关文件。1958 年 1 月,《中华人民共和国户口登记条例》颁布,中国政府开始对人口自由流动实行限制和政府管制。

1978—2012 年是第三个阶段。该阶段开始放松对人口流动的限制条件,着重对利益分配进行调整,将就业、教育、住房、医疗、社会保障等与居民利益相关的权益同户籍挂钩。部分重要的政策文件包括:1984 年 10 月,《国务院关于农民进入集镇落户问题的通知》发布,允许农民自理口粮落户集镇;1985 年 7 月,《公安部关于城镇暂住人口管理的暂行规定》颁布,每年提

---

①　中华人民共和国户籍制度是中华人民共和国对其公民实施的以户为单位的户籍人口管理政策,在建国初期起到积极作用,但随着城乡交流的日益广泛,该制度引起广泛争议。

供万分之二的"农转非"的内部指标；1997 年 6 月，《国务院批转公安部小城镇户籍管理制度改革试点方案和关于完善农村户籍管理制度意见的通知》出台，明确规定从农村到小城镇务工或兴办第二、第三产业的人员，小城镇的机关、团体、企业和事业单位聘用的管理人员、专业技术人员，在小城镇购买商品房或者有合法自建房的居民，及其共同居住的直系亲属，可以办理城镇常住户口；2001 年 3 月，国务院批转公安部《关于推进小城镇户籍管理制度改革的意见》，对办理小城镇常住户口的人员，不再实行计划指标管理。2012 年 2 月，《国务院办公厅关于积极稳妥推进户籍管理制度改革的通知》指出，要引导非农产业和农村人口有序向中小城市和建制镇转移，逐步满足符合条件的农村人口落户需求，实现城乡基本公共服务均等化。

2013 年以来是第四阶段。该阶段确立了新型户籍制度改革目标，正式进入户籍制度改革。部分重要的政策文件包括：2013 年 11 月，《中共中央关于全面深化改革若干重大问题的决定》指出，要创新人口管理，加快户籍制度改革，全面放开建制镇和小城市落户限制，有序放开中等城市落户限制，合理确定大城市落户条件，严格控制特大城市人口规模。2014 年 7 月，《国务院关于进一步推进户籍制度改革的意见》正式发布，在中国实行了半个多世纪的农业和非农业的二元户籍管理模式将退出历史舞台。2017 年，户籍制度全面改革，推出了推进农业转移人口市民化、加快实施居住证制度、解决无户口人员登记户口问题、推进居民身份证异地受理等三项制度，并开展户口登记管理清理整顿，提高户口办理时效，畅通户口办理监督渠道等举措。

（2）城市发展政策。

中国的城市化发展进程中，除了有城乡户籍制度的约束，还存在部分对城市发展的政策限制，尤其是针对大城市的再平衡发展政策限制了大城市发展。一直以来,中国的城市发展政策是控制大城市规模、合理发展中等城市,积极发展小城市。①具体来说,中国严格控制大城市的城市化方针政策从 20 世纪 80 年代开始提出,例如,1989 年颁布的《中华人民共和国城市规划法》指出,国家实行严格控制大城市规模、合理发展中等城市和小城市的方针。②2013 年中共十八届三中全会通过《中共中央关于全面深化改革若干重大问题的决定》,决定指出要严格控制特大城市人口规模。2014 年,《国家新型城镇化规划(2014—2020 年)》出台,从 2014 年开始,城区人口 500 万以上的特大城市的人口规模受到严格控制。同时,个别城区常住人口 1 000 万以上的超大城市还实施了疏散市中心人口的举措(陆铭,2017;钟粤俊,2020)。

近年来,虽然中国逐渐放松了部分城市的落户限制政策,例如,随着新型城镇化加快推进,城区常住人口 300 万以下的城市基本取消落户限制,超过 1 亿农业转移人口在城镇落户。③然而对城区常住人口超过 1 000 万人口以上的特大城市的人口管控政策仍然没有完全放松。

2. 滞后的城市化:跨国比较

国际经验表明,随着经济发展和收入水平提高,城市化率也会越来越高(Glaeser,2011;陆铭,2016)。图 2.5 给出全世界范围内 1 000 万人口以上国家的地区发展水平(用人均 GDP 指标度量)和城市化率的关系,结果表明,

---

①　中国政府主张发展小城镇的代表性政策包括:1998 年 10 月,中共十五届三中全会通过了《中共中央关于农业和农村工作若干重大问题的决定》,指出"发展小城镇是带动农村经济和社会发展的一个大战略"。中共中央、国务院在此基础上于 2000 年 6 月提出了《关于促进小城镇健康发展的若干意见》,各地方政府通过"撤乡建镇""县改市""地改市"等政策手段不断推进小城镇建设。

②　当时的背景是计划经济时代城乡严格分离割裂,要控制农业人口向大城市的无序流动。然而,随着中国从计划经济向市场经济转换,该法越来越成为限制大城市发展的约束。2008 年,《中华人民共和国城乡规划法》开始施行,《中华人民共和国城市规划法》废止。

③　新华社:《我国城区常住人口 300 万以下城市基本取消落户限制》,2021 年 1 月 19 日,https://www.gov.cn/xinwen/2021-01/19/content_5581188.htm。

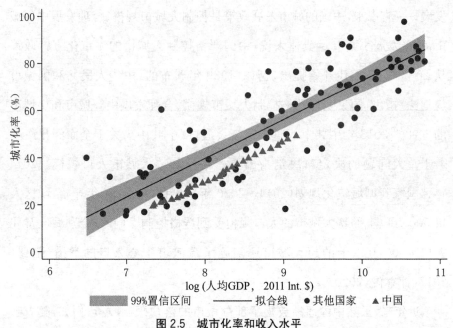

图 2.5　城市化率和收入水平

注:保留 1 000 万人口以上的国家。

资料来源:城市化率数据来源于 UN Population Division, "World Urbanization Prospects:2018 Revision",取世界其他国家 2010 年的截面数据和中国 1990—2010 年的数据。人均 GDP 是购买力平价的 GDP 除以总人口,统一换算成 2011 年的国际美元价格,源于 Maddison Project Database 2018, https://www.rug.nl/ggdc/historicaldevelopment/maddison/releases/maddison-project-database-2018(访问日期:2024 年 8 月 31 日)。

地区发展水平越高,其城市化率越高。其中,拟合线是以世界其他国家 2010 年的截面数据画的拟合线(作为参照)。该图还揭示了另一个现象,中国的城市化率较全世界平均水平偏低 10 个百分点。

根据图 1.1 的中国、日本和韩国城市人口占比变化趋势可以发现,随着经济发展水平(用人均 GDP 度量)的提高,各个国家的城市化率也越来越高。然而,由于中国的户籍制度和 2014 年以前的城市发展政策并没有放松对大城市的户籍管制,故和历史上处于同等发展水平的日本、韩国的城市化率水平相比,中国城市的常住人口和户籍人口占比均较低,并且中国城市人口比重的上升速度远比城市户籍人口比重的上升速度快,即城市非本地户籍常住人口的比重上升。①

　　中国的城市发展政策使得户籍制度对大城市的人口限制更严格,故需要对大城市单独进行讨论。本小节用大城市市辖区常住人口/全国市辖区常住人口计算大城市常住人口占比,用大城市市辖区年末人口/全国市辖区年末人口计算大城市户籍人口占比。图 2.6 表明,大城市非本地户籍人口占比呈逐年上升趋势。另一方面,2014 年国务院出台了《国家新型城镇化规划2014—2020 年》,从 2014 年开始,城区人口 500 万以上的特大城市的人口规模受到严格控制。同时,个别超大城市(城区常住人口 1 000 万以上的城市)还实施了疏散市中心人口的举措(陆铭,2017;钟粤俊等,2020;钟粤俊等,2024b)。图 2.6 表明,2014—2016 年大城市常住人口和户籍人口占全国比重的增长慢于 2013 年以前大城市常住人口和户籍人口的增长。这表明2014 年以后,严格的管制政策使大城市的发展趋势减缓(尤其是北京、上海等城市的城区人口规模出现下降趋势)。

2.2.2　土地供应空间配置

1.制度背景

　　一直以来,中国实施了严格的建设用地指标管理。在宏观层面形成了以土地利用总体规划为约束,以年度土地利用计划、基本农田保护为主要内容的管理体系,这些政策的核心特点是土地供给的计划指标管理。土地利

---

　　①　本小节对比中、日、韩三国是由于,一方面,中、日、韩同属亚洲国家,文化等较为相近;另一方面,亚洲是第二次世界大战的主战场之一,中国、日本和韩国的部分城市发展均属于战后重建,城市建设和发展更为接近。

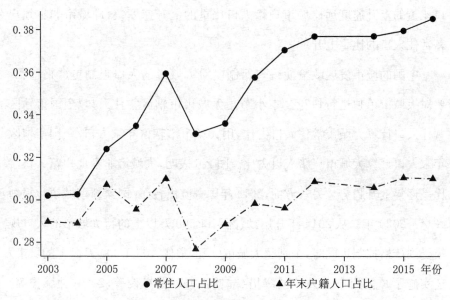

图 2.6 大城市常住人口和户籍人口比较

注:(1)按 2010 年人口普查数据的城镇常住人口规模划分大小城市,将城镇常住人口规模超过 500 万的地级市及以上的地区定义为大城市,否则为小城市。其中,大城市包括:上海市、东莞市、佛山市、北京市、南京市、哈尔滨市、天津市、宁波市、广州市、成都市、杭州市、武汉市、沈阳市、深圳市、温州市、石家庄市、苏州市、西安市、郑州市、重庆市、青岛市。(2)历年常住人口数据根据市辖区 GDP/市辖区人均 GDP 计算,户籍人口根据年末人口计算。由于 2013 年常住人口和户籍人口一致,所以剔除该年的数据。

资料来源:人口数据来源于 2004—2017 年《中国城市统计年鉴》。

用总体规划对各省在规划期间内的建设用地总规模做了明确分配。同时要求各省和各地区都要编制土地利用总体规划,确定规划期内的土地利用指标分配方案。每一年中央会发布土地利用年度计划,分配当年各省的建设用地指标,并且要求土地利用指标不能突破。①

在从严的土地管理体系下,2003 年以后的土地资源的配置方向出现了调整,土地管理政策侧重于以土地资源配置促进经济发展。以 2003 年清理

① 每一年的新增建设用地指标由中央以计划指标形式分配到省,再由省分配给地方,而且建设用地指标无法跨市交易,导致用地指标紧张地区和用地指标富裕地区并存。

整顿开发区为起点,中央不断加强对土地的宏观调控。2004 年,中央明确提出要加强土地参与宏观调控的能力,建设用地指标成为国家支持经济发展落后地区的重要手段。此后制定了一系列政策加强土地参与宏观调控的职能。①根据中央平衡区域发展的战略和利用土地参与宏观调控的思想,2003年以后,中国的土地资源配置方向主要呈现出支持中西部、限制东部的趋势,尤其是对一些人口流入且经济发展较快地区的土地资源分配开始收紧(陆铭,2011;陆铭等,2015;韩立彬、陆铭,2018)。具体来看,2003 年以后,中国的土地供应呈现出如下特点:第一,土地供给向中西部等内陆地区倾斜(陆铭,2011;陆铭等,2015;韩立彬、陆铭,2018)。从建设用地供应看,内陆的土地供给占全国的比重从 2003 年的不足 30% 上升到 2014 年的 60%,并且从政策趋势看,未来这种向内陆增加土地资源配置的趋势不会改变(韩立彬、陆铭,2018)。②第二,倾向中小城市和城镇的土地供给政策,且这一政策贯彻呈现越来越严格的趋势。中国的建设用地供应的政策导向也同中国的城市发展政策相似,呈现出控制大城市建设用地、合理增加中等城市建设用地、积极增加小城市的建设用地的特征。例如,2016 年国土资源部公布的《国土资源"十三五"规划纲要》提出,用地计划向中小城市和特色小城镇倾斜,向发展潜力大、吸纳人口多的县城和重点镇倾斜,对超大和特大城市中心城区原则上不再安排新增建设用地计划,促进大中小城市和小城镇协调发展。

2. 土地供应空间错配

前面给出土地供应空间错配的定义,本书用大城市土地供应增量/全国

---

① 具体的政策文件主要包括:2004 年《国务院关于深化改革严格土地管理的决定》、2006 年《国务院关于加强土地宏观调控有关问题的通知》、2008 年《国务院关于促进节约集约用地的通知》。在 2004 年、2006 年和 2016 年,先后修订《土地利用年度计划管理办法》以强化土地利用年度指标的管理。

② 2016 年的《全国土地利用总体规划纲要(2006—2020 年)》对部分地区的建设用地指标进行调整,但是新增建设用地指标有 65% 被配置到中西部地区。

土地供应增量计算大城市土地供应增量占全国的比重（简记为土地流量占比），用大城市土地供应存量/全国土地供应存量计算大城市土地供应存量占全国的比重（简记为土地存量占比），用土地供应增量或存量度量中国的土地供应结构；用大城市市辖区常住人口/全国市辖区常住人口计算大城市常住人口占比，度量地区人口结构。图1.2给出的历年大城市土地供应增量占全国比重和常住人口占全国比重的变化趋势表明，2001—2012年城市间的土地供应空间错配（人口和土地变化趋势相反）越来越严重。

3. 土地供应结构扭曲

土地供应除了空间配置的差异，还存在部门（结构）扭曲。本小节将使用2008—2015年的微观地块出让数据分析部门土地价格的差异，并构建如下回归模型：

$$\log(Price_{rlt}) = \beta_0 + FE^{Commercial}_{r(l)t} + FE^{Residential}_{r(l)t} + X_{lt}\beta + \sigma_l + Year_t$$
$$+ \sigma_l \times Trend_t + \varepsilon_{lt}$$

其中，$Price_{rlt}$是地区l年份t地块r的土地出让价格，$FE^{Commercial}_{r(l)t}$是商业服务虚拟变量（商业服务用地为1，其他为0），$FE^{Residential}_{r(l)t}$是住宅用地虚拟变量（住宅用地为1，其他为0）；X_{lt}是一系列控制变量，包括到市中心距离（取对数）及其平方项、出让地块面积（取对数）及其平方项、到市中心距离和出让面积交互项、工业用地面积（取对数）、商住用地面积（取对数）、容积率。σ_l是地级市虚拟变量，$Year_t$是年份虚拟变量，$Trend_t$是年份趋势项。部门土地价格差异的回归结果见表2.1，其中第（1）和第（3）栏是全样本回归，第（2）栏是服务业内部的比较。回归结果表明，在控制了一系列控制变量后，商业用地价格和住宅用地价格均显著高于制造业部门用地价格，商业用地和住宅用地价格则没有显著差异。

表 2.1　不同类型土地价格差异

变　　量	土地价格（取对数）		
	（1）	（2）	（3）
	Total Sample	Services Sample	Total Sample
Commercial Land	1.293*** (0.039)		
Residential Land	1.335*** (0.057)	0.064 (0.039)	
Services Land *(Commercial＋Residential)*			1.248*** (0.043)
Prefecture FE	Yes	Yes	Yes
Year FE	Yes	Yes	Yes
Prefecture FE ∗ Yearly Trend	Yes	Yes	Yes
Controls	Yes	Yes	Yes
Observations	383 599	260 871	352 154
R^2	0.733	0.748	0.754

注：括号内是基于地级市修正的聚类稳健标准误：* 表示 $p<0.1$，** 表示 $p<0.05$，*** 表示 $p<0.01$。

考虑到地区间存在较大的差异，故有必要分地区考察部门用地价格差异。我们进一步地基于如下回归模型估算各省工业用地与商业用地、住宅用地间的价格差异：

$$\log(Price_{rlt})=\beta_0+FE_{r(l)t}^{Commercial}\times ProFE+FE_{r(l)t}^{Residential}\times ProFE+X_{lt}\beta$$
$$+\sigma_l+Year_t+\sigma_l\times Trend_t+\varepsilon_{lt}$$

其中，ProFE 是指各省地区固定效应，其他变量同前面的回归模型一致。图 2.7 给出各地区同土地类型交互项的回归系数分布，反映各省工业用地与商业用地、住宅用地之间的价格差异。

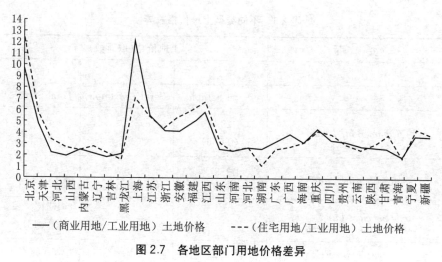

图 2.7　各地区部门用地价格差异

注:控制了一系列控制变量后的地区同土地类型的交互项回归系数。

2.2.3　转移支付和资本的空间配置

1. 制度背景

在中国,除了劳动力和土地的要素空间配置,财政转移支付和资本也存在空间配置效率低下的问题。为保证本章要素空间分布和结构转型关系分析的完整性,本小节将重点分析转移支付和资本空间分布的现状。为了促进地区间公共服务均等化和经济均衡发展,2003—2004 年中央开始对欠发达的农村、中西部以及东北老工业基地等地区进行了一系列大规模的财政转移支付和资本(或金融)支持。①中央上述的政策导向是为了平衡地区间的

①　《中共中央关于全面深化改革若干重大问题的决定》指出,要进一步推进公共服务均等化、努力缩小区域间收入分配差距。《中共中央、国务院关于打赢脱贫攻坚战的决定》提出,中央财政继续加大对贫困地区的转移支付力度。在增加对贫困地区转移支付规模的同时,中央还提出改革转移支付结构,增加一般性转移支付的比重,清理、整合、规范专项转移支付。对贫困地区加大一般性转移支付,可以更直接地缩小地区间政府的财力差距,但只有通过促进贫困地区经济增长,提升其"造血能力",才能从根本上有助于区域间均衡发展。

发展,采取将资源大量引入相对欠发达地区的政策,并相对压缩东部地区的资源投入①,然而,这种政策的直接后果是相对地降低了沿海等地区的经济增长速度;同时,通过非效率最大化的投资、转移支付等方式提高中西部经济增长速度的结果是,全国整体经济效率增速放缓和资源配置效率的恶化,进而损害了中国经济整体的国际竞争力(陆铭、向宽虎,2014)。

2. 转移支付空间配置

转移支付是指上级政府财政按照财政体制规定或因专项需要补助给本级政府财政的款项,主要包括中央对地方的各项专项转移支付和一般性转移支付补助。本书定义的转移支付是指上级政府财政按照财政体制规定或因专项需要补助给本级政府财政的款项,包括中央对各地区的专项转移支付收入和一般性转移支付收入。其中,专项转移支付收入是指中央对具体承担委托事务、共同事务的地方政府给予具有指定用途的资金补助,以及对应由地方政府承担的事务给予的具有指定用途的奖励或补助(也有研究将专项转移支付定义为有条件转移支付)。一般性转移支付收入是指以实现基本公共服务均等化为目标,均衡地区发展的财力差距的中央转移支付,该转移支付不具体指定资金用途,通常由接受转移支付的地方政府统筹安排使用的转移支付。②

参照既有研究的做法,本书用转移支付占地方总财力的比重度量转移支付比率,该值越大,反映地方政府获得转移支付的强度越大。图2.8和图2.9表明,2000—2003年,东部和中西部、大小城市间的转移支付比率差

① 因为地区间平衡发展等同于经济和人口的均匀分布,发达地区和欠发达地区都有做大本地GDP的激励。

② 除了专项转移支付和一般性转移支付收入外,还有其他的转移支付,例如税收返还等。由于税收返还只是实施分税制改革时中央与地方妥协的一种产物,它与一般意义上的转移支付存在很大的差别,因此,本书所指的转移支付均不包含税收返还。税收返还的数额与税收基数和税收增长率直接挂钩,以保基数为主,随着时间的推移,税收返还的相对数额逐渐降低。

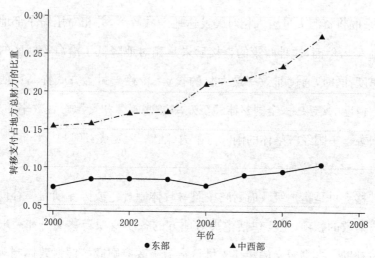

图 2.8　转移支付占财政收入的比重

注:地方总财力＝地方本级财政收入＋上年结余＋中央税收返还和转移支付－地方上解;转移支付包含一般性转移支付和专项转移支付。

资料来源:2000—2007 年《全国地市县财政统计资料》。

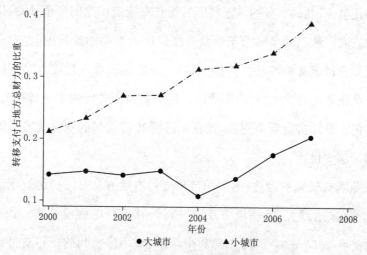

图 2.9　大小城市转移支付占财政收入的比重

注:地方总财力＝地方本级财政收入＋上年结余＋中央税收返还和转移支付－地方上解;转移支付包含一般性转移支付和专项转移支付。按 2010 年全国人口普查数据的城镇常住人口规模划分大小城市,将城镇常住人口规模超过 500 万的地级市及以上的地区定义为大城市,否则为小城市。其中,大城市包括:上海市、东莞市、佛山市、北京市、南京市、哈尔滨市、天津市、宁波市、广州市、成都市、杭州市、武汉市、沈阳市、深圳市、温州市、石家庄市、苏州市、西安市、郑州市、重庆市、青岛市。

资料来源:2000—2007 年《全国地市县财政统计资料》。

异较小,满足平稳变化,2003 年以后,中西部和小城市地区转移支付比率快速上升,但东部和大城市地区转移支付比率仍保持较稳定的份额,地区间的转移支付比率差异在扩大。由于区域再平衡发展政策,2004 年以后,东部和中西部地区之间、大小城市间获得转移支付的差异开始扩大,这些政策将资源大量引入相对欠发达地区,研究发现,上述转移支付空间配置所导致的直接后果之一是同时降低了沿海地区和整体的竞争力以及经济增长速度。①

3. 资本空间配置

中国的资本也存在空间配置上的差异或低效率,而影响资本的很重要的决定因素就是金融市场。中国同时存在金融抑制下的利率管制政策,金融抑制呈现的直接后果是实际利率长期处于低估状态,而其背后更深层次的原因在于,中国需要为国有部门和地方政府融资提供金融方面的补贴。低利率鼓励了投资,促进了短期经济增长。但同时,低利率鼓励企业使用资本密集型技术,使得产业结构快速资本深化,工业(尤其是重工业)获得了超常发展。资本密集型产业的超常发展将使就业增长速度远远赶不上经济增长速度,加剧了城市化落后于工业化进程的局面。超常的资本深化还将造成劳动报酬增长滞后于劳动生产率增长,使国民收入分配更向资本倾斜,而劳动收入占国民收入的比重将下降。当投资受到鼓励时,居民消费却受制

---

① 进一步扩充 2008—2009 年的样本,中西部和东部地区之间的差异会继续扩大。然而,考虑到 2008—2009 年的一般性转移支付统计口径发生变化,故本部分的分析以 2000—2007 年为主。考虑到 1998—1999 年一般性转移支付的数据准确性问题,且早年地区转移支付存在先收后返的现象,东部地区缴纳更多税收,故其获得的转移支付可能也更多,因此,我们不将 2000 年以前的样本纳入本书进行分析。此处,转移支付是一般性转移支付和专项转移支付的加总数据,由于一般性转移支付和专项转移支付在均等化程度和资金用途限定上存在制度设计差异,两类转移支付对经济增长作用并不相同,并且转移支付的结构也存在地区差异。将专项转移支付和一般性转移支付分开,比较地区之间不同转移支付类型的变化差异。我们仍然可以发现:2000—2003 年,东部地区和中西部地区的专项转移支付和一般性转移支付比率差异较小,基本满足平行变化趋势,2003 年以后,中西部地区专项转移支付和一般性转移支付比率快速上升,但东部地区专项转移支付比率仍保持较稳定的份额,地区间的差异扩大。

于劳动收入的缓慢增长,大量生产能力必须依赖出口来消化,而消费者的进口需求却有限,于是导致外贸盈余持续增长。和土地类似的思路,我们可以用资本价格差异来刻画资本要素的扭曲或分布。

根据1998—2007年中国工业企业数据库(包含了中国95%以上的工业企业销售规模),Chen等(2017)基于ARP(average revenue product)方程估计企业的资本价格,发现国有企业的资本使用价格相对更低,同时,部分省份和东部沿海城市长期对私营企业的资本使用价格进行补贴。根据ARP方程和工企数据,可以计算不同地区 i、行业 j、企业 s 的资本价格:

$$\log\left(\frac{P_{ij}y_s}{k_s}\right) = \log(r_i) - \log \alpha_{kj} + J_{ji} + \varepsilon_{ijs}$$

其中,P_{ij} 是产出价格(the output price to the firm net of VA taxes); y_s 和 k_s 分别是产出和资本,r_i 是指城市 i 的资本价格,基于城市固定效应识别;α_{kj} 是指行业固定效应,通过资本密集度刻画;J_{ji} 是指影响价格的一系列控制变量,例如,1995年基期地级市层面各行业的企业数量、到海岸线距离、1990年地级市中心城市的GDP(取对数)等。图2.10给出了地区人口规模和资本价格关系分布图,二者呈现正相关关系。

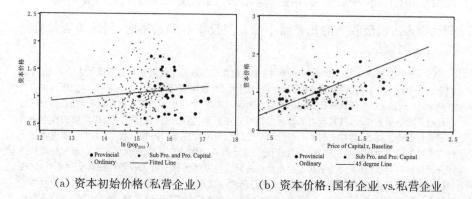

(a) 资本初始价格(私营企业)　　　(b) 资本价格:国有企业 vs.私营企业

图2.10　各地区资本价格差异

资料来源:Henderson等(2022)。

2.3　地区发展差异

前面讨论的系列要素空间配置或错配会带来什么影响？如果地区间的发展不存在差异，则不论要素在空间上如何进行配置都没有差异，然而地区间存在发展或比较优势差异，前面图 2.1 反映的中国服务业发展偏低与要素的空间配置向城市（尤其是大城市）转移的制度障碍有关。本小节将从不同维度对比地区间发展差异，及其导致的产业结构受空间配置的影响。

2.3.1　城市化与服务业发展：跨国比较

首先，通过跨国比较揭示城市化和服务业发展间的关系。图 2.11 和图 2.12 分别给出 1980—2010 年全球不同国家的城市化率和三产就业、GDP 占比之间的关系。两张图表明，剔除了地区发展水平（人均 GDP 度量）和年份效应后，城市化率越大的国家，其服务业的就业占比和 GDP 份额显著越高，即城市化率显著促进了服务业发展。附录图 2A.1 显示了城市化率和农业部门、制造业部门发展的关系。

为进一步揭示经济发展水平、城市化率和服务业发展之间的统计相关关系，我们构建如下计量回归模型：

$$Y_{it} = \beta_0 + \beta_1 \, Urbanization_{it} + \beta_2 \, Per\_GDP_{it} + \sigma_t + \varepsilon_{it} \qquad (2.1)$$

其中，i 表示样本所在国家或地区，t 表示年份，Y_{it} 是被解释变量服务业发

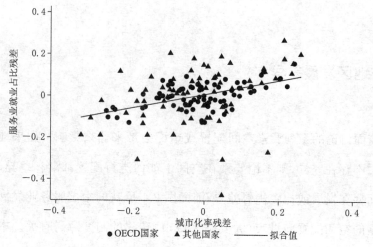

图 2.11 城市化率和服务业就业占比的关系

注:横坐标是城市化率对人均 GDP(人均 GDP 是指购买力平价的 GDP 除以总人口,统一换算成 1990 年的国际美元价格)、年份虚拟变量回归后的残差,剔除人均 GDP 对城市化率的影响。纵坐标是服务业就业占比对人均 GDP、年份虚拟变量回归后的残差,剔除人均 GDP 对服务业就业占比的影响。所用数据是 1980 年、1990 年和 2000 年的 UN World Urbanization Prospects 2018,其中,OECD 国家包含 36 个成员国(访问日期:2024 年 8 月 31 日)。

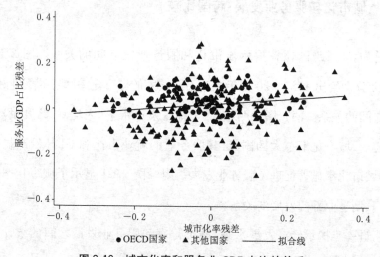

图 2.12 城市化率和服务业 GDP 占比的关系

注:横坐标是城市化率对人均 GDP(人均 GDP 是指购买力平价的 GDP 除以总人口,统一换算成 1990 年的国际美元价格)、年份虚拟变量回归后的残差,剔除人均 GDP 对城市化率的影响。纵坐标是服务业就业占比对人均 GDP、年份虚拟变量回归后的残差,剔除人均 GDP 对服务业就业占比的影响。所用数据是 1980 年、1990 年和 2000 年的 UN World Urbanization Prospects 2018,其中,OECD 国家包含 36 个成员国(访问日期:2024 年 8 月 31 日)。

展,主要包括服务业 GDP 占总 GDP 的比重和服务业就业占总就业的比重; $Urbanization_{it}$ 反映城市化率,该值越大表明其城市化率越高;Per_GDP_{it} 是人均 GDP(取对数),反映地区发展水平。

表 2.2 给出 1980 年、1990 年和 2000 年的城市化率和服务业发展跨国比较的回归结果。当控制人均 GDP 后,城市化率越大的国家,其服务业的就业占比和 GDP 占比显著越高。其中,第(1)列和第(4)列是全样本回归结果,城市化率越大的国家,其服务业的就业和 GDP 占比显著越高。从经济

表 2.2　城市化率和服务业发展

被解释变量	服务业就业占比			服务业 GDP 占比		
模型范围	全样本	2010 年	全样本	全样本	2010 年	全样本
模型编号	(1)	(2)	(3)	(4)	(5)	(6)
城市化率	0.003 *** (0.001)	0.004 *** (0.001)	0.004 *** (0.001)	0.001 ** (0.001)	0.002 *** (0.001)	0.001 ** (0.001)
ln(人均 GDP)	0.092 *** (0.013)	0.089 *** (0.020)	−0.184 (0.142)	0.045 *** (0.011)	0.043 *** (0.013)	−0.252 ** (0.114)
ln(人均 GDP)²			0.016 * (0.008)			0.018 *** (0.007)
$Year\_1990$	0.012 (0.018)		0.010 (0.018)	−0.037 * (0.021)		−0.038 * (0.020)
$Year\_2000$	0.061 *** (0.018)		0.058 *** (0.019)	0.041 *** (0.015)		0.037 *** (0.015)
截距项	−0.558 *** (0.084)	−0.479 *** (0.131)	0.623 (0.594)	0.063 (0.073)	0.097 (0.088)	1.253 *** (0.472)
样本数	148	65	148	295	65	295
R^2	0.687	0.619	0.693	0.287	0.485	0.305

注:括号内是修正的稳健标准误:* 表示 $p<0.1$, ** 表示 $p<0.05$, *** 表示 $p<0.01$。回归中控制是否 OECD 国家虚拟变量,上述结论并不改变。城市化率的数据来源于《世界人口展望 2018》,我们选取 1980 年、1990 年和 2000 年各国的城市化率数据,保证数据变异足够大,且这些年份的统计数据的质量更高。Per_GDP_{it} 数据来源于 Maddison Project Database,人均 GDP 是指购买力平价的 GDP 除以总人口,统一换算成 1990 年的国际美元价格。服务业就业占总就业的比重和服务业 GDP 占总 GDP 的比重的数据源于 WDI 数据库。

显著性来看，第(1)列表明，城市化率每提高 1 个百分点，服务业就业占比就显著提高 0.3 个百分点。第(4)列表明，城市化率每提高 1 个百分点，服务业的 GDP 占比就显著提高 0.1 个百分点。第(2)列和第(5)列仅保留 2010 年截面回归的结果，城市化率越大的国家，其服务业的就业占比和 GDP 占比就显著越高。最后，考虑到产业结构的发展受经济发展的影响可能是非线性关系，例如人均 GDP 和制造业发展呈现出倒 U 型的关系，故第(3)列和第(6)列给出同时控制人均 GDP 二次项的回归结果，反映可能存在的经济发展和服务业发展间的非线性关系。回归结果表明，考虑了经济发展水平之后，城市化率越大的国家，其服务业就业占比和 GDP 占比就显著越高。

2.3.2　城乡发展差异

前面给出宏观层面的跨国比较证据，接下来我们比较国家内部的地区发展差异。随着中国生产力水平和人均收入的进一步提高，服务业在宏观经济中的地位将变得越来越重要，经济结构将更加向服务品和不可贸易品倾斜，但是在现有的城市化政策引导之下，中国的人口等要素的空间分布会影响地区服务业发展。一方面，对于城市人口的限制以及对于农业的各种扶持政策，导致过多劳动力滞留在生产率相对更低的农村和农业部门，进而扩大城乡收入、消费差异。图 2.13 表明城乡间收入和服务消费支出差距较大。平均来看，城市的收入水平是农村的 2.5 倍以上，城镇的服务消费支出是农村的 3 倍以上，城乡服务消费差异比收入差异大的原因是服务业商品消费需求的收入弹性更大导致，随着收入水平的提高，更多的消费比例会配置到服务业部门。

城乡发展除了有收入、消费差异外，城乡就业结构差异也很大。相对城市来说，农村的服务业就业占比偏低。图 2.14 分别计算城乡和全国的服务

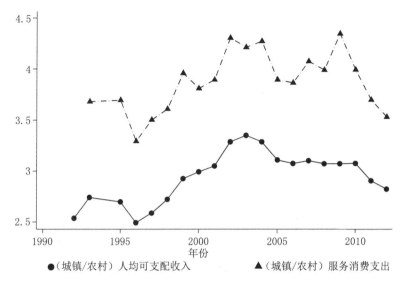

●（城镇/农村）人均可支配收入　　▲（城镇/农村）服务消费支出

图 2.13　历年城乡间收入和服务消费支出差距及变化

注：城乡服务消费支出比等于城镇服务消费支出除以农村服务消费支出，从 2013 年起，国家统计局开展了城乡一体化住户收支与生活状况调查，与 2013 年前的分城镇和农村住户调查的范围、方法和指标口径不同，故 2013 年以后的相关数据并未展示出来。城乡可支配收入的绝对值之比等于城镇可支配收入除以农村可支配收入，分别按城乡价格指数折算为 1999 年不变价格作图可以得到类似结论。

资料来源：1992—2017 年《中国统计年鉴》。

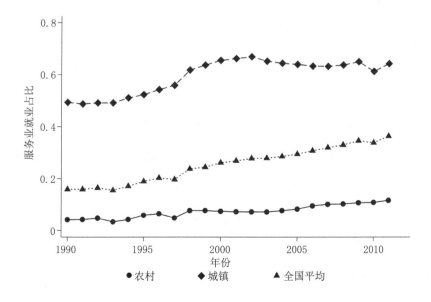

●农村　　◆城镇　　▲全国平均

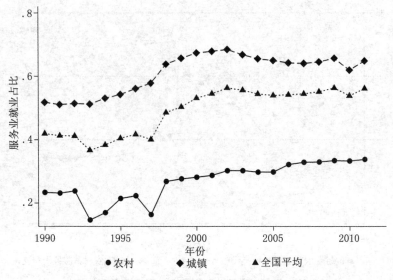

图 2.14 历年城乡服务业就业占比

注：上图反映第三产业就业人数占总就业人数的比重，农村服务业就业人数＝乡镇企业第三产业就业占比×农村就业人数；下图反映第三产业就业人数在第二、第三产业就业人数中的占比（非农占比），农村用乡镇企业第三产业就业人数占乡镇企业所有就业人数（第二、第三产业就业人数）比重计算服务业的非农就业比例。城镇三大产业就业人数根据《中国统计年鉴》的就业人员数据划分：城镇就业人口＝城镇单位就业人口（按行业加总到产业）＋城镇单位私营和个体就业人口（按行业加总到产业）＋其他城镇就业人口（其他城镇就业人口在《中国统计年鉴》中并没有公布所属行业，例如家政服务员等）。本书对其他城镇就业人口处理方式：根据城镇个体户的三大产业的就业占比，把其他城镇就业人口数据分别划分到第一、第二、第三产业。该方法实际低估了城镇服务业，让本书得到偏于保守的结果。

资料来源：1991—2012 年《中国统计年鉴》和《中国乡镇企业统计年鉴》。其中，《中国乡镇企业统计年鉴》只公布了 2011 年及以前的第三产业就业数据。

业就业占比变化趋势，不论以第三产业就业人数占总就业人数的比重抑或第三产业就业人数占第二、第三产业就业人数的比重分析，城乡均有较大的服务业就业占比差异。为进一步揭示世界范围内城乡发展差异的规律，我们基于 IPUMS 1960—2010 的数据及其城乡划分标准，给出世界主要国家或地区的城乡服务业就业结构占比关系统计，可以发现，在世界范围内，均表现为城市的服务业就业占比远高于农村服务业就业占比（此部分图表省略）。

2.3.3　城市间发展差异

地区发展除了有城乡发展差异,还包括城市间发展差异。随着经济发展水平的提高,以城市间为主导的区域发展所产生的影响及其问题会变得越来越重要。事实上,大城市服务业的发展显著优于中小城市。图 2.15 表明,中国 500 万人口以上大城市的服务业 GDP 占比会比其他城市高 10 个百分点以上,并且这个优势随着时间的推移而呈现整体扩大的趋势。

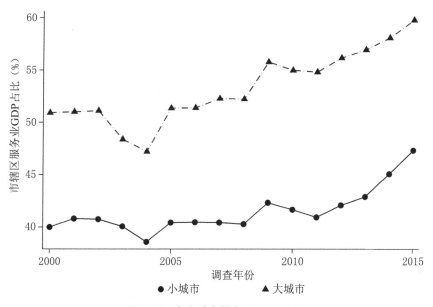

图 2.15　大小城市服务业 GDP 占比

注:中国城市人口根据城镇常住人口统计。按 2010 年全国人口普查数据的城镇常住人口规模划分大小城市,本章将城镇常住人口规模超过 500 万的地级市及以上的地区定义为大城市,否则为小城市。其中,大城市包括:上海市、东莞市、佛山市、北京市、南京市、哈尔滨市、天津市、宁波市、广州市、成都市、杭州市、武汉市、沈阳市、深圳市、温州市、石家庄市、苏州市、西安市、郑州市、重庆市、青岛市。替换全市服务业 GDP 占比度量地区服务业发展,结论类似。

资料来源:2001—2011 年《中国城市统计年鉴》,2010 年全国人口普查数据。

由于收入效应和规模效应，与前面城乡存在较大的收入、消费差异类似，大城市和小城市之间也存在收入、消费的差异。图 2.16 基于 2002—2009 年的城镇住户调查（UHS）数据发现，城市间的收入和服务消费支出差距较大。平均来看，大城市的可支配收入和消费均比小城市高 65% 左右，由于服务商品消费需求的收入弹性更大，所以大城市的服务消费比小城市高 90% 以上。

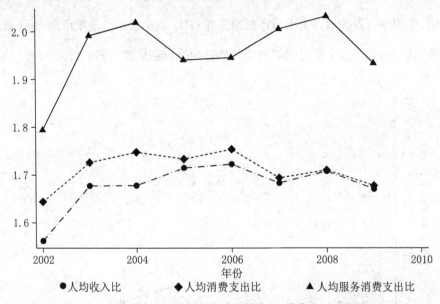

图 2.16　历年大小城市的收入、消费比

注：人均收入比＝大城市家庭人均可支配收入/小城市家庭人均可支配收入，其中家庭人均可支配收入＝家庭整体的可支配收入/家庭人口数；人均消费支出比＝大城市家庭人均消费支出/小城市家庭人均消费支出，其中家庭人均消费支出＝家庭整体的消费支出/家庭人口数；人均服务消费支出比＝大城市家庭人均服务消费支出/小城市家庭人均服务消费支出，其中家庭人均服务消费支出＝家庭整体的服务性消费支出/家庭人口数。

资料来源：根据 2002—2009 年《城镇住户调查统计》（UHS2002—2009）数据计算。基于 2010 年人口普查数据划分大小城市，将城镇常住人口规模超过 500 万的地级市及以上的地区定义为大城市，否则为小城市。其中，大城市包括：上海市、东莞市、佛山市、北京市、南京市、哈尔滨市、天津市、宁波市、广州市、成都市、杭州市、武汉市、沈阳市、深圳市、温州市、石家庄市、苏州市、西安市、郑州市、重庆市、青岛市。UHS2008—2009 统计口径和 UHS2002—2007 有调整，但不影响整体变化趋势。

2.4　本章小结

结构转型是现代经济增长过程中,经济活动在产业部门间的配置变化。在全球范围内,随着人们收入水平的提高而产生的服务需求,带来了消费型城市的兴起,人口持续向城市特别是大城市迁移。然而,与这个全球普遍规律相比,当前中国的一系列引导人口空间布局和土地供应等的政策导致中国的城市化发展过程受到诸多体制性结构性阻碍的影响,并且阻碍国内大循环、国内国际双循环相互促进发展。本章基于翔实的宏微观数据进行跨国分析和国内城市间、城乡间对比,较全面和系统地初步介绍结构转型、地区发展、要素空间配置等特征事实,给出要素空间分布与结构转型和地区发展间的相关关系。

第一,相比处于同样发展水平阶段的发达国家,中国的服务业占比较其他国家偏低约 10 个百分点。第二,本章从多个不同维度评估了中国要素空间分布的现状,发现区域再平衡发展的政策导致要素空间错配问题越来越严重,中国农业就业占比偏高、服务业就业占比偏低的原因之一是要素空间错配导致的。第三,在全世界范围内,城市化有利于提升服务业发展,在一国内部,地区间差异较大,城乡和城市间服务业发展存在差异。

本章虽然较全面和系统地介绍了要素空间配置和结构转型、经济发展的相关关系,但是对其背后的因果关系和理论机制的讨论仍然相对较欠缺,也未对各影响效应的大小及其交互作用进行讨论。因此,本书后续章节将会进一步对要素空间配置影响结构转型、经济发展的影响因素的因果关系和理论机制进行讨论。

2.A   附录

2.A.1   城市化率和农业、制造业部门关系

附录图 2A.1 给出 1980—2010 年全球不同国家的城市化率和农业部门、制造业部门发展的关系。跨国数据比较结果表明,剔除了地区发展水平(人均 GDP 度量)和年份效应后,城市化率越大的国家,其农业就业份额占比越低,但制造业同城市化率没有显著的统计相关关系(弱正相关)。

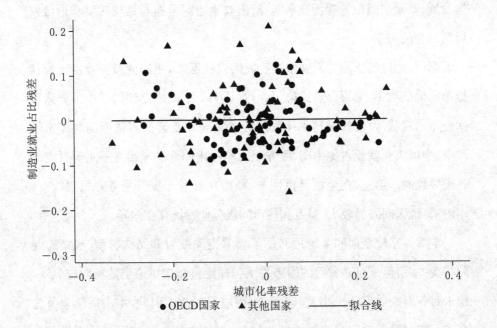

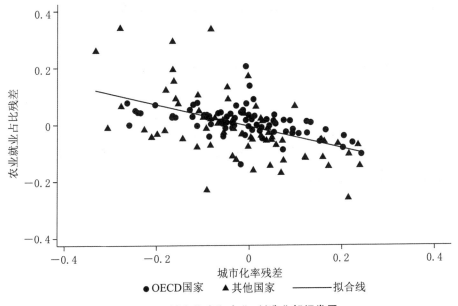

图 2A.1　城市化率和农业、制造业部门发展

注:横坐标是城市化率对人均 GDP(人均 GDP 是指购买力平价的 GDP 除以总人口,统一换算成 1990 年的国际美元价格)、年份虚拟变量回归后的残差,剔除人均 GDP 对城市化率的影响。纵坐标是服务业就业占比对人均 GDP、年份虚拟变量回归后的残差,剔除人均 GDP 对服务业就业占比的影响。数据是 1980 年、1990 年和 2000 年数据。

2.A.2　土地供应存量计算

由于较难获得土地存量的既有数据,我们以 2003 年《中国城市统计年鉴》的建成区面积作为土地存量的基期,以此刻画各地区 2002 年的土地存量;以 2003—2013 年《中国国土资源统计年鉴》统计的各地区的土地供应作为各年的土地流量,计算各年大小城市的土地占全国土地的比重,比如,2003 年大城市的土地存量等于 2002 年大城市的建成区土地面积＋2003 年大城市的土地供应流量(具体见表 2A.1)。2003—2013 年,大城市土地供应存量呈逐年递减趋势,人口和土地的空间不匹配问题越来越严重。

表 2A.1 大城市土地供应存量占全国的比重

年份	2002	2003	2004	2005	2006	2007	2008	2009	2010	2011	2012	2013
大城市占比(%)	31.93	32.08	31.98	31.8	31.31	30.87	30.4	29.81	28.77	27.86	26.96	26.04

注:为使数据可比,城市划分统一按 2010 年全国人口普查数据将城镇常住人口规模超过 500 万的地级市及以上的地区定义为大城市,否则为小城市。其中,大城市包括:上海市、东莞市、佛山市、北京市、南京市、哈尔滨市、天津市、宁波市、广州市、成都市、杭州市、武汉市、沈阳市、深圳市、温州市、石家庄市、苏州市、西安市、郑州市、重庆市、青岛市。

资料来源:2003 年《中国城市统计年鉴》、2010 年全国人口普查数据和 2003—2013 年《中国国土资源统计年鉴》。

第3章 集聚与服务业发展:基于人口密度的视角

3.1 引言

本书第3—5章将基于城市的视角,从不同维度探讨畅通要素循环对结构转型、经济增长影响的因果分析,尤其重点关注商品部门向服务业部门的结构转型。本章则重点讨论密度的故事,分析集聚与服务业发展的关系,探讨人口密度及其机制会如何促进服务业发展。

前面图2.1表明,与OECD发达国家历史上同等发展水平时期相比,近十年来中国服务业在宏观经济中的比重偏低,无论是就业占比还是附加值占比都相差十个百分点以上。受抑制的服务业引起消费需求不足和人民福利受损,成为中国经济发展不平衡不充分的重要体现。近年来,中国一系列引导要素(尤其是人口与土地)空间布局的政策,使得中国城市人口密度呈现下降趋势(见图3.1)。由于大多数服务业具有不可贸易性,需要面对面进行生产和消费,人口密度对其发展的作用尤其重要,规模效应、收入效应和歧视效应的存在，使得服务业发展相比于其他部门更依赖于高人口密度（本章将在后面对这些机制分别进行介绍）。一方面，近些年对于城市人口的限制以及对于农村农业的各种扶持政策，使得过多劳动力滞留在生产率相对更低的农村和农业部门，进而扩大城乡收入和消费差异（见图 2.13）。而且，相对于城市来说，农村的服务业就业占比偏低（见图 2.14）。另一方面，在城市之间，大城市的服务业占比通常更高（见图 2.15）。因此，图 2.1 所反映的中国服务业就业占比和 GDP 占比偏低，与人口向较高人口密度城市（尤其是大城市）转移的制度障碍有关。

基于中国服务业占比偏低的事实，本章将使用简约式的研究方法，分别从宏观和微观层面研究人口密度对服务业发展的影响，并探讨其影响的作用机制。相比于既有的相关研究，本章对中国经济结构中服务业占比偏低的现象增加了新的解释，同时，为国际上有关结构转型的研究提供了新的视角。近年来，既有文献多依据量化分析的方法，主要是从以下几个角度研究经济结构转型。首先，技术进步差异会引起部门相对生产率差异，进而形成比较优势和专业化发展，改变部门劳动力配置（Matsuyama，2009；Uy et al.，2013）。在此基础上，有研究进一步讨论开放经济（Uy et al.，2013；Teignier，2018；Święcki，2017）和制度障碍（Parente et al.，2000；Rogerson，2008；Restuccia et al.，2008）对结构转型所产生的影响。然而，并没有文献从人口空间分布的角度来研究结构转型，本章将在第 2 章的基础上，以中国存在劳动力流动障碍和疏散大城市人口的政策为背景，从人口空间分布的视角去解释服务业发展受抑制的现象，探讨人口空间分布对结构转型的影响效应，并揭示其作用机制。

本章的实证分析基准回归结果表明，人口密度增加会显著促进服务业发展，且结论在剔除其他干扰因素的一系列稳健性检验下仍然成立；基于微观企业证据表明，人口密度主要影响生活性服务业发展，尤其是对市场变化更敏感的生活性服务业企业受人口密度影响更大。进一步地，我们研究劳动力流动障碍是否会改变人口密度对服务业发展的作用。一方面，人口流动障碍会通过减少城市人口密度直接影响服务业发展。另一方面，人口流动障碍也会使流动人口减少对服务商品的消费，从而削弱人口密度增加对服务业的促进作用，这是人口流动障碍不利于服务业发展的间接效应。基于微观个体和家庭层面的机制分析发现，人口密度会通过影响家庭服务业消费支出进而影响服务业发展，也会影响微观个体的时间配置决策。最后，简单的反事实估测结果表明，城市人口密度下降和劳动力流动障碍会导致中国整体服务业占 GDP 的比重偏低约 3 个百分点。

3.2 人口密度及其作用机制

本节将介绍人口密度的重要性及其作用机制，揭示前面中国要素空间错配产生的后果之一，并为地区发展差异提供解释机制。Duranton 和 Puga（2020）以及钟粤俊等（2020）指出，度量人口密度的常见指标包括：地区就业人口/地区建成区面积，反映就业人口密度；地区常住人口/地区建成区面积，反映常住人口密度。相对而言，就业人口密度大小能更准确反映地区之间人口密度的差异，因为建成区是地区实际用于发展非农业生产和居住的土地，能更准确反映人口和经济活动所在地，而行政土地面积受农村土地和自然地貌等其他非经济活动干扰因素的影响更大，会有较大误差。①就业人

---

① 一般来说，用同样可比的单位面积换算的地区间的人口密度可以直接进行比较，例如，同样的中国地市层面换算的就业人口密度就具有可比性。然而，当我们对人口密度进行跨国对比时，需要特别注意面积换算，用不可比的单位面积所换算的地区间的人口密度不具有比较性，例如有些学者将上海市和东京市、纽约市的人口密度直接对比，因为中国所定义的地区一般是行政区划（包括山、湖等），同国外的都市（metropolitan）定义不同。如果要进行人口密度的跨国比较，最准确的办法是在同样的框格内进行比较，比如进行 1 km×1 km 栅格的人口密度比较，NASA 社会经济数据和应用中心（SEDAC）提供了这类数据统计，具体可见：https://sedac.ciesin.columbia.edu（访问日期：2024 年 8 月 31 日）。

员能更好反映城市的经济活动人口，并且经济活动人口可以从城市内的不同地方流向市区。故本书主要用就业人口密度来度量人口密度大小，将其他人口密度指标作为稳健性检验展示。

3.2.1 要素空间配置与人口密度变化

随着中国生产力水平和人均收入的进一步提高，服务业在宏观经济中的地位将更加重要，宏观经济结构将更加向服务品和不可贸易品倾斜，但在现有的城市化政策引导之下，中国人口空间分布却导致城市人口密度出现下降趋势，这不利于我们发挥国内超大规模市场优势，进而将阻碍国内大循环发展。图 3.1 分别以建成区人口密度（城镇第二、第三产业就业人口/建成区面积）和常住人口密度（市辖区常住人口/市辖区面积）度量地区

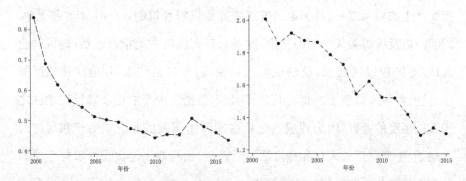

图 3.1 人口密度变化趋势

注：左图的纵坐标是建成区人口密度＝城镇第二、第三产业就业人口/建成区面积（万人/平方公里）；右图的纵坐标是常住人口密度＝市辖区常住人口/市辖区面积度量人口密度（万人/平方公里），文献中通常用地区 GDP/人均 GDP 计算历年地级市常住人口，本书也采用这种处理方式计算常住人口。需要说明的是：2013 年的《中国城市统计年鉴》中，用 GDP/人均 GDP 计算的人口数据和城市统计年鉴统计的户籍人口数接近，故 2013 年常住人口数据有问题。替换成不同的人口密度指标，结论类似，不论以何种方式度量人口密度，2000—2012 年所有就业密度均值下降 0.4 左右。

资料来源：2001—2017 年《中国城市统计年鉴》。

人口密度大小,结果表明,2000—2015 年城市人口密度整体呈现逐年下降的趋势。

发挥国内超大规模市场优势很重要的表现之一是发挥人口密度的作用,在其他条件不变的情况下,人口密度越高的市场规模越大。人口密度常被用于度量经济活动的空间集聚程度,相比于人口规模,人口密度更能反映人口空间分布状态。[①]

人口密度既是影响城市发展的原因也是结果,即人口密度同时兼具了内生性和外生性的特征。一方面,人口密度是城市发展的结果。任何使城市更具吸引力的因素,例如生产力的提高或设施改善等都会吸引其他地方的人口进入,进而提升地价和房价。地价和房价上升,使开发商倾向于建更高的楼房,居民往往选择较小面积的住宅,进而使密度增加。另一方面,人口密度是影响城市变化的主要原因。在生产端,集聚经济使企业和工人在高密度的城市里的生产率更高,并且人口密度的外溢性会促进创新研发(Moretti,2019;Duranton and Puga,2020)。在消费端,更高的人口密度使商品和服务的消费更便捷,有利于降低获得这些商品所需的通行距离、频率和运输等,研究发现,集聚也有利于降低总污染(郑怡林、陆铭,2018;Duranton and Puga,2020;Qi et al.,2021;钟粤俊等,2023)。与此同时,高人口密度也会带来负外部性的影响,例如,高人口密度地区更拥堵、局部地区污染加剧(Duranton and Puga,2019)、居民和企业面临的地租(Combes et al.,2019)等成本更高。因此,人口密度带来的收益和成本比较会影响城市构成和结构,进而改变商品和服务的质量和种类。

---

① 例如,同样是常住人口规模在 2 000 万—3 000 万的上海市和重庆市,上海市的人口密度更大,其人口空间更集聚,规模效应更大。

3.2.2 人口密度的重要性与作用机制

人口密度为什么重要？其影响服务业发展（结构转型）的作用机制是什么？由于大多数服务业具有不可贸易性①，需要面对面进行生产和消费，人口密度对其发展的作用尤其重要。人口密度会使得当地发展不同部门和产业的比较优势，相比于制造业和农业部门，服务业发展更依赖于高人口密度，其原因如下：

第一，规模效应。与制造业相比，绝大部分服务行业的产品具有不可贸易性，依赖于企业与消费者之间的近距离互动。在其他条件相同的情况下，高人口密度地区的服务业企业面临更大的潜在市场，更容易降低企业的平均成本。这意味着相对于农业和制造业，人口密度在服务业中将发挥更大作用（Duranton and Puga，2020）。

第二，收入效应。高人口密度地区也是更高收入地区，而与农产品和制造品相比，服务业产品有更高的消费需求的收入弹性（Rachel and Pissarides，2007；Kongsamut et al.，2001；Comin et al.，2015）。恩格尔定律指出，随着人均收入水平的提高，人们的消费需求将不断转型升级，高消费需求的收入弹性商品在消费支出中所占的比重会越来越高。中国的城市化政策使得过多的农村户籍劳动力滞留在生产率更低的农村和农业部门，大幅限制了这部分劳动力的收入增长，而这部分劳动力的潜在收入损失对服务业的负面影响最大，使得服务业在宏观经济中的比重下降。

第三，替代效应。与制造业相比，部分市场经济中的服务业企业提供的

---

① 服务不可贸易性的特点主要体现在两方面：城市间服务的不可贸易性和城市内人口密度直接影响服务需求（人口密度低导致服务需求下降）。

服务产品，往往存在由消费者个人或家庭所能提供的替代品（Rogerson，2008；Buera and Kaboski，2012）。例如，餐饮、幼儿保育和教育、健康护理、公路交通等，消费者既可以从市场上的服务业企业购买，也可以通过投入自己或家人的时间来完成。更高的人口密度使商品和服务的消费更便捷，有利于降低获得这些商品所需的通行距离、频率和运输等，进而增加对市场经济中的服务业消费需求。

第四，同收入相关的歧视效应。户籍制度抑制了已经进入城市的外来移民的服务消费。由于城市外来移民社会保障不足，并且可能在中年之后回到户口所在地，从而收入大幅度下降，因此，他们将大幅度降低当前消费，尤其是服务业消费（陈斌开等，2010；梁文泉，2018）。在服务业占主导的中高收入阶段，人口限制政策使高人口密度地区发展服务业的比较优势受抑制。相比之下，户籍制度却较少阻碍外来人口成为当地制造业的生产者。

3.3 模型识别与数据说明

3.3.1 统计事实

本章最主要的目的是检验人口密度和服务业发展之间的关系，图 3.2 给出人口密度和服务业发展关系的事实统计，可以发现，人口密度越大的地区，服务业 GDP 占比和服务业就业占比均越高。

如果把经济拆分成农村和城市两个子区域，图 2.14 给出的历年城乡服务业就业占比差异表明，农村服务业就业占比远低于城市服务业就业占比。城乡差异还体现在人口密度和服务业 GDP 占比差异上。表 3.1 用市辖区和

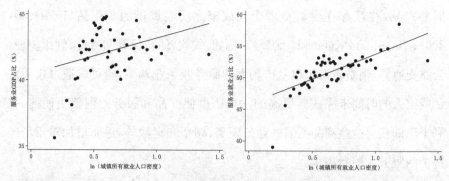

图 3.2 人口密度与服务业发展的关系

注:城镇所有就业人口密度=城镇所有就业人员(城镇单位就业人员+城镇个体 & 私营就业人员+城镇登记失业人口)/建成区面积。利用 Stata 的 binscatter 命令画图,关于该命令的具体介绍和说明请参见:Stepner(2014),"binscatter: Binned Scatterplots in Stata",https://michaelstepner.com/binscatter/binscatter-StataConference2014.pdf(访问日期:2024年8月31日)。其思路是将所有样本根据 ln(建成区人口密度)按样本量等份的分成50组,将各组 ln(建成区人口密度)的中位数记为 x_i,(x_1, x_2, …, x_{50}),然后在每组内分别计算服务业 GDP 占比和就业占比的平均值 y_i,最后得到(x_i, y_i)的组合便是散点图所对应的点。

资料来源:2001—2017 年《中国城市统计年鉴》。

表 3.1 市辖区与非市辖区对比

	市辖区		非市辖区		Diff(市辖区-非市辖区)
	样本数	均值	样本数	均值	
服务业 GDP 占比(%)	4 296	42.330 [0.166]	4 078	32.235 [0.114]	10.095*** (0.203)
ln(人口密度)	4 257	6.547 [0.015]	4 042	5.456 [0.014]	1.091*** (0.021)

注:[]内为标准差,()内为标准误:* 表示 $p<0.1$,** 表示 $p<0.05$,*** 表示 $p<0.01$。此表格定义的人口密度指标根据市辖区和非市辖区划分,等于市辖区(非市辖区)常住人口/市辖区(非市辖区)土地面积。由于没有关于农村的服务业 GDP 和人口密度的统计数据,所以本章用非市辖区度量农村,这实际上高估了农村的服务业 GDP 占比和人口密度,因为非市辖区除了包括农村地区之外,还包括部分城镇地区。

资料来源:2001—2017 年《中国城市统计年鉴》。

非市辖区代理刻画城市和非城市地区,比较 2000—2016 年城市内部服务业 GDP 占比和人口密度之间的差异。均值差异的 t 检验结果表明,市辖区的服务业 GDP 占比和人口密度显著高于非市辖区。除了城乡间差距之外,不同规模的城市之间服务业 GDP 的占比也存在明显差距,大城市明显具有发展服务业的优势(具体参见图 2.15)。

3.3.2 模型、数据与变量说明

接下来,我们将用计量模型分析人口密度对服务业发展的影响。文献中,常用于度量经济结构及其转型的主要指标包括:农业、制造业和服务业的就业占比,GDP 增加值占比,最终消费支出占比等。为了反映人口密度和服务业发展之间的关系,我们构建了如下线性回归模型:

$$\ln(Services\_share_{it}) = \beta_0 + \beta_1 \ln(density_{it}) + X_{it}\gamma + time_t + \delta_i + \varepsilon_{it}$$

$$(3.1)$$

其中,i 表示城市,t 表示年份,$\ln(Services\_share_{it})$ 表示地区服务业发展。2001—2017 年《中国城市统计年鉴》给出 2000—2016 年城市和市辖区的各产业 GDP 增加值和就业统计数据,本章用服务业 GDP 占比和服务业就业占比度量服务业发展(单位:%)。[①]$\ln(density_{it})$ 表示人口密度。本章度量人口密度的指标包括:城镇所有就业人口密度(简称城镇所有就业密度)=城镇所有就业人员(城镇单位就业人员+城镇个体和私营就业人员+城镇登记失业人口)/建成区面积,建成区就业人口密度(简称建成区密度)=城镇第二、第三产业就业人口/建成区面积[②],城镇常住人口密度=市辖区常住人口/市辖区土地面积,城市-市辖区人口密度=城市常住人口/市辖区土地面

---

① 利用不同度量指标计算的部门结构特点存在差异,因为就业和增加值属于生产环节,最终消费支出属于消费环节,生产和消费在统计上有差异(Herrendorf et al., 2013; 2014)。

② 为排除极端值的影响,本书将 ln(建成区密度)过大的个别极端值进行剔除。剔除的极端值包括:崇左市 2003 年的人口密度(1.475)、肇庆市 2001 年的人口密度(1.535)、赤峰市 2001 年的人口密度(1.431)。

积。本章主要使用城镇所有就业密度和建成区密度度量地区人口密度大小，因为城市就业人口是城市经济活动人口的主要组成。建成区是城市实际征用的土地用于发展非农业生产和居住和场所，反映人口、经济活动的所在地，故城镇所有就业密度和建成区密度能更精确反映城市间人口密度的差异及其变化。2001—2017 年《中国城市统计年鉴》给出 2000—2016 年市辖区内的建成区面积数据，故城镇所有就业密度和建成区密度数据涉及的年份为 2000—2016 年（单位：万人/平方公里）。

X_{it} 表示一系列对人口密度和服务业发展都有影响的控制变量，包括地区规模的市辖区年末总人口（简记为市辖区人口数），该指标是地区的户籍人口，反映人口禀赋，取对数处理，单位是万人；另一个控制变量是劳动生产效率，等于第三产业 GDP/第三产业就业人数（取对数处理，简记为服务业单位就业GDP），刻画地区相对生产效率的高低（单位：元/人）。为了降低服务业单位就业 GDP 受人口密度的影响，回归中对上述控制变量做滞后一期处理。若无特别说明，$time_t$ 表示年份虚拟变量，δ_i 表示地区虚拟变量，主要按省级划分。[1]

本章用市辖区层面的相关数据反映城市状况。首先，地区经济活动主要集中在城市，市辖区是城市人口和经济活动最集中的地区，将式(3.1)所有被解释变量和控制变量的范围都限定在市辖区，数据更符合城市研究的需要。其次，市辖区层面的数据受其他干扰因素（例如，城市所辖农村地区的土地、自然地貌等）影响更少，更能反映人口密度和服务业发展的关系。表3.2 给出本章基准回归分析主要变量的描述性统计。

---

[1]　给定总人口，如果将人口放在不同人口密度的地区，将影响服务业发展。在这个意义上，本章研究人口密度与服务业发展的关系，本质是想反映不同城市之间在截面上的差距，即人口密度对服务业的影响主要表现在城市间差异，而非同一城市的跨时比较。因此，本章主回归只控制省级虚拟变量，而非城市虚拟变量；否则，从面板数据探究二者的关系，其回归系数仅反映剥离了截面差异的人口密度和服务业发展的关系。

表 3.2　主要变量描述性统计

	样本数	均值	标准差	最小值	最大值
服务业 GDP 占比	4 260	42.190	10.750	5.080	81.000
服务业就业占比	4 257	50.440	14.02	7.375	92.04
城镇所有就业人口密度	4 260	0.977	0.546	0.047	5.742
建成区密度	4 260	0.517	0.281	0.028	2.734
ln(市辖区人口数)(滞后一期)	4 260	4.552	0.747	2.664	7.484
ln(服务业单位就业 GDP)(滞后一期)	4 260	2.704	0.708	0.554	5.066

资料来源:2001—2017 年《中国城市统计年鉴》。

3.4　人口密度:提高服务业发展的关键

3.4.1　基准回归

表 3.3 报告了人口密度和服务业发展的基准回归结果和稳健性检验回归结果。其中,第(1)列基准回归用城镇所有就业密度度量人口密度,结果表明人口密度增加会显著促进服务业 GDP 占比。第(2)列替换被解释变量进行稳健性分析,用服务业就业占比度量服务业发展水平,考察城镇所有就业密度与服务业就业占比的关系,结果表明人口密度增加能显著促进服务业就业占比。第(3)—(4)列替换核心解释变量进行稳健性分析,分别用建成区就业密度和城镇常住人口密度度量地区人口密度大小,结果表明人口密度增加仍显著促进服务业发展。因为被解释变量是服务业占比,上述回归实际上意味着人口密度对于服务业的影响超过制造业部门,控制了地区

GDP 规模后，本章将被解释变量换成服务业和制造业各自的 GDP 绝对量，发现人口密度对服务业 GDP（取对数）影响的回归系数远大于人口密度对制造业 GDP（取对数）的影响（为节省篇幅，该回归结果并未展示）。

再看控制变量，Matsuyama（2009）指出，随着产业生产率的提升，生产同等或更多数量的商品仅需要更少的工人，故产业的就业占比会出现下降趋势。Herrendorf 等（2014）指出生产率可以由单位就业 GDP 表示，本章用服务业单位就业 GDP 度量生产率。表 3.3 的回归结果表明，当服务业单位就业 GDP（劳动生产率）提高时，更有利于服务业发展，故服务业 GDP 占比会增加，但部分服务业就业会流向其他产业部门，故服务业就业占比会随着服务业单位就业 GDP 的提高而降低。

表 3.3　人口密度与服务业发展基准回归

被解释变量	ln(服务业 GDP 占比)	ln(服务业就业占比)	ln(服务业 GDP 占比)		服务业 GDP 占比		
模型说明	基准回归	替换指标			因变量不取对数		
模型编号	(1)	(2)	(3)	(4)	(5)	(6)	(7)
ln(城镇所有就业密度)	0.161*** (0.051)	0.135** (0.058)			5.778*** (2.035)		
ln(建成区密度)			0.275*** (0.073)			10.327*** (2.975)	
ln(城镇常住人口密度)				0.051*** (0.019)			2.085*** (0.766)
ln(市辖区人口数)	0.068*** (0.023)	0.048** (0.023)	0.067*** (0.022)	0.037* (0.021)	2.369** (0.936)	2.352** (0.921)	1.173 (0.871)
ln(服务业单位就业 GDP)	0.098*** (0.027)	−0.220*** (0.032)	0.103*** (0.025)	0.053* (0.027)	4.599*** (1.107)	4.813*** (1.072)	2.885** (1.121)
截距项	3.510*** (0.165)	4.160*** (0.165)	3.455*** (0.169)	3.568*** (0.183)	42.247*** (6.817)	39.837*** (7.012)	43.729*** (7.601)
年份虚拟变量	Yes	Yes	Yes	Yes	Yes	Yes	Yes

被解释变量	ln(服务业 GDP 占比)	ln(服务业 就业占比)	ln(服务业 GDP 占比)		服务业 GDP 占比		
模型说明	基准回归	替换指标			因变量不取对数		
模型编号	(1)	(2)	(3)	(4)	(5)	(6)	(7)
地区虚拟变量	Yes	Yes	Yes	Yes	Yes	Yes	Yes
样本数	4 270	4 261	4 332	4 084	4 270	4 332	4 084
R^2	0.209	0.236	0.217	0.222	0.233	0.244	0.252

注：括号内基于城市的聚类稳健标准误：* 表示 $p<0.1$，** 表示 $p<0.05$，*** 表示 $p<0.01$；将城市的聚类稳健标准误变换为省级聚类稳健标准误，上述结论并不改变。替换为服务业就业占比，上述结论类似。

接下来是稳健性检验。首先，基准回归对服务业 GDP 占比取对数处理是为了使数据更符合正态分布的特征，回归估计值对因变量和自变量的异常观测值不那么敏感，回归的系数反映为弹性关系。第(5)—(7)列分别用不同的人口密度指标对服务业 GDP 比重进行绝对数量回归，结论仍表明，人口密度显著促进服务业发展。其经济含义是，以第(5)列为例，如果 ln(城镇所有就业密度)提高 1 单位，那么服务业 GDP 占比就增加 5.778 个百分点。

理论上看，如果密度和服务业存在确定的正相关关系，这种关系不仅在地区维度上成立，在时间维度上也成立。表 3.4 给出人口密度与服务业发展的面板固定效应模型(fixed effect model)回归结果，进行稳健性检验。基于不同人口密度的度量指标的面板固定效应回归结果表明，人口密度的增加可以显著促进服务业发展。其中，常住人口密度 1 是指用市辖区常住人口/建成区面积计算出的人口密度，其他人口密度指标同表 3.3。

给定总人口，如果将人口放在不同人口密度的地区，将影响服务业发展。在这个意义上，本章研究人口密度与服务业发展的关系，本质是想要反

表 3.4 人口密度与服务业发展面板回归

被解释变量	ln(服务业 GDP 占比)				服务业 GDP 占比			
模型编号	(1)	(2)	(3)	(4)	(5)	(6)	(7)	(8)
ln(城镇所有就业密度)	0.071***				2.692***			
	(0.024)				(0.977)			
ln(建成区密度)		0.145***				5.587***		
		(0.043)				(1.755)		
ln(常住人口密度)			0.045***				2.163***	
			(0.015)				(0.665)	
ln(常住人口密度1)				0.063**				2.445**
				(0.025)				(0.948)
ln(市辖区人口数)	−0.090***	−0.092***	−0.085***	−0.128***	−3.990***	−4.119***	−3.666***	−5.548***
	(0.022)	(0.022)	(0.025)	(0.024)	(0.899)	(0.903)	(1.026)	(0.976)
ln(服务业单位就业 GDP)	0.163***	0.168***	0.165***	0.169***	6.591***	6.785***	6.613***	6.809***
	(0.023)	(0.023)	(0.024)	(0.025)	(0.966)	(0.949)	(0.984)	(1.014)
截距项	4.551***	4.519***	4.252***	4.803***	84.866***	83.923***	69.967***	95.641***
	(0.157)	(0.160)	(0.241)	(0.161)	(6.257)	(6.446)	(10.316)	(6.539)
年份虚拟变量	Yes	Yes	Yes	Yes	Yes	Yes	Yes	Yes
城市虚拟变量	Yes	Yes	Yes	Yes	Yes	Yes	Yes	Yes
样本数	4 270	4 332	4 084	4 073	4 270	4 332	4 084	4 073
R^2	0.787	0.786	0.791	0.790	0.801	0.801	0.809	0.807

注:括号内基于城市的聚类稳健标准误:* 表示 $p<0.1$, ** 表示 $p<0.05$, *** 表示 $p<0.01$。

映不同城市之间在截面上的差异,即人口密度对服务业发展的影响主要反映为城市间的差异,而非同一城市内的跨时比较。因此,在中国的城市发展政策的背景下,如果控制城市固定效应研究人口密度和服务业发展的关系,将导致城市间固定的人口密度的差异被差分,剩下的差异可能受政策所主导,用面板回归可能导致结果被低估。因此,本章并不使用面板回归作为基准进行分析。

本章还做了其他稳健性检验:第一,用城市-市辖区人口密度(城市常住人口除以市辖区面积)等指标度量人口密度。第二,调整地区固定效应的范围,仅控制东、中、西部地区虚拟变量,在较大范围内比较人口密度如何影响服务业发展,回归结果见附录表 3A.3 第(1)—(2)列。第三,不控制服务业单位就业 GDP 的回归,回归结果见附录表 3A.1 第(5)—(6)列。第四,控制更多地区特征,如房价、医疗卫生、融资环境、基础设施、全球化等变量,回归结果见附录表 3A.1 第(7)—(8)列和附录表 3A.2 第(1)—(2)列。第五,同时把人口密度最大 5% 的样本和服务业占比最大 5% 的样本剔除,回归结果见附录表 3A.3 第(5)—(6)列。以上检验均未改变人口密度的增加可以显著促进服务业发展的结论。第六,附录表 3A.3 第(3)—(4)列在式(3.1)的基础上进一步控制人口密度的二次项,人口密度二次项系数显著为负,一次项系数显著为正。根据回归系数和二项式函数的性质,可以判断人口密度对服务业 GDP 占比影响的倒 U 型拐点为 1.5,根据对城市样本的统计,仅有 27 个样本点在拐点右侧,集中在 19 个小城市(这些小城市虽然人口不多,但是市辖区面积也小),因此,式(3.1)假设的人口密度对服务业发展的影响呈线性关系具有合理性。

3.4.2 剔除其他干扰因素影响

由于数据所限,本章度量人口密度的指标存在测量误差问题。例如,部分城市虽然人口或就业人口多,但建成区面积也大,故人口密度并不一定高;部分城市虽然人口不多,但建成区面积并不大,故人口密度较高。因此,考虑人口密度对服务业发展的影响,需要排除其他可能的干扰因素造成的偏误。

　　首先，样本中存在部分城市属于旅游型或资源型城市，这部分城市的人口密度或服务业 GDP 占比同其他一般城市存在显著差异。本章根据工业企业数据库计算地区相关企业数量，控制度量资源丰富程度的采掘业企业数量和度量制造业发展程度的工业企业数量，从而排除城市资源和制造业结构对前文结论的影响。表 3.5 第（1）—（2）列在基准回归的基础上控制本市规模以上工业企业的数量，第（3）—（4）列控制本市规模以上采掘业企业的数量，回归结果仍表明，人口密度增加可以显著促进服务业发展。有必要说明的是，当地旅游业会让本章的人口密度对服务业发展的影响效应被低估，因为旅游业发达地区的实际人口密度比统计人口密度大。

　　其次，2000 年及以后，中国部分县区发生了行政规划调整①，尤其以撤县设区为代表的调整是主要的行政区划调整手段。因此，建成区面积或人口密度的变化，可能受撤县设区等行政规划调整影响。表 3.5 第（5）—（6）列对城市发生撤县设区和城市行政规划调整县区数量进行控制，回归结果仍然表明人口密度增加显著促进了服务业 GDP 和就业发展。另一方面，人口密度的变化也受城市内部规划影响，故建成区面积或人口密度的变化会受新城建设影响。比如，单中心城市如果规划并建设了一个新城，虽然原来单中心城区的人口、建成区面积和经济结构并没有发生太大的改变，但是由于建设了新城，导致整个城市的建成区人口密度下降。表 3.5 第（7）—（8）列控制了 1999—2014 年新城规划建设指标里的新城计划面积（单位：平方公里）和计划人口数量（单位：万人），将新城建设带来的影响效应剥离，结果仍发现，人口密度增加会促进服务业 GDP 和就业发展。

――――――――――

①　近年的县市行政规划调整主要包括：撤县设区、县变为县级市、行政区划归并、县区升级为地级市、县区改名、新设立县区等。例如，北京市在 2001 年发生了 3 次撤县设区，2015 年有另外 2 次撤县设区，则记北京市 2001—2015 年撤县设区的变量为 3，2015—2016 年撤县设区的变量为 2。

表 3.5 剔除城市资源、制造业和城市调整的影响

被解释变量	ln(服务业 GDP 占比)							
模型范围	控制工业企业数量		控制采掘业企业数量		控制行政区划调整		控制新城建设	
模型编号	(1)	(2)	(3)	(4)	(5)	(6)	(7)	(8)
ln(城镇所有就业密度)	0.147*** (0.053)		0.159*** (0.051)		0.161*** (0.049)		0.176*** (0.050)	
ln(建成区密度)		0.255*** (0.077)		0.277*** (0.074)		0.278*** (0.072)		0.283*** (0.071)
ln(市辖区人口数)	0.061** (0.024)	0.060** (0.024)	0.068*** (0.023)	0.067*** (0.022)	0.062*** (0.022)	0.062*** (0.022)	0.055** (0.022)	0.055** (0.021)
ln(服务业单位就业 GDP)	0.085*** (0.028)	0.090*** (0.027)	0.097*** (0.027)	0.103*** (0.026)	0.101*** (0.025)	0.106*** (0.024)	0.090*** (0.026)	0.098*** (0.025)
企业数量	0.010 (0.007)	0.010 (0.007)	−0.211 (0.199)	−0.229 (0.197)				
城市调整的县区数量					0.094*** (0.024)	0.094*** (0.024)		
城市县改区数量					−0.032 (0.025)	−0.031 (0.024)		
ln(新城计划人口)							−0.004 (0.018)	−0.005 (0.018)
ln(新城计划面积)							0.024 (0.015)	0.023 (0.014)
截距项	3.528*** (0.169)	3.474*** (0.173)	3.518*** (0.168)	3.460*** (0.171)	3.576*** (0.159)	3.515*** (0.163)	3.727*** (0.172)	3.667*** (0.174)
年份虚拟变量	Yes	Yes	Yes	Yes	Yes	Yes	Yes	Yes
地区虚拟变量	Yes	Yes	Yes	Yes	Yes	Yes	Yes	Yes
样本数	4 232	4 294	4 232	4 294	4 311	4 375	3 833	3 882
R^2	0.212	0.220	0.212	0.220	0.228	0.236	0.231	0.235

注:我们用滞后一期的企业数量、新城、行政区划调整数据与城市数据匹配,例如,用 2004 年的地区行政区划调整数据与 2005 年的城市数据匹配。由于 2013 年以后的工业企业数据并未公布,用 2013 年的企业数量和 2014—2016 年的城市数据匹配;新城数据截止到 2014 年,用 2014 年的新城和 2015—2016 年的城市数据匹配。城市调整的县区数量是指所有县区发生行政区划调整的数量;城市调整县区数量是指城市发生撤县设区调整县的数量。括号内基于城市的聚类稳健标准误:* 表示 $p<0.1$,** 表示 $p<0.05$,*** 表示 $p<0.01$。其他控制变量同表 3.3 第(1)列。替换被解释变量为 ln(服务业就业占比)结论类似。

资料来源:企业数量来源于 1999—2013 年工业企业数据库,根据各年统计的城市规模以上和国有企业的总数或者企业所属类型为采掘业企业数量统计。城市行政区划调整信息来自中国行政区划网。新城建设数据来源于常晨和陆铭(2017)。

3.4.3　考虑人口密度的内生性

在人口密度与服务业的关系中，人口密度是内生变量，其内生性主要来源于反向因果和遗漏变量问题。例如，服务业发展需要投入的劳动力更多，所以会提高人口密度。同时，人口密度显然可能与很多影响服务业发展的未观测因素有关，比如气候、环境、文化等。对此内生性问题，本章采用工具变量来应对。城市的土地供应会直接改变城市的建成区面积，进而改变城市的人口密度。特别是，2003 年以后中西部地区的土地供应在全国的占比增加，但是东部地区（尤其是大城市）在人口流入的同时却相对减少了土地供应，一些大城市还出现了疏散市中心人口政策（陆铭，2017）。因此，本小节基于中国城市土地供应受建设用地指标控制的制度，用城市的土地供应增长率作为建成区就业密度的工具变量。首先，中国城市的土地供给由上级行政部门决定，土地供应增长率具有外生性。[①]其次，用土地供给增长率有利于排除城市规模等因素，更能反映地区土地供应政策变化，例如大城市土地供应的绝对数量更多，但增长率不一定更高。

本章收集了 2013 年及以前的中国城市土地供应数据，由于 2001 年和 2012 年的土地供应增长率同其他年份的土地供应增长率数据在统计特征上有较大差异[②]，故 2SLS 回归分析时，剔除这两年的样本。表 3.6 第（1）—（2）

---

① 土地供应指土地出让总供给，包括协议＋招拍挂。中国在土地公有制下实行严格的土地用途管制和保护耕地制度，城市的土地供应受中央和省级政府管制。《土地利用年度计划管理办法》规定，国土资源部根据全国土地利用年度计划总量控制指标建议和省、自治区、直辖市提出的计划指标建议，编制全国土地利用年度计划草案，纳入年度国民经济和社会发展计划草案，上报国务院；经国务院审定后，下达各地参照执行；待全国人民代表大会审议通过国民经济和社会发展计划草案后，正式执行。

② 例如，这两年数据的均值同前后年份相比有较大跳跃，最大值、最小值同前后年份相比也有较大跳跃。

列用各城市的土地供应增长率作为人口密度的工具变量，回归结果表明，人口密度的增加会显著提高服务业 GDP 的占比。第（3）—（4）列在第（1）—（2）列的基础上，进一步控制城市上一年的规模以上工业企业数量和采掘业企业数量，排除土地供应政策受地方制造业结构和城市资源特征的影响。第（5）—（6）列报告了用 2000—2013 年的土地供应增长率作为工具变量的 2SLS 回归结果，但剔除土地供应增长率低于−0.8（2％截尾）和增长率超过 40 的极端值[①]，回归结果表明，人口密度增加会提高服务业 GDP 占比。

由于土地供应会直接改变城市的建成区面积，进而改变人口密度。上述 2SLS 回归中，第一阶段土地供应增长率和建成区人口密度的回归系数显著为负，反映出土地供应增长率越快的地区人口密度越小。2SLS 回归估计的一致性取决于工具变量的选取能否满足相关性和排他性假设，相关性可以通过第一阶段回归系数的显著性判断。排他性则须通过更多的其他检验。第（7）—（8）列表明，控制建成区人口密度变量后，土地供应增长率变量对服务业 GDP 占比的影响没有统计上的显著相关性。

表 3.6　人口密度与服务业发展 2SLS 回归

被解释变量	ln（服务业 GDP 占比）							
模型分类	剔除 2001 年与 2012 年		控制地区工企数量		全样本		OLS 检验	
模型编号	（1）	（2）	（3）	（4）	（5）	（6）	（7）	（8）
ln（城镇所有就业密度）	1.060* (0.600)		1.145* (0.599)		0.738* (0.433)		0.186*** (0.056)	
ln（建成区密度）		1.572* (0.870)		1.755* (0.910)		1.209* (0.731)		0.304*** (0.077)

① 根据土地供应数据，本章将土地供应增长率超过 40 的视为异常值。这些异常值包括 2001 年的三亚市土地供应增长率（689.8）、河源市土地供应增长率（103.3）、荆州市土地供应增长率（910.3）、贵港市土地供应增长率（290.6）。

续表

被解释变量	\multicolumn{8}{c}{ln（服务业 GDP 占比）}
模型分类	剔除 2001 年与 2012 年		控制地区工企数量		全样本		OLS 检验	
模型编号	(1)	(2)	(3)	(4)	(5)	(6)	(7)	(8)
土地供应增长率							−0.003 (0.002)	−0.003 (0.002)
ln（市辖区人口数）	0.128 ** (0.050)	0.126 *** (0.048)	0.157 ** (0.065)	0.155 ** (0.064)	0.107 *** (0.040)	0.111 *** (0.043)	0.071 *** (0.024)	0.072 *** (0.023)
ln（服务业单位就业 GDP）	0.239 *** (0.092)	0.263 ** (0.104)	0.291 ** (0.119)	0.321 ** (0.134)	0.185 *** (0.068)	0.208 ** (0.082)	0.104 *** (0.030)	0.110 *** (0.028)
城市工业企业数量			−0.042 (0.033)	−0.039 (0.030)				
城市采掘企业数量			−0.204 (0.265)	−0.393 (0.284)				
截距项	2.267 *** (0.854)	2.015 ** (0.977)	2.159 ** (0.853)	1.832 * (1.013)	2.703 *** (0.635)	2.431 *** (0.814)	3.467 *** (0.173)	3.399 *** (0.176)
年份虚拟变量	Yes	Yes	Yes	Yes	Yes	Yes	Yes	Yes
地区虚拟变量	Yes	Yes	Yes	Yes	Yes	Yes	Yes	Yes
第一阶段	\multicolumn{8}{c}{ln（建成区密度）}
土地供应增长率	−0.005 ** (0.002)	−0.003 ** (0.001)	−0.005 ** (0.002)	−0.004 ** (0.002)	−0.005 ** (0.002)	−0.003 ** (0.001)		
其他控制变量	Yes	Yes	Yes	Yes	Yes	Yes		
样本数	2 893	2 909	2 863	2 879	3 405	3 419	3 405	3 419

注：括号内基于城市的聚类稳健标准误：* 表示 $p<0.1$，** 表示 $p<0.05$，*** 表示 $p<0.01$。其他控制变量同表 3.3 第（1）列。将被解释变量替换为 ln（服务业就业占比），得到的结论类似。

3.4.4　大城市调控政策的冲击

进一步地，我们借鉴外生政策冲击来研究密度和服务业发展之间的关系。近年来，中国的城市化和土地政策对大城市的发展施加了种种限制，其中,严格控制高人口密度的大型城市的人口流入,使人口密度对服务业发展(尤其是大城市的服务业发展)的作用被削弱。2014 年国务院出台了《国家新型城镇化规划 2014—2020 年》,从 2014 年开始,城区人口 500 万以上的特大城市的人口规模受到严格控制。同时,个别超大城市(城区常住人口 1 000 万以上的城市)还实施了疏散市中心人口的举措(陆铭,2017;钟粤俊等,2020),本章将此定义为大城市管控政策冲击。图 2.6 表明,2014—2016 年大城市常住人口占全国比重的增长慢于 2013 年以前大城市常住人口的增长,这表明 2014 年以后,严格的管控政策使大城市的人口规模扩大的趋势减缓(尤其是北京、上海等城市的城区人口规模开始下降)。相对于 2014 年以前大城市的人口流入状态,2014 年之后大城市的人口集聚变慢了,人口空间分布的变化会进一步地对服务业发展产生影响。本小节将以 2014 年《国家新型城镇化规划 2014—2020 年》作为一项外生的政策冲击,研究对特大城市及以上的人口管控加严(从而影响密度)是否会抑制大城市服务业的发展,并构建 DID 回归模型进行分析。

具体来看,本小节将城区人口 500 万以上的特大城市定义为处理组($Treat_i=1$),反之为控制组($Treat_i=0$)[①],将 2014 年及以后定义为特大城市的人口规模受到严格控制政策冲击后($Post_t=1$),反之为政策冲击前($Post_t=0$)。我们构建如下 DID 回归模型:

$$\ln(Services_{it})=\alpha_0+\alpha_1 Treat_i \times Post_t+\gamma X_{it}+time_t+\delta_i+\varepsilon_{it} \quad (3.2)$$

表 3.7 第(1)列给出 2014 年大城市管控政策前后与服务业发展的回归结果,$Treat_i \times Post_t$ 的交互项系数显著为负,表明政策发生后,大城市的服

---

① 为使数据可比,本章按 2010 年全国人口普查数据将城镇常住人口规模超过 500 万的地级市及以上的地区定义为大城市,否则为小城市。

务业发展受到一定程度的抑制。第（2）列构建动态 DID 回归模型进行平行趋势检验，以 2011 年作为基准对照组，2012 年、2013 年虚拟变量分别和大城市的交互项系数不显著，满足平行趋势检验；2014 年以后，年份和大城市交互项系数显著为负，且随着年份的增加效用在扩大。进一步地，第（3）—（4）列将大城市替换为人口密度进行稳健性检验，结论表明，2014 年及以后，人口密度对服务业发展的效应为负。上述回归得到的交互项系数为负，表明大城市的人口管控政策加严之后，大城市的服务业发展被抑制，削弱了人口密度对服务业发展的促进作用。[1]

表 3.7　调控政策、人口密度与服务业发展

被解释变量	ln(服务业 GDP 占比)			
模型编号	(1)	(2)	(3)	(4)
Post * 大城市	−0.048*** (0.015)			
Post * ln(城镇所有就业密度)			−0.058* (0.035)	
Pre (2) * 大城市		0.010 (0.009)		
Pre (1) * 大城市		−0.011 (0.013)		
Post (1) * 大城市		−0.041* (0.021)		
Post (2) * 大城市		−0.052*** (0.019)		
Post (3) * 大城市		−0.051** (0.020)		

---

① 有必要说明的是：人口密度交互项系数为负的结果表明，城市管控政策加严后，是不利于整体的密度对服务业发展的影响的，激励小城市发展的政策是得不偿失的。虽然第（3）—（4）列的回归中 *Post* * ln(城镇所有就业密度) 显著为负，ln(城镇所有就业密度) 回归系数不显著，但是该变量 *t* 值较大且符号为正。

续表

被解释变量	ln(服务业 GDP 占比)			
模型编号	(1)	(2)	(3)	(4)
Pre (2) * ln(城镇所有就业密度)				−0.021
				(0.022)
Pre (1) * ln(城镇所有就业密度)				−0.060
				(0.037)
Post (1) * ln(城镇所有就业密度)				−0.098**
				(0.048)
Post (2) * ln(城镇所有就业密度)				−0.082*
				(0.047)
Post (3) * ln(城镇所有就业密度)				−0.074
				(0.054)
ln(城镇人口数)	0.028	0.028	0.030	0.030
	(0.055)	(0.055)	(0.054)	(0.054)
ln(城镇 GDP)	−0.304***	−0.304***	−0.301***	−0.301***
	(0.080)	(0.080)	(0.079)	(0.079)
ln(城镇所有就业密度)	0.007	0.008	0.047	0.071
	(0.030)	(0.031)	(0.034)	(0.044)
城镇人口增长率	−0.000	−0.000	−0.000	−0.000
	(0.001)	(0.001)	(0.001)	(0.001)
截距项	7.608***	7.603***	9.722***	9.720***
	(1.070)	(1.072)	(1.155)	(1.161)
年份虚拟变量	Yes	Yes	Yes	Yes
城市虚拟变量	Yes	Yes	Yes	Yes
样本数	1 562	1 562	1 568	1 568
R^2	0.932	0.932	0.932	0.933

注:括号内基于城市的聚类稳健标准误;* 表示 $p<0.1$,** 表示 $p<0.05$,*** 表示 $p<0.01$。为了样本期对称和避免其他因素的干扰,本小节的回归分析仅使用了2011—2016 年的样本,因此,样本数只有 1 500 左右,将样本扩充为 2000—2016 年的数据进行分析,结论类似。为使数据可比,我们按 2010 年全国人口普查数据将城镇常住人口规模超过 500 万的地级市及以上的地区定义为大城市,否则为小城市。其中,大城市包括:上海市、东莞市、佛山市、北京市、南京市、哈尔滨市、天津市、宁波市、广州市、成都市、杭州市、武汉市、沈阳市、深圳市、温州市、石家庄市、苏州市、西安市、郑州市、重庆市、青岛市。

3.4.5 微观企业证据

前文从宏观视角研究人口密度如何影响服务业发展，探讨人口密度与部门间的发展差异。本小节将从微观企业的角度看人口密度如何影响部门内部的企业决策行为，比较服务业内部企业所从事的行业类型如何受人口密度影响。根据城市行政编码，本章用 2008 年全国第二次经济普查数据[①]匹配城市数据。由于 2008 年全国经济普查数据主要调查企业 2008 年度的运营状况，故我们匹配经济普查和城市数据时，将 2008 年经济普查数据同 2008 年城市数据匹配。本章用企业所属的行业代码和国民经济行业分类与代码（GB/T 4754-2003）识别企业所属的行业类型。用类似图 2.1 的方式划分第一、第二、第三产业，将企业所属行业为农林牧渔业的定义为从事农业，将企业所属行业为制造业、采掘业、电力煤气水业、建筑业定义为从事制造业，其他定义为从事服务业。

由于部分服务业对人口密度的依赖程度并不高，生产的商品和消费仍然可以分离。例如，部分批发零售业和部分金融商品的消费和生产可以分离。因此，需要进一步比较服务业内部与人口密度的关系。相对而言，生活型服务业同社会生活直接相关，且具有不可贸易性的特点，可以预期生活型服务业企业的决策行为对人口密度更敏感，故人口密度会影响企业所从事行业类型是否是生活型服务业的概率。本章将企业从事行业为信息服务；住宿餐饮，租赁、商业服务，公共设施，居民服务，教育，卫生和文化

---

① 2008 年全国经济普查数据普查的标准时点为 2008 年 12 月 31 日，该次经济普查数据库涵盖了国内从事第二产业和第三产业的全部法人单位，主要内容包括法人单位基本名录信息、法人单位财务状况等。

体育的定义为生活型服务业,构建是否从事生活型服务业虚拟变量,将代表生活型服务业的虚拟变量记为 1,其他记为 0。表 3.8 第(1)列给出人口密度对服务业企业行为决策影响的回归结果,回归结果表明,人口密度的增加显著提高了企业成为生活型服务业的概率。人口密度影响服务业发展,主要通过影响和人口密度更相关的生活型服务业企业的决策行为。

考虑到不同隶属层级企业受人口密度的影响有较大差异。隶属于本地的企业决策对本土市场的应对和调整更敏感,灵活性更高;隶属于中央等非本地企业(尤其是国有企业)比较稳定,灵活性较低。因此,人口密度对隶属于本地企业是否从事生活型服务行业的影响会更大。本章将隶属于中央、省(自治区、直辖市)和地(区、市、州、盟)的企业定义为非本地企业;将隶属于县(区、市、镇)、街道、镇乡、社区(居委会)、村委会和其他的企业定义为本地企业。表 3.8 第(2)—(3)列给出是否本地隶属企业的分样本回归结果,回归结果表明,人口密度显著影响本地企业是否从事生活型服务行业的决策行为,人口密度对非本地企业是否从事生活型服务行业的决策没有显著影响。

最后,考虑企业控股所属类别的差异,不同控股类型企业对市场的应对和调整敏感程度有较大的差异。本小节根据企业的控股情况进行分类,将国有、集体控股和私人控股企业定义为国内控股企业,否则为其他控股企业(包括港澳台、外资控股,其他控股)。表 3.8 第(4)—(6)列给出回归结果,可以发现,人口密度主要影响国内企业(尤其是私人控股企业)是否从事生活型服务行业的决策,对其他企业是否从事生活型服务行业的决策没有显著影响。

表 3.8　人口密度与服务业企业决策行为

被解释变量	从事生活型服务行业为1					
模型分类	基准回归	是否本地隶属企业		企业控股所属类别		
样本范围	全样本	本地	非本地	国内企业	私人控股	其他企业
模型编号	(1)	(2)	(3)	(4)	(5)	(6)
ln(城镇所有就业密度)	0.041** (0.021)	0.045** (0.021)	−0.004 (0.017)	0.148*** (0.048)	0.209*** (0.043)	0.002 (0.015)
ln(市辖区人口数)	0.015*** (0.005)	0.012** (0.005)	0.025*** (0.006)	−0.011 (0.011)	−0.009 (0.014)	0.011** (0.005)
ln(服务业单位就业GDP)	0.024* (0.014)	0.024* (0.013)	0.012 (0.014)	0.180*** (0.030)	0.222*** (0.028)	−0.007 (0.012)
ln(企业全年雇佣规模)	0.039*** (0.003)	0.043*** (0.004)	0.024*** (0.003)	−0.009*** (0.003)	−0.009 (0.005)	0.029*** (0.003)
企业注册年份	0.002*** (0.001)	0.002*** (0.001)	0.003*** (0.000)	0.003*** (0.001)	0.004*** (0.001)	0.005*** (0.001)
截距项	−4.765*** (1.389)	−4.541** (1.751)	−6.526*** (1.003)	−6.566*** (1.398)	−7.423*** (2.294)	−8.841*** (2.139)
年份虚拟变量	Yes	Yes	Yes	Yes	Yes	Yes
地区虚拟变量	Yes	Yes	Yes	Yes	Yes	Yes
样本数	2 664 076	2 338 180	325 759	197 058	95 604	1 894 161
R^2	0.016	0.018	0.014	0.055	0.109	0.012

注:被解释变量虽然是0、1虚拟变量,但是大样本条件下的 LPM 和 Probit(或 Logit)回归模型估计所得出的结论与之接近。括号内基于城市的聚类稳健标准误:* 表示 $p<0.1$,** 表示 $p<0.05$,*** 表示 $p<0.01$。其他控制变量同表3.3第(1)列。用 2002—2014年的中国民营企业调查数据匹配城市层面的数据,研究人口密度如何影响民营企业所从事的行业类型,可以得到类似的结论:人口密度影响民营企业服务业发展,主要通过影响和人口密度更相关的生活型服务业企业的决策行为(该回归结果并未报告)。

3.5　劳动力流动障碍与服务业发展

根据历年中国城市人口及城镇户籍人口占比数据(见第1章的图1.1),

城市人口比重上升速度比城市户籍人口比重的上升速度快，即城市非本地户籍常住人口比重上升。劳动力流动障碍会通过直接效应和间接效应影响服务业发展，其中，直接效应是指劳动力流动障碍通过降低城市人口密度，从而影响服务业发展，而间接效应是指劳动力流动障碍会降低移民对服务商品的消费，从而使人口密度的增加促进服务业发展的效应被削弱。在服务业占主导的中高收入阶段，人口限制政策会对产业结构产生更大的扭曲作用，导致人口密度影响服务业发展的作用被抑制。由于没有直接的数据可以度量劳动力流动障碍，本章用城市非本地户籍常住人口比重度量地区的流动障碍大小，相同的其他条件下，非本地户籍常住人口占比越大的地区劳动力流动障碍越大。研究发现，外来移民比本地城镇户籍人口消费更低，尤其是服务业消费（陈斌开等，2010；梁文泉，2018）。我们猜测，外来移民越多，人口密度对服务业发展的促进效应越被削弱。

本小节计算的无本地户籍人口占比（简记为非本地占比，用来度量劳动力流动障碍大小）等于（本省其他县市迁入人口＋省外迁入人口）/城镇常住人口，反映劳动力流动障碍。①根据 2000 年和 2010 年全国人口普查数据和按最近年份匹配原则，本章将 2005 年以前《中国城市统计年鉴》的数据匹配 2000 年无本地户籍人口占比，将 2005 年及以后《中国城市统计年鉴》数据匹配 2010 年无本地户籍人口占比。

表 3.9 第（1）—（2）列在式（3.1）的基础上控制无本地户籍人口占比变量及其和人口密度的交互项，同时控制本地少数民族占比。交互项系数显著为负，表明无本地户籍人口占比越大，人口密度增加对服务业发展的促进作

---

① 本书是关于市辖区层面的研究，更适合看城市的无本地户籍人口占比。用（本省其他县市迁入人口＋省外迁入人口）/常住人口、（常住人口－户籍人口）/常住人口度量无本地户籍人口的占比，结论相同。

用越被削弱。无本地户籍人口占比削弱人口密度增加对服务业发展的促进作用是不是由于某些地区的制造业吸引了大量外来移民,且这些地区有更多制造业发展所致? 第(3)—(4)列同时控制了城市工业企业数量和城市采掘业企业数量,剔除地区产业结构可能对本章结论产生的影响。回归结果表明,无本地户籍人口占比越大,人口密度增加对服务业发展的促进作用越被削弱。

李兵等(2019)发现城市规模和人口结构多样性有利于促进城市不可贸易品多样性,限制大城市人口规模的政策会带来整体福利损失,尤其是对大城市的损害更大。人口密度、劳动力流动障碍对服务业发展的影响是否会因城市规模的变化而有差异? 本章将 2016 年市辖区常住人口超过 300 万的城市定义为大城市(替换为 500 万人口得到的结论类似),其他为小城市,第(5)—(8)列考虑不同城市规模的异质性比较。第(5)—(6)列反映在不同规模的城市,城镇所有就业人口密度、无本地户籍人口占比及其交互项对服务业 GDP 占比的影响,回归结果表明,无论在大城市还是小城市,人口密度和无本地户籍人口占比的交互项系数均显著为负。第(7)—(8)列将人口密度变量替换成建成区人口密度,无论在大城市还是小城市,人口密度和无本地户籍人口占比的交互项系数显著为负。这些结果表明,无论是大城市还是小城市,劳动力流动障碍越大,人口密度增加对服务业发展的促进作用越被削弱[第(8)列效用的 p 值为 0.130]。

表 3.9　外来移民、人口密度与服务业发展

被解释变量	ln(服务业 GDP 占比)							
模型范围	全样本		控制企业数量		大城市	非大城市	大城市	非大城市
模型编号	(1)	(2)	(3)	(4)	(5)	(6)	(7)	(8)
ln(城镇所有就业密度)	0.265*** (0.062)		0.258*** (0.062)		0.209*** (0.057)	0.326** (0.138)		

续表

被解释变量	ln(服务业 GDP 占比)							
模型范围	全样本		控制企业数量		大城市	非大城市	大城市	非大城市
模型编号	(1)	(2)	(3)	(4)	(5)	(6)	(7)	(8)
非本地占比 * ln(就业密度)	−0.586** (0.266)		−0.645** (0.261)		−0.769*** (0.280)	−0.656** (0.285)		
ln(建成区密度)		0.429*** (0.094)		0.420*** (0.095)			0.321*** (0.090)	0.420* (0.229)
非本地占比 * ln(建成密度)		−0.880** (0.391)		−0.919** (0.384)			−0.950*** (0.353)	−0.833 (0.532)
ln(市辖区人口数)	0.069*** (0.023)	0.068*** (0.022)	0.063*** (0.024)	0.063*** (0.023)	0.043** (0.021)	−0.014 (0.059)	0.048** (0.021)	−0.022 (0.060)
ln(服务业单位就业 GDP)	0.084*** (0.029)	0.084*** (0.029)	0.080*** (0.029)	0.081*** (0.028)	0.095*** (0.030)	0.057 (0.053)	0.095*** (0.030)	0.055 (0.052)
非本地占比	0.486** (0.229)	0.445** (0.194)	0.471** (0.232)	0.420** (0.201)	0.771*** (0.212)	0.287 (0.233)	0.610*** (0.161)	0.196 (0.227)
少数民族占比	0.002 (0.002)	0.002 (0.001)	0.002 (0.002)	0.002 (0.001)	0.000 (0.002)	0.003* (0.002)	0.000 (0.002)	0.003 (0.002)
城市工业企业数量			0.011 (0.009)	0.008 (0.009)				
城市采掘企业数量			−0.231 (0.179)	−0.239 (0.179)				
截距项	3.397*** (0.166)	3.373*** (0.169)	3.424*** (0.169)	3.401*** (0.173)	3.566*** (0.153)	3.866*** (0.307)	3.540*** (0.162)	3.911*** (0.332)
年份虚拟变量	Yes	Yes	Yes	Yes	Yes	Yes	Yes	Yes
地区虚拟变量	Yes	Yes	Yes	Yes	Yes	Yes	Yes	Yes
样本数	4 185	4 249	4 177	4 241	2 424	1 534	2 465	1 560
R^2	0.227	0.235	0.231	0.238	0.364	0.266	0.369	0.263

注:括号内基于城市的聚类稳健标准误: * 表示 $p<0.1$, ** 表示 $p<0.05$, *** 表示 $p<0.01$。将被解释变量替换为 ln(服务业就业占比),得到的结论与之类似。不控制本市少数民族占比变量进行回归,上述结果并不改变,此变量是为了反映人口结构。

3.6 机制分析——人口密度和家庭消费

本小节将从家庭消费的微观视角分析人口密度为什么会影响服务业发展。根据城市行政编码,匹配 2009 年的城市层面数据和 CFPS2010[①] 的微观家庭和个体数据。CFPS2010 数据给出调查家庭前一年的年度消费支出明细和上个月的月度消费支出明细。本小节用月度服务消费支出/月度总消费支出度量月度服务消费占比(简记为月服务消费占比)。考虑到月度数据受季节波动性因素影响比较大,本小节剔除最小 1‰ 的月服务占比数据。用年度服务消费支出/年度总消费支出度量年度服务消费占比(简记为年服务消费占比)。[②]

表 3.10 第(1)—(2)列分别用年度和月度家庭服务消费占比数据度量家庭服务消费,回归结果表明,人口密度越大的地区,家庭服务消费占比显著越高。考虑到人口密度和服务业发展的关系会因城乡差异而不同,根据CFPS 统计的家庭居住地属于居委会和村委会分别定义家庭为城镇家庭住户和农村家庭住户。第(3)—(4)列的回归结果表明人口密度增加可以显著增加城市家庭住户的服务业消费;人口密度增加对农村家庭住户的服务业消费有正向影响,但统计上不显著。

本小节做了其他机制检验。首先,家庭消费占比由不同的消费分项构成,不同分项指标受人口密度影响存在差异。可以发现,依赖面对面的文化

① CFPS2010 是 2010 年中国家庭追踪调查数据,具体数据说明见数据库官网:http://www.isss.pku.edu.cn/cfps/index.htm(访问日期:2024 年 8 月 31 日)。
② 其中,月度家庭服务消费支出项目=月度出行支出+通信支出+赡养支出+日常消费支出;月度总消费支出包括家庭的月度所有消费支出。年度家庭服务消费支出项目=年度医保支出+教育支出+文化娱乐支出+商品服务支出+保险支出+红白事支出+其他服务支出;年度总消费支出包括家庭的年度所有消费的支出。

教育消费和红白事消费支出受人口密度的影响更大。其次,保留在本地居住较长时间和户口从出生到当下没有发生改变的样本,表 3.10 的结论并未发生改变(上述回归结果并未报告)。附录表 3A.4 给出基于城镇住户调查数据考察人口密度和家庭服务业消费支出结构的回归分析,结论同表 3.10 一致。

表 3.10　人口密度与家庭服务消费

被解释变量	月服务消费占比	年服务消费占比		
模型分类	基准回归	城乡分类		
模型范围	全样本	全样本	城市	农村
模型编号	(1)	(2)	(3)	(4)
ln(建成区密度)	0.133*** (0.050)	0.157* (0.090)	0.335*** (0.100)	0.070 (0.121)
ln(家庭最年长年龄)	0.002 (0.006)	0.014 (0.010)	0.033*** (0.011)	−0.002 (0.015)
ln(家庭最年长年龄)	−0.099*** (0.009)	0.123*** (0.022)	0.139*** (0.026)	0.101*** (0.022)
ln(CBD 距离)	0.096*** (0.013)	0.055*** (0.017)	0.111*** (0.028)	0.027 (0.023)
ln(家庭年收入)	0.006*** (0.002)	−0.008*** (0.002)	−0.008** (0.003)	−0.007** (0.003)
截距项	0.504*** (0.075)	0.137 (0.137)	−0.165 (0.137)	0.330** (0.160)
居住条件虚拟变量	Yes	Yes	Yes	Yes
家庭整洁虚拟变量	Yes	Yes	Yes	Yes
其他控制变量	Yes	Yes	Yes	Yes
样本数	12 009	11 909	5 834	6 075
R^2	0.101	0.051	0.064	0.047

注:城乡分类是指基于国家统计局资料的城乡分类变量,家庭居住地属居委会的为城市,村委会的为农村;居住条件虚拟变量是指受访家庭的住房条件的虚拟变量,排序变量是 1—8,在回归中由七组虚拟变量表示;家庭整洁虚拟变量是指受访家庭内部的整洁程度的虚拟变量,排序变量是 1—8,在回归中由七组虚拟变量表示;ln(CBD 距离)是指:"从您家到最近的市(镇)商业中心需要时间"取对数。括号内基于城市聚类稳健标准误;* 表示 $p<0.1$, ** 表示 $p<0.05$, *** 表示 $p<0.01$;其他控制变量同表 3.3 第(1)列。

从理论逻辑上来说，人口密度增加有利于服务消费发展是因为服务消费需要面对面完成，当人口密度下降时，服务消费的成本上升。为了检验这一机制，本小节利用CFPS2010调查中的个体时间利用信息，探讨人口密度对个体时间配置的影响。个体总的时间包括六大类：生活时间、工作时间、娱乐休闲和社会交往时间、交通活动时间、其他时间、没有活动时间。本部分用照顾家人时间＋看电视和看光盘时间＋听音乐、广播时间＋业余爱好、游戏、消遣活动、玩耍时间来度量休闲生产时间，并计算其占总时间的占比，反映个体的休闲和家庭生产情况。用社会交往时间占总时间的比重度量社会交往时间占比，反映个体之间的交流、互动。由于社会交往比休闲娱乐更需要与他人面对面进行交流。因此，人口密度越高的地方进行休闲娱乐的机会成本较高。同时，由于个体每天的时间相同，所以社会交往与休闲娱乐会有替代性，故本章推断，人口密度增加会促进社会交往，减少休闲娱乐。

表3.11报告了人口密度对个体时间利用的回归结果，将样本年龄设定在16—55岁。第(1)—(2)列工作日的回归结果表明，人口密度越高的地区，休闲时间占比显著更少，社会交往时间占比显著更多[第(1)列的 p 值为0.114]。第(3)—(4)列休息日的回归结果表明，人口密度对休闲时间占比没有显著影响，但对社会交往时间占比有显著正向影响。表3.11第(5)—(8)列考虑城乡差异，讨论不同地区的人口密度如何影响个体时间利用。第(5)—(6)列回归结果表明，人口密度增加会显著降低城镇地区休闲时间占比，但对农村休闲时间没有显著影响；第(7)—(8)列的回归结果表明，人口密度增加对城市和农村社会交往时间占比有显著正向影响。

表 3.11　人口密度与个体时间利用

被解释变量	休闲时间占比	社交时间占比	休闲时间占比	社交时间占比	休闲时间占比		社会交往时间占比	
模型分类	工作日		休息日		城市	农村	城市	农村
模型编号	(1)	(2)	(3)	(4)	(5)	(6)	(7)	(8)
ln(建成区密度)	−0.024	0.028***	−0.024	0.028**	−0.043**	−0.004	0.033**	0.023**
	(0.015)	(0.009)	(0.024)	(0.012)	(0.019)	(0.020)	(0.014)	(0.011)
ln(市辖区人口数)	−0.001	0.001	−0.001	0.001	−0.003	−0.001	0.001	0.001
	(0.003)	(0.001)	(0.004)	(0.002)	(0.002)	(0.005)	(0.001)	(0.002)
少数民族(是为1)	0.009*	−0.001	0.005	−0.004	0.003	0.012*	−0.005	0.003
	(0.005)	(0.003)	(0.006)	(0.004)	(0.007)	(0.007)	(0.003)	(0.004)
性别(男性为1)	−0.032***	0.002***	−0.024***	0.007***	−0.031***	−0.035***	0.004***	0.001
	(0.002)	(0.001)	(0.002)	(0.001)	(0.002)	(0.003)	(0.001)	(0.001)
户口类型(城市为1)	−0.000	−0.003**	0.003	−0.002	0.003	0.000	−0.002	0.003
	(0.003)	(0.001)	(0.004)	(0.002)	(0.003)	(0.005)	(0.001)	(0.003)
教育等级	−0.002***	−0.000**	−0.001**	0.000	−0.004***	−0.002***	−0.000**	−0.000
	(0.000)	(0.000)	(0.000)	(0.000)	(0.000)	(0.000)	(0.000)	(0.000)
截距项	0.111***	0.010	0.170***	0.020	0.134***	0.115***	0.005	0.032**
	(0.025)	(0.011)	(0.037)	(0.014)	(0.023)	(0.036)	(0.013)	(0.015)
年龄虚拟变量	Yes	Yes	Yes	Yes	Yes	Yes	Yes	Yes
兄弟姐妹虚拟变量	Yes	Yes	Yes	Yes	Yes	Yes	Yes	Yes
其他控制变量	Yes	Yes	Yes	Yes	Yes	Yes	Yes	Yes
样本数	18 001	18 011	17 990	18 003	8 453	9 548	8 456	9 555
R^2	0.098	0.042	0.057	0.048	0.107	0.123	0.051	0.051

注:户口类型是指现在的户口状况是农村(记为 0)还是城市(记为 1)。根据家庭居住地属居委会或村委会将样本划分为城市或农村。年龄虚拟变量是指允许不同年龄对时间配置的影响斜率不一样。兄弟姐妹虚拟变量允许不同的兄弟姐妹数量对时间配置的影响斜率不一样。括号内基于城市聚类稳健标准误:* 表示 $p<0.1$,** 表示 $p<0.05$,*** 表示 $p<0.01$。其他控制变量同表 3.3 第(1)列。

3.7　简单的扭曲效应估计

图 2.1 表明中国服务业 GDP 占比和就业占比偏低 10 个百分点以上。由前文可知，户籍制度约束、土地供应政策的扭曲等会影响人口空间分布（人口密度），从而导致服务业发展受抑制。接下来，本小节将基于前面的计量分析结果，简单地估算不同的制度约束和扭曲对服务业发展的影响有多大。

第一，由于政策扭曲，中国的人口城市化率比同处于相近发展水平的国家低 10 个百分点左右（具体见图 2.5）。如果没有制度障碍，中国的人口城市化率将在既有的水平上提高 10 个百分点。表 3.2 的描述性统计表明，样本城镇所有就业人口密度平均值为 0.977，2000—2016 年，城镇人口占总人口的平均比重为 50％；保持其他条件不变，如果城镇人口增加 10 个百分点，则城镇所有就业人口密度将增加 18％，服务业 GDP 占比将增加 0.7 个百分点（计算过程见附录 3.A）。

第二，受户籍制度限制，在最近的年份里，有 30％左右的城市常住人口是未获得城镇户籍的外来移民（具体见图 1.1）。若中国放松或取消户籍制度，这部分外来移民将获得城镇户口，则无本地户籍人口占比将变为 0。保持其他条件不变，若无本地户籍人口占比降低 30％，则服务业 GDP 占比将增加 1.528 个百分点（计算过程见附录 3.A.4）。

最后，伴随着城市扩张，人口密度会呈下降趋势，然而中国的土地供应政策导致整体的城市面积扩张与人口增长脱节（陆铭，2011，2017），使得城市的人口密度下降过快。图 3.1 给出 2000—2016 年中国平均城市人口密度变化趋势图,17 年间,城市人口密度下降约一半。考虑到经济发展过程中,城市人口密度的下降有合理之处,假设中国的城市扩张面积的增长速度下降一半,则中国城市的人口密度下降速度就会减缓大约 0.2。若城市人口密度增加 0.2,则服务业 GDP 占比将增加 1.05 个百分点(计算过程见附录 3.A.4)。

综合上述,由于政策和制度扭曲等因素,中国服务业 GDP 占比偏低 3.278 个百分点(0.7+1.05+1.528)。

3.8　本章小结

中国改革开放 40 多年的伟大历程,是服务业规模不断增长、在宏观经济中占比越来越大、对经济增长和就业贡献越来越重要的过程。然而,在服务业发展取得进步的同时,我们也要看到所面临的问题与挑战。近年来,中国的结构性调整所面临的问题均与服务业受到抑制相关,进而带来消费需求不足、人民福利受损等。

本章基于中国服务业 GDP 和就业占比偏低大约 10 个百分点的事实,从宏观和微观两个层面,研究人口密度对服务业发展的影响。第一,人口密度增加会显著促进服务业发展,且结论在剔除其他干扰因素等一系列稳健性检验下仍然成立;基于微观企业证据表明,人口密度主要影响生活型服务业发展,尤其是本地生活型服务业企业受人口密度影响更大。第二,本章研究劳动力流动障碍是否会改变人口密度对服务业发展的作用。一方面,人口流动障碍会通过减少城市人口密度直接影响服务业发展。另一方面,人口流动障碍也会使流动人口减少对服务商品的消费,从而削弱人口密度对服务业的促进作用,这是人口流动障碍不利于服务业发展的间接效应。第三,本章基于微观个体和家庭层面的机制分析发现,人口密度会通过影响家庭服务业消费支出进而影响服务业发展,也会影响微观个体的时间配置。第四,本章进一步对其他潜在的可能问题进行讨论。(1)考虑内生性问题的影响,用城市的土地供应增长率作为人口密度工具变量的 2SLS 回归结果表明,人口密度增加会显著促进服务业发展的结论仍然稳健。(2)基于反事实的估测结果发现,城市人口密度下降和劳动力流动障碍导致中国服务业占 GDP 的比重偏低约 3 个百分点。

3.A 附录

3.A.1 变换人口密度指标

人口密度的度量指标并不唯一,本小节给出不同人口密度度量指标变化趋势的统计结果。基于《中国城市统计年鉴》,得出历年城镇所有就业人口密度指标变化趋势,发现人口密度呈逐年递减的趋势,并且 2000—2012 年所有就业人口密度均值下降 0.4 左右,就业人口密度变化趋势同图 3.1 一致。

基于《中国统计年鉴》的城镇分产业劳动力就业人数和《中国城市统计年鉴》的建成区面积计算的城镇所有就业人口密度指标,人口密度呈逐年递减的趋势,并且 2000—2012 年所有就业人口密度均值下降 0.4 左右,就业人口密度变化趋势同图 3.1 一致。

最后,计算出市辖区年末人口/市辖区面积度量的人口密度变化趋势,发现人口密度呈逐年递减的趋势,并且 2000—2012 年所有就业人口密度均值下降 0.4 左右,就业人口密度变化趋势同图 3.1 一致。

3.A.2　人口密度与服务业发展的稳健性检验

首先,我们选取的基准回归样本期是 2000—2016 年,样本跨度时期较大,表 3A.1 第(1)—(4)列将整个样本期划分为 2000—2009 年和 2010—2016 年,考虑不同时期的异质性讨论。回归结果表明,不论 2000—2009 年抑或 2010—2016 年,人口密度的增加均显著促进服务业发展[第(3)列 p 值为 0.133]。

其次,考虑到本章控制的服务业单位就业 GDP 和服务业发展有较大的相关性,我们对被解释变量和解释变量均做了皮尔森(Pearson)相关性检验,变量之间的相关系数均不超过 0.5。第(5)—(6)列给出并未控制服务业单位就业 GDP 变量的回归结果,可以发现,人口密度增加对服务业发展仍有显著促进作用。也就是说,上述控制变量的相关性并不影响本章的结论,由于变量相关性主要影响回归标准误,对一致性的影响并不大,因此,基准回归仍控制服务业单位就业 GDP 变量。

最后,将房价加入回归中剔除房价因素可能对本章结论产生的影响。本章定义地区平均房价＝商品房销售额/销售面积,取对数处理[简记为 ln(房价)],数据来源于 2001—2014 年的《中国区域经济统计年鉴》。第(7)—(8)列在基准回归的基础上,给出控制地区房价变量的回归结果。控制了地区房价因素后,人口密度增加对服务业发展仍有显著促进作用。也就是说,地区房价因素并不影响本章的结论。

表 3A.1 人口密度与服务业发展稳健性检验(1)

因变量	ln(服务业GDP 占比)	ln(服务业就业占比)	ln(服务业GDP 占比)	ln(服务业就业占比)	ln(服务业GDP 占比)	ln(服务业就业占比)	ln(服务业GDP 占比)	ln(服务业就业占比)
模型说明	00—09	10—16	00—09	10—16	不控制劳动生产率		考虑房价	
模型编号	(1)	(2)	(3)	(4)	(5)	(6)	(7)	(8)
ln(城镇就业密度)	0.140 **	0.170 ***	0.098	0.203 ***	0.122 **	0.203 ***	0.195 ***	0.183 ***
	(0.060)	(0.056)	(0.065)	(0.064)	(0.048)	(0.062)	(0.057)	(0.063)
ln(市辖区人口数)	0.074 ***	0.061 **	0.034	0.081 ***	0.087 ***	0.016	0.049 **	0.065 **
	(0.024)	(0.024)	(0.026)	(0.022)	(0.022)	(0.022)	(0.024)	(0.026)
ln(服务业单位 GDP)	0.068 **	0.115 ***	−0.226 ***	−0.233 ***			0.060 *	−0.233 ***
	(0.033)	(0.032)	(0.037)	(0.035)			(0.032)	(0.036)
ln(房价)							0.124 ***	−0.001
							(0.037)	(0.042)
截距项	3.525 ***	3.474 ***	4.754 ***	3.863 ***	3.569 ***	3.972 ***	2.655 ***	4.137 ***
	(0.186)	(0.175)	(0.188)	(0.166)	(0.167)	(0.181)	(0.291)	(0.317)
年份 FE	Yes	Yes	Yes	Yes	Yes	Yes	Yes	Yes
地区 FE	Yes	Yes	Yes	Yes	Yes	Yes	Yes	Yes
样本数	2 075	2 195	2 075	2 188	4 494	4 480	3 215	3 211
R^2	0.305	0.160	0.270	0.273	0.198	0.166	0.202	0.248

注:括号内基于城市的聚类稳健标准误: * 表示 $p<0.1$, ** 表示 $p<0.05$, *** 表示 $p<0.01$。

为排除其他可能的遗漏变量对本章结论的影响,我们在表 3A.2 第(1)—(2)列用市辖区全社会固定资产投资(取对数处理)度量地区基础设施和融资环境,记为城镇社会固定资产投资;用市辖区医院的病床数量(取对数处理)度量城镇医疗、卫生条件,记为城镇医院床位数,上述数据均来源于2001—2017 年的《中国城市统计年鉴》。回归结果表明,控制了更多地区特征的控制变量后,人口密度增加对服务业发展仍有显著促进作用。

其次,第(3)—(4)列替换被解释变量,分别使用服务业和制造业各自的GDP 绝对量(取对数处理),结果表明,在控制了人均 GDP 等变量后,人口密

表 3A.2　人口密度与服务业发展稳健性检验(2)

被解释变量	ln(服务业 GDP 占比)	ln(服务业 就业占比)	ln(服务业 GDP)	ln(制造业 GDP)
模型说明	更多控制变量		影响绝对量	
模型编号	(1)	(2)	(3)	(4)
ln(城镇所有 就业密度)	0.149 *** (0.050)	0.117 ** (0.057)	0.126 ** (0.049)	−0.126 ** (0.049)
ln(市辖区 人口数)	0.040 (0.032)	0.134 *** (0.034)	0.218 *** (0.048)	−0.329 *** (0.031)
ln(服务业单 位就业 GDP)	0.143 *** (0.030)	−0.174 *** (0.033)	0.252 *** (0.048)	−0.216 *** (0.036)
ln(城镇全社会 固定资产投资)	−0.122 *** (0.028)	−0.049 ** (0.021)		
ln(城镇医院 床位数量)	0.151 *** (0.026)	−0.050 * (0.029)		
ln(城镇人均 GDP)			0.842 *** (0.044)	1.282 *** (0.029)
截距项	3.884 *** (0.271)	4.811 *** (0.238)	4.947 *** (0.439)	1.150 *** (0.324)
年份虚拟变量	Yes	Yes	Yes	Yes
地区虚拟变量	Yes	Yes	Yes	Yes
样本数	4 212	4 201	4 268	4 270
R^2	0.271	0.257	0.970	0.977

注:括号内基于城市的聚类稳健标准误: * 表示 $p<0.1$, ** 表示 $p<0.05$, *** 表示 $p<0.01$。

度的增加显著促进服务业发展,但对制造业 GDP 有显著负向影响。人口密度对于服务业的影响超过制造业。

此外,我们还做了其他稳健性检验。首先,基准回归控制省级或城市虚拟变量,表 3A.3 第(1)—(2)列调整地区固定效应的范围,仅控制了东、中、西部地区固定效应做稳健性检验,在较大范围比较人口密度如何影响服务业发展。结论表明,控制不同的地区固定效应,人口密度增加均显著促进服务业发展。

其次,人口密度对地区服务业发展的影响是否是非线性的? 第(3)—(4)列在式(3.1)的基础上进一步控制人口密度的二次项,人口密度二次项系数显著为负,一次项系数显著为正。根据回归系数和二项式函数的性质,我们可以判断人口密度对服务业 GDP 占比影响的倒 U 型拐点为 1.5,根据对城市样本的统计,仅有 27 个样本点在拐点右侧,集中在 19 个小城市(这些小城市虽然人口不多,但是市辖区面积也小),因此,式(3.1)假设人口密度对服务业发展的影响是线性关系具有合理性。

最后,考虑存在部分极端值的影响,第(5)—(6)列 ln(城镇所有就业密度)过大的极端值剔除(超过 1.5)以及对服务业 GDP 占比、就业占比中最低 5% 的样本进行删除,人口密度增加会显著促进服务业发展的结论仍然成立。

表 3A.3　人口密度与服务业发展稳健性检验(3)

被解释变量	ln(服务业 GDP 占比)	ln(服务业 就业占比)	ln(服务业 GDP 占比)	ln(服务业 就业占比)	ln(服务业 GDP 占比)	ln(服务业 就业占比)
模型说明	东中西虚拟变量		非线性回归		剔除极端值	
模型编号	(1)	(2)	(3)	(4)	(5)	(6)
ln(城镇所有 就业密度)	0.151 *** (0.053)	0.166 *** (0.059)	0.339 ** (0.132)	0.524 *** (0.177)	0.122 ** (0.048)	0.113 ** (0.046)
ln(就业密度)^2			−0.113 * (0.066)	−0.246 ** (0.095)		
ln(市辖区 人口数)	0.054 ** (0.022)	0.044 ** (0.022)	0.067 *** (0.022)	0.047 ** (0.022)	0.045 ** (0.019)	0.021 (0.019)
ln(服务业单 位就业 GDP)	0.089 *** (0.029)	−0.188 *** (0.033)	0.099 *** (0.026)	−0.218 *** (0.031)	0.106 *** (0.024)	−0.161 *** (0.029)
截距项	3.198 *** (0.117)	3.791 *** (0.128)	3.447 *** (0.175)	4.023 *** (0.179)	3.689 *** (0.144)	4.291 *** (0.135)

续表

被解释变量	ln(服务业GDP 占比)	ln(服务业就业占比)	ln(服务业GDP 占比)	ln(服务业就业占比)	ln(服务业GDP 占比)	ln(服务业就业占比)
模型说明	东中西虚拟变量		非线性回归		剔除极端值	
模型编号	(1)	(2)	(3)	(4)	(5)	(6)
年份虚拟变量	Yes	Yes	Yes	Yes	Yes	Yes
地区虚拟变量	Yes	Yes	Yes	Yes	Yes	Yes
样本数	4 270	4 261	4 270	4 261	4 177	3 934
R^2	0.096	0.152	0.211	0.244	0.229	0.237

注:括号内基于城市的聚类稳健标准误;* 表示 $p<0.1$,** 表示 $p<0.05$,*** 表示 $p<0.01$。

3.A.3　人口密度与消费稳健性检验

本小节基于 2002—2009 年的城镇住户调查数据计算人口密度与服务业消费的关系。表 3A.4 第(1)—(2)列分别用城镇所有就业密度和建成区密度度量人口密度大小,回归结果表明,人口密度越大的地区,家庭服务商品消费占比显著越高。第(3)列的回归结果表明,人口密度增加会显著增加家庭服务商品消费绝对量。

表 3A.4　城镇人口密度与服务业消费

被解释变量	ln(家庭服务商品消费占比)		ln(家庭服务商品消费)
模型编号	(1)	(2)	(3)
ln(城镇所有就业密度)	0.875* (0.501)		
ln(建成区密度)		2.375** (1.115)	0.127* (0.073)
ln(市辖区人口数)	0.151 (0.434)	0.250 (0.415)	0.013 (0.028)

被解释变量	ln(家庭服务商品消费占比)		ln(家庭服务商品消费)
模型编号	(1)	(2)	(3)
ln(家庭可支配收入)	0.035	0.044	0.763***
	(0.113)	(0.113)	(0.008)
家庭人数	0.051***	0.050***	0.005***
	(0.005)	(0.005)	(0.000)
截距项	19.590***	18.266***	0.534**
	(3.163)	(3.153)	(0.223)
年份虚拟变量	Yes	Yes	Yes
城市虚拟变量	Yes	Yes	Yes
样本数	195 544	195 588	195 588
R^2	0.057	0.057	0.424

注:(1)括号内为基于城市的聚类稳健标准误;* 表示 $p<0.1$,** 表示 $p<0.05$,*** 表示 $p<0.01$。(2)由于城市统计年鉴是地区上一年度的信息,所以用当期的城市层面数据和 UHS 数据匹配,例如用 2002 年《中国城市统计年鉴》(反映 2001 年城市特征)同 UHS2002 匹配;剔除最低消费 5%的样本,调整该样本筛选范围,结论基本不变。

资料来源:UHS2002—2009 和 2002—2009 年《中国城市统计年鉴》。

3.A.4　扭曲效应计算过程

由前文可知,人口的空间分布受户籍制度约束、土地供应政策的扭曲都是导致服务业发展偏低的诱导因素。本小节将基于本章前面的计量分析结果,简单的估算不同制度约束和扭曲分别对服务业发展的影响有多大。

对数函数模型 $\ln(y)=\beta_0+\beta_1\ln(x)+X'\gamma+\varepsilon$。若将起始组合 (x_0,y_0) 设定为初始样本均值,(x_1,y_1) 为变化后的组合,定义 $\Delta y=y_1-y_0$,$\Delta x=x_1-x_0$,则上述对数函数模型的回归系数 β_1 反映为 y 对 x 的弹性关系,即 $\beta_1=\dfrac{\Delta y/y_0}{\Delta x/x_0}$。根据表 3.3 的第(1)列和第(3)列,$\beta_1=$

$\dfrac{\Delta\ \text{服务业 GDP 占比}/(1+\text{服务业 GDP 占比}_0)}{\Delta\ \text{人口密度}/(1+\text{人口密度}_0)}$。因此,$\Delta$ 服务业 GDP 占比=

$\beta_1\times\dfrac{\Delta\ \text{人口密度}_t}{1+\text{人口密度}_0}\times(1+\text{服务业 GDP 占比}_0)$。根据表 3.2,样本城镇中所有

就业人口密度平均值为 0.977、建成区密度平均值为 0.517,服务业 GDP 占

比平均值为 42.19。2000—2016 年,城镇人口占总人口平均为 50%,保持其

他条件不变,如果城镇人口增加 10 个百分点,则城镇所有就业人口密度将增

加 18%,建成区密度将增加 20%。$\dfrac{\Delta\ \text{建成区密度}_t}{1+\text{建成区密度}_0}=\dfrac{0.517\times0.2}{1.517}=6.8\%$,

$\dfrac{\Delta\ \text{所有就业人口密度}_t}{1+\text{所有就业人口密度}_0}=\dfrac{0.977\times0.18}{1.977}=10\%$。$\Delta$ 服务业 GDP 占比$_t=0.275\times$

$0.068\times43.28=0.81$、Δ 服务业 GDP 占比$_t=0.161\times0.10\times43.19=0.70$。保

持其他条件不变,如果城镇土地供应增长是现有供应的一半,建成区密度增

加 0.2,城镇所有就业人口密度增加 0.3,则 $\dfrac{\Delta\ \text{建成区密度}_t}{1+\text{建成区密度}_0}=\dfrac{0.200}{1.517}=$

13.2%,$\dfrac{\Delta\ \text{所有就业人口密度}_t}{1+\text{所有就业人口密度}_0}=\dfrac{0.300}{1.977}=15\%$。$\Delta$ 服务业 GDP 占比$_t=$

$0.275\times0.132\times43.19=1.57$,$\Delta$ 服务业 GDP 占比$_t=0.161\times0.15\times43.19=$

1.05。

半对数函数模型 $\ln(y)=\beta_0+\beta_1 x+\beta_2 x\times z+X'\gamma+\varepsilon$。若将起始组合

(x_0,y_0) 设定为样本均值,$\Delta y=y_1-y_0$,$\Delta x=x_1-x_0$,则 $\dfrac{\partial\ln(y)}{\partial x}=\beta_1+\beta_2\bar{z}$

(含交互项的回归模型,$\bar{z}$ 取均值求边际效应)。系数 $\beta_1+\beta_2\bar{z}$ 反映为 y 对 x

的半弹性关系,即 $\Delta y=\{\exp[(\beta_1+\beta_2\bar{z})\times\Delta x]-1\}\times y_0$。根据表 3.9 第(1)

列,Δ 服务业 GDP 占比$_t=\{\exp[(\beta_1+\beta_2\ln(1+\text{城镇所有就业密度}_0))\times\Delta\ \text{外}$

来移民$]-1\}\times(1+\text{服务业 GDP 占比}_0)$。样本 $\ln(\text{城镇所有就业密度})$ 平均

值为 0.65，ln(建成区密度)平均值为 0.401，保持其他条件不变，若无本地户籍人口占比降低 30%，Δ 服务业 GDP 占比$_t$ = {exp[(0.265 - 0.586 × 0.65) × (-0.3)] - 1} × 43.19 = 1.528。

综合上述，由于政策和制度扭曲等因素，中国服务业 GDP 占比偏低 3.278 个百分点(0.7 + 1.05 + 1.528)。

第4章 服务业发展的影响机制之一：
市场替代家庭生产

4.1 引言

第3章主要基于收入效应、规模效应和歧视效应的视角讨论服务业发展，但是未从替代效应的视角讨论其对服务业发展的影响。然而，市场对于家庭生产的替代[①]是当代宏观经济学研究经济增长、波动和结构转型的重要视角[②]，该替代程度差异是导致地区间工作时间差异的主要原因之一(Free-

---

[①] 根据 Becker(1965)，家庭生产是指能对应市场活动的家庭活动。比如，在家照料孩子(或幼儿保育和教育)对应的市场活动是保姆业务；在家锻炼身体对应的是市场上的健身房活动；在家做饭对应的是餐厅的厨师活动。在市场经济中，一些服务业企业提供的服务产品，消费者个人或家庭也能够自己生产，因而存在市场对家庭生产的替代(Rogerson, 2008；Buera and Kaboski, 2012)。家庭总消费由市场消费支出和家庭生产时间投入生产，市场支出和时间投入的相对价格决定消费决策行为。随着时间推移，家庭生产时间在不断下降(Bureau of Labor Statistics, 2021；Bridgman et al., 2022)。

[②] 主要的代表性研究包括：Benhabib 等(1991)、Parente 等(2000)、Rogerson(2008)、Aruoba 等(2016)、Moro 等(2017)、Duval-Hernandez 等(2021)、Dinkelman 和 Ngai(2022)、Greenwood 等(2021)。

man and Schettkat，2005；Bridgman et al.，2022）。[1]Bridgman 等（2018）基于跨国数据对比发现，家庭生产时间大多数用于生产服务品。因此，服务业部门发展会促进市场替代家庭生产的市场化程度（Reid，1934；Ngai and Pissarides，2007；Rogerson，2008；Dinkelman and Ngai，2022）。同时，城市经济学在研究城市规模经济时，所强调的机制之一是专业化的生产和消费之间的匹配，生活服务业的发展替代家庭生产恰恰是城市经济深化分工的体现，也是消费城市的重要方面（Glaeser et al.，2003；Glaeser，2011；周海伟、厉基巍，2021；陆铭，2022）。尽管如此，在经验研究中市场替代家庭生产的强度有多大，在不同规模的城市之间这种替代效应的差异又有多强，这些问题都缺乏实证依据。[2]更重要的是，在宏观结构转型研究里，如果想要从市场替代家庭生产的机制出发，用结构式模型来估计影响城市（地区）结构转型效应，则需要有相应的简约式估计来揭示市场替代家庭生产的相关参数，本章将对这一空白进行补充。

研究城市经济中市场对家庭生产的替代，对于我们理解中国经济新发展阶段中人民对美好生活的向往也特别重要。随着经济的发展（通常用人均 GDP 水平的增加来刻画），市场替代家庭生产的程度会加深，个体市场化工作时间和服务业部门就业会增加（具体见图 4.1），进而加快结构转型（Bridgman et al.，2018；Bureau of Labor Statistics，2021；Bridgman et al.，2022；Dinkelman and Ngai，2022）。[3]国际经验表明，经济发展进入高收入水

---

①　由于存在市场与家庭生产替代，个体根据能力配置家庭和市场生产时间可以降低劳动力市场分配不当（Dinkelman and Ngai，2022）。
②　既有的相关研究主要从相关关系统计市场和家庭生产时间、休闲的变化（Leukhina and Yu，2020；Bureau of Labor Statistics，2021；Bridgman et al.，2022），从时间维度上的变化（例如，疫情冲击前后）揭示市场和家庭生产时间配置关系，由于疫情冲击以外的其他同期变化因素无法通过时间维度变化剥离，得出的关系可能会有较大的噪声。
③　Moro 等（2017）指出，偏好的非同质性和市场、家庭部门生产率增长差异会影响结构转型。家庭生产部门促进结构转型是因为家庭服务的收入弹性低于市场服务，同时，20 世纪 70 年代后期开始，美国家庭生产部门的劳动生产率增速下降是市场服务兴起的关键决定因素。

平之后，消费对于经济增长的贡献将日益上升（Kharroubi and Kohlscheen，2017；陆铭，2022）①，"党的十八大以来经济社会发展成就系列报告"也指出服务业及其消费是支撑和拉动经济发展的主动力。2020 年 5 月中央政治局常务委员会会议提出，充分发挥中国超大规模市场优势和内需潜力，逐步形成以国内大循环为主体、国内国际双循环相互促进的新发展格局。而要充分发挥中国超大规模市场优势，很重要的一点是促进消费尤其是服务业消费。

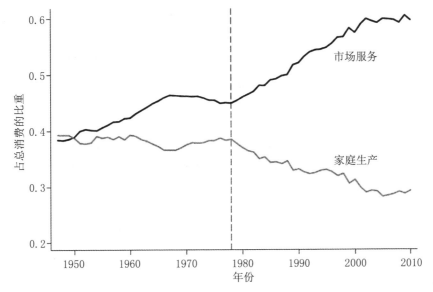

图 4.1　二战后美国的家庭生产和市场消费变化

资料来源：Moro 等（2017）。

---

①　关于中国也有类似的报告指出消费和服务消费对经济发展的重要作用，例如：国家统计局发布"党的十八大以来经济社会发展成就系列报告"指出，过去十年，中国经济从高速发展向高质量发展迈进，消费也取代投资成为拉动中国经济增长的第一动力（资料来源：《服务业释放主动力　新动能打造新引擎——党的十八大以来经济社会发展成就系列报告之五》，https://www.stats.gov.cn/sj/sjjd/202302/t20230202_1896680.html，访问日期：2023 年 12 月 31 日）。麦肯锡全球研究院报告指出，2015 年 1 月至 2018 年 12 月的 16 个季度中有 11 个季度中国的消费增长对经济增长的贡献率超过 60%（资料来源：《麦肯锡报告：消费对中国经济增长贡献更大 世界对中国经济依存度上升》，http://news.cctv.com/2019/07/17/ARTIBfTW9dyhcR2QN3pePiMu190717.shtml，访问日期：2024 年 8 月 31 日）。

　　然而，与他国历史同期相比，中国经济长期以来处于消费（尤其是服务业消费）相对不足的状态（钟粤俊等，2020；钟粤俊等，2024a；具体见本书前面的图2.2）。有研究认为，消费不足与生产要素市场存在的一系列体制性因素有关，例如，户籍制度制约（陈斌开等，2010；梁文泉，2018；钟粤俊等，2020），房价过高（陈斌开、杨汝岱，2013；况伟大，2011；颜色和朱国钟，2013），金融扶持不够或金融市场不完善（万广华等，2001）等。但是鲜有研究注意到，当中国经济进入新发展阶段，服务消费对于消费增长的重要性将越来越强，而服务消费往往体现的是市场对于家庭生产的替代。更重要的是，人们习惯于将消费与生产对立起来，认为消费仅仅是"消耗"，而不是积累，忽视了消费（尤其是服务消费）对提升劳动生产率的作用。[①]

　　城市通过市场对于家庭生产的替代，有利于促进消费服务的发展，这一点在既有研究中缺乏直接证据。相对于农村而言，城市（特别是大城市）由于有更高的人口密度和市场规模，有利于降低获得服务所需的出行距离和成本等，进而增加家庭对市场提供的服务消费需求，替代家庭生产。市场化服务对家庭生产的替代可以节省家庭生产时间用于进行其他市场活动，有利于深化分工，促进经济发展。

　　城市（特别是大城市）有利于促进消费，尤其有利于提高服务消费的品质和多样性。对此，既有研究主要讨论促进服务业发展的规模效应和收入效应[②]，也

---

　　① 例如，父母可以自己花时间照顾和教育年龄小的子女，也可以通过市场消费花钱雇用幼托教师教学。对父母来说幼托服务是消费行为，但是对幼托教师来说，其长期从事幼托服务，幼托技能会在一次又一次的教学过程中得到提高，进而提升自己的幼托服务生产效率，在大城市这个经验积累效用更强。

　　② 重要的代表性研究包括，Comin等（2015）、Henkel等（2021）、Herrendorf等（2014）、Kongsamut等（2001）、Rachel和Pissarides（2007）、Rogerson（2008）、钟粤俊等（2020）、陆铭（2022）。

有研究从退休[①]、失业[②]、身体健康状况变化和家庭财富变化[③]等视角或外生冲击，研究市场对家庭生产的替代。[④]然而，鲜有研究从城市规模和获取商品便利性的视角讨论市场对家庭生产的替代效应（记为市场-家庭生产替代效应）及其对家庭分工行为的影响。这一研究的空白，可能是因为市场-家庭生产替代效应的研究面临较强的内生性，对检验该效应所需的数据质量要求更高。同既有研究相比，本章利用新冠疫情作为外生冲击，从城市规模和获取商品便利性的视角检验市场-家庭生产替代效应，讨论城市对服务业发展尤其是服务消费的影响。进一步地，我们还讨论了不同城市规模和不同疫情冲击大小下市场-家庭生产替代效应的差异。随着市场化和服务业部门重要性的进一步提升，市场-家庭生产替代效应对经济增长和结构转型的作用会变得越来越大。本章为市场对家庭生产的替代提供了参数估计，为理解不同规模的城市和服务业的关系提供了新的视角。

要检验市场-家庭生产替代效应，另一个难点在于没有直接的数据。本章用生产家庭商品所需工具的消费量度量家庭生产行为的变化，家庭生产行为越多，对家庭生产所需工具的购买量越多。换句话说，疫情期间有居家

[①]　重要的代表性研究包括：Aguila 等（2011）、Aguiar 和 Hurst（2005）、Hurd 和 Rohwedder（2013）、Velarde 和 Herrmann（2014）、邓婷鹤等（2016）、袁铭和白军飞（2020）。

[②]　重要的代表性研究包括，Burda 和 Hamermesh（2010）、Colella 和 Van Soest（2013）、Velarde 和 Herrmann（2014）、Bureau of Labor Statistics（2021）。

[③]　重要的代表性研究包括 Gimenez-Nadal 和 Ortega-Lapiedra（2013）、Been 等（2015）。

[④]　第一，退休导致家庭对食品消费支出快速下降，退休人员会花更多时间进行家庭生产（例如烹饪）替代购买商品和服务（例如外出就餐）（Aguila et al.，2011；Aguiar and Hurst，2005；Hurd and Rohwedder，2013；Velarde and Herrmann，2014；邓婷鹤等，2016；袁铭、白军飞，2020）。第二，失业人员家庭进行家庭生产活动的时间高于其他家庭（Burda and Hamermesh，2010；Colella and Van Soest，2013；Velarde and Herrmann，2014；Bureau of Labor Statistics，2021）。第三，健康状况会对家庭生产时间产生影响，Gimenez-Nadal 和 Ortega-Lapiedra（2013）基于西班牙家庭数据发现，越健康的个体进行家庭生产的时间越少。第四，Been 等（2015）基于 2008 年金融危机导致的房价变化作为家庭财富冲击，研究家庭财富变化如何影响家庭调整家庭生产替代市场消费，估计家庭生产和市场消费之间的跨期弹性。

隔离政策和减少接触的倡议，使得家庭消费市场服务突然受到外生的不可预期的约束，因此，市场-家庭生产替代效应较强的服务转而由家庭生产，使得家庭对这些生产相关的器械消费需求增加更快，这对于估计市场-家庭生产替代效应提供了一个时间窗口。相比于中小城市，大城市人口密度更大，获得服务商品更便利，市场服务对家庭生产的替代更强。可以推论，在大城市，对疫情中转而由家庭生产的服务，使得这些生产所需设备的购买量增长更快。中国拥有宝贵的大数据来源，阿里的淘宝、天猫等平台关于消费者和店家的消费大数据以及百度检索指数关于商品关注度的信息，均可用于检验市场-家庭生产替代效应的影响。例如，咖啡是最为典型的既可家庭生产，也可由市场替代家庭生产的消费品之一。对阿里消费平台大数据统计发现，家用咖啡机的消费数量在疫情后显著上升，并且在大城市中这个效应显著更大（具体可参见本章附录 4.A.1）。

本章将首先构建包含家庭生产的理论模型，从理论上考察存在外生冲击的市场-家庭生产替代效应对家庭决策行为的影响。之后，基于高频的消费大数据、百度检索指数和外生的疫情管控冲击，我们用 DID 和 DDD 回归模型研究市场规模、市场-家庭生产替代效应和消费行为。研究发现，疫情冲击后，用于家庭生产的家用小电器消费（订单数、商品销售数量和销售额）和关注度均显著上升，该效应对大城市和受疫情冲击更大的城市的影响更大，上述结论在剥离了供给端变化等一系列稳健性检验下仍然成立。机制分析结果表明，疫情冲击服务业供给，导致家庭分工发生变化（家庭劳务时间更长和家庭食品消费数量增多），进而导致消费行为变化。同既有研究相比，本章首次利用消费大数据和百度检索指数，估计市场-家庭生产替代效应，探讨其对消费及家庭分工的影响。城市经济学理论认为，城市规模经济来自分享、匹配和学习三个效应，本章研究将表明市场-家庭生产替代效应是影响城市规模经济的另一个重要作用机制。

4.2 家庭行为理论分析

借鉴 Parente 等(2000)和 Rogerson(2008)的理论模型,我们构建包含家庭生产的简单模型,考察存在外生冲击的市场-家庭生产替代效应对家庭消费和时间配置等行为决策的影响。

4.2.1 厂商行为

假设 j 城市有 L_j 个代表性家庭个体,企业生产 M 商品(市场商品)。由于规模效应,企业产出受地区规模影响,假设企业生产函数满足 $Y_j = \zeta(L)_j A_M F(T_j, \Psi_j)$,其中,$T_j$ 是土地要素,Ψ_j 是劳动总投入时间,A_M 是生产技术水平。$\zeta(L)_j$ 是 j 城市的规模效应,由外生规模参数 ζ_j 和地区人口规模 L_j 共同决定,满足 $\zeta(L)_j = \zeta_j L_j^{\gamma}$。[①]假设 $Y_j = \zeta_j L_j^{\gamma} A_M T_j^{\alpha} \Psi_j^{1-\alpha}$,则厂商利润函数为:

$$\max_{(T_j, \Psi_j)} \pi_j = P_j Y_j - w_j \Psi_j - r_j T_j \tag{4.1}$$

其中,w_j 是劳动小时工资;r_j 是土地租金;P_j 是不同地区的产品价格。那么,厂商最优化行为如下:

$$T_j = \frac{w_j}{r_j} \frac{\alpha}{1-\alpha} \Psi_j \tag{4.2}$$

---

① Allen 和 Arkolakis(2014)以及 Henkel 等(2021)为反映集聚效应,假设人口规模对生产率的提升作用满足 $A(i) = \bar{A}(i) L(i)^{\alpha}$;$\alpha \geqslant 0$。人口规模是指整体人口规模,外生于企业决策行为。

4.2.2 家庭行为

代表性家庭个体通过消费(C_j)和享受闲暇(用闲暇时间 $1-H_j$ 表示)获得效用,其中,H_j 是代表性个体市场工作时间(H_{M_j})和家庭生产时间(H_{N_j})之和:$H_j = H_{M_j} + H_{N_j}$。由于个体对不同商品的偏好存在差异,参数 α_C 反映个体对消费和闲暇的偏好,该值越大,对消费偏好越强。个体效用函数为:

$$\alpha_C \log(C_j) + (1-\alpha_C)\log(1-H_j) \tag{4.3}$$

其中,C_j 是市场生产商品消费量(M_j)和家庭生产商品消费量(N_j)的 CES 函数组合,由于外部冲击会对市场生产商品的消费产生影响,用外部冲击摩擦参数 λ[①] 表示:

$$C_j = [\alpha_M(\Phi(L)_j - \lambda)M_j^\eta + (1-\alpha_M)N_j^\eta]^{\frac{1}{\eta}} \tag{4.4}$$

其中,参数 α_M 反映对市场生产商品的偏好,$\dfrac{1}{1-\eta}$(即 $\eta < 1$)反映弹性替代效应,$\Phi(L)_j$ 是 j 城市的市场消费的便捷程度,由外生的获取市场商品便利性参数 Φ_j 和地区人口规模 L_j 共同决定,满足 $\Phi(L)_j = \Phi_j L_j^\gamma$。家庭自己生产和消费 N_j,假设满足 $N_j = A_N H_{N_j}$,故 $H_{N_j} = N_j/A_N$。

代表性家庭个体获得转移支付 Z_j,转移支付来源于地方土地租金收入,按居住地人口数量均分给代表性家庭个体。代表性家庭个体的预算约束条件:

---

① 外部冲击是影响获取商品便利性的阻碍力量。需要说明的是,本模型简单地处理外部冲击仅对市场生产商品消费有影响,但是外部冲击可能会同时影响收入和生产,考虑这些对模型的求解影响不大,为方便分析,本章做了简化处理。

$$P_j M_j \leqslant H_{M_j} w_j + Z_j \qquad (4.5)$$

综上,代表性家庭个体最大化自身效用的模型表示为:

$$U_j = \max_{(M_j,\,N_j,\,H_{M_j})} \left[\alpha_C \log(C_j) + (1-\alpha_C) \log\left(1 - H_{M_j} - \frac{N_j}{A_N}\right) \right]$$

$$C_j = \left[\alpha_M (\Phi(L)_j - \lambda) M_j^{\eta} + (1-\alpha_M) N_j^{\eta} \right]^{\frac{1}{\eta}}$$

约束条件:

$$P_j M_j \leqslant H_{M_j} w_j + Z_j \qquad (4.6)$$

最优消费行为满足:

$$N_j = \cfrac{w_j + Z_j}{\left\{\left[\dfrac{1-\alpha_M}{\alpha_M(\Phi(L)_j - \lambda)}\right]^{\frac{1}{\eta-1}} \left(\dfrac{P_j A_N}{w_j}\right)^{\frac{\eta}{\eta-1}} + 1\right\} \dfrac{1-\alpha_C}{\alpha_C} \dfrac{w_j}{P_j A_N} + P_j \left[\dfrac{P_j A_N}{w_j} \dfrac{1-\alpha_M}{\alpha_M(\Phi(L)_j - \lambda)}\right]^{\frac{1}{\eta-1}} + \dfrac{w_j}{A_N}}$$

$$\qquad (4.7)$$

$$M_j = \left[\frac{P_j A_N}{w_j} \frac{1-\alpha_M}{\alpha_M(\Phi(L)_j - \lambda)} \right]^{\frac{1}{\eta-1}} N_j \qquad (4.8)$$

$$H_{M_j} = \frac{P_j M_j - Z_j}{w_j} \qquad (4.9)$$

2020年新冠疫情期间有居家隔离政策和减少接触的倡议,使家庭消费市场服务受到约束,故我们认为新冠疫情冲击可以同外部冲击 λ 对应,进而对家庭消费行为和时间配置决策产生影响。根据式(4.7)—式(4.9),疫情冲击(λ)同家庭生产商品消费量(N_j)正相关,同市场生产商品消费量(M_j)和市场工作时间(H_{M_j})负相关;受疫情冲击越大的地区(即 λ_j 越大),家庭个体对市场生产商品的消费量越少,家庭生产商品消费的需求越大,市场工作时间越少。综上,可以反推,在常态下,由于规模经济和便利性条件,会出现市场替代家庭生产。

4.2.3　市场出清条件

最终生产行为和家庭行为市场均衡时,劳动力供给和需求均衡条件满足:

$$H_{M_j}L_j = \Psi_j \tag{4.10}$$

土地租金收入和转移支付均衡条件满足:

$$r_j T_j = Z_j L_j \tag{4.11}$$

生产和消费(贸易)均衡条件满足:

$$Y_d = \sum_{j=1}^{N} \pi_{jd}(M_j L_j) \tag{4.12}$$

其中,π_{jd}是指从 d 地区出口到 j 地区(有 N 个地区)的份额。如果不考虑地区间贸易,均衡条件是:$Y_j = M_j L_j$。

综上,厂商行为、家庭行为和市场出清条件共同构成了一般均衡,我们可以基于该模型讨论外部冲击变化带来的整体影响。

4.3　识别策略与数据说明

4.3.1　识别策略

本章研究不同商品类别的消费如何受外部市场影响,新冠疫情属于外生冲击事件,为本章检验市场-家庭生产替代效应下的家庭行为变化提供了自然实验。由于没有直接的数据度量家庭生产商品，本章将用家庭生产所需要的工具消费度量家庭生产行为变化，假设对家庭生产所需的工具消费增加，其家庭生产行为会增加。本章构建如下 DID 回归模型：

$$Y_{ijt} = \alpha_0 + \alpha_1\, Treat\_goods_j \times Post_t + \gamma X_{ijt} + time_t + \delta_i + \sigma_j + \epsilon_{ijt}$$

$$(4.13)$$

其中，Y_{ijt} 是被解释变量，度量 i 地区对 j 商品在 t 时期的消费行为，包括对市场-家庭生产可替代服务商品的消费。根据商品类别分类，本章将受市场规模或人口密度影响大的市场-家庭生产可替代商品所对应的家用电器商品视为处理组（$Treat\_goods_j = 1$），受市场规模影响小的市场-家庭生产可替代商品所对应的商品视为控制组（$Treat\_goods_j = 0$）。将新冠疫情发生前视为不受政策冲击阶段（$Post_t = 0$），疫情发生后为政策冲击阶段（$Post_t = 1$）。$time_t$ 是时期虚拟变量，δ_i 是地区虚拟变量，σ_j 是商品类别虚拟变量。X_{ijt} 是一系列控制变量。交互项系数 α_1 反映不同市场-家庭生产替代商品在新冠疫情冲击后的消费数量变化，由于服务业发展更容易受外部市场冲击影响，疫情冲击使获取市场服务商品的便利性受到约束，人们会增加用家庭生产商品替代部分市场服务商品，进而增加对家用电器购买以生产家庭生产商品[1]，根据本章前面的理论分析，我们预期 α_1 的系数为正。[2]

前面的理论分析指出，受疫情冲击越大地区的市场商品消费和市场工作时间下降越多，对家庭生产商品的消费越多。中国存在不同的城市分类，不同城市类型下的城市规模对商品消费影响会有差异，故服务业发展存在

---

[1] 需要说明的是，家庭生产所需要的工具属于可重复利用商品，故本章看到的结果会被低估，因为以前购买的家用电器，会被定义为冲击前的行为。

[2] 本部分选取的处理组和控制组同属于家用消费商品，可比性较强，如果疫情冲击改变了线下服务业供给，则控制组商品会同时发生变化，DID 会把同替代效应无关的家庭和市场消费行为变化差分掉。

较大差异。新冠疫情对不同城市冲击的影响有较大的差异,服务业发展更好和规模更大的城市,市场-家庭生产替代效应受疫情冲击更大,我们进一步检验大城市的服务消费行为是否受疫情冲击影响更大,构建如下 DDD 回归模型:

$$Y_{ijt}=\beta_0+\beta_1\,Treat\_goods_j\times Post_t\times Treat\_city_i+\beta_2\,Treat\_goods_j\times Post_t$$

$$+\beta_3\,Post_t\times Treat\_city_i+\beta_4\,Treat\_goods_j\times Treat\_city_i$$

$$+\gamma X_{ijt}+time_t+\delta_i+\sigma_j+\epsilon_{it}$$

$$(4.14)$$

其中,大城市视为处理组($Treat\_city_i=1$),小城市视为控制组($Treat\_city_i=0$),因为大城市的市场规模更大,人口密度更高,服务业更发达,疫情冲击使大城市获取市场服务商品的便利性受到的约束更大,故大城市受疫情影响较大;反之,小城市受疫情冲击的影响较小,视为对照组。同时,本章也直接用城市感染疫情人数或感染率(感染人数/年末人口)度量地区受疫情冲击大小[1],感染人数越多的城市,受疫情冲击越大,构建 DDD 回归模型。

4.3.2 数据与变量说明

本章主要使用 2019 年 1 月—2020 年 12 月阿里交易平台的月度数据、2019 年 1 月 1 日—2020 年 12 月 31 日百度检索指数[2]的日度数据、《中国统

---

[1] 疫情感染人数的数据来源:国家卫健委官方网站公布的疫情最新情况,http://www.nhc. gov.cn/xcs/yqtb/list_gzbd.shtml(访问日期:2024 年 8 月 31 日)。

[2] 百度检索指数是以百度海量网民行为数据为基础的数据分析平台,是当前互联网乃至整个数据时代最重要的统计分析平台之一。搜索指数是以网民在百度的搜索量为数据基础,以关键词为统计对象,科学分析并计算出各个关键词在百度网页搜索中搜索频次的加权和,反应互联网用户对关键词搜索关注程度及持续变化情况。

计年鉴》2016—2021 年的数据和 CFPS2016—2020 年的数据,基于城市层面检验市场-家庭生产替代效应下消费行为和关注度变化,基于家庭层面检验市场-家庭生产替代效应下的家庭分工行为变化,包括时间分配和家庭食品消费数量。在城市层面用消费平台和百度检索指数相关的订单数量、订单消费、订单金额数量和检索关注度等指标,从不同维度和数据源度量城市服务消费行为,探讨城市在冲击前后的消费行为变化。本章的商品类别包含厨房大电器、厨房小电器、生活电器、个护电器。①商品类别分组基于阿里消费平台划分的商品固定分组,就本章而言,该分类属于外生分组。百度检索指数的分类同淘宝交易平台数据相同,本章按商品名称的关键词进行统计,剔除没有被收录的商品,最终获取 2019 年 1 月 1 日—2020 年 12 月 31 日每种商品(比如,咖啡机和电饭锅属于两种不同商品关键词检索)的日度检索数据,商品检索指数值越大,反映该商品受到的关注度越高。

本章的被解释变量 Y_{ijt} 主要包括消费、订单数量、订单金额、订单销售量、检索指数和时间配置等信息。其中,订单数量是指实际支付的订单量(比如有 100 笔订单);订单金额是指实际支付的订单金额(比如卖了 10 000 元人民币);订单销售量是指实际支付的购买商品数量(比如卖了 110 件商品)。本章根据商品类别统计订单量和销售量,因为是商家信息的加总,不存在商家层面的订单量会出现不同商品类别的情况;淘宝、天猫交易平台的

---

① 厨房大电器包括:厨房冰箱、集成灶、嵌入式电蒸箱、燃气灶、洗碗机、烟灶消套装、油烟机、消毒柜。厨房小电器包括:茶吧机、泡茶机、厨师机、和面机、电饼铛、华夫饼机、薄饼机、电磁炉、陶炉、电炖锅、煲汤锅、电炖盅、电饭煲、电烤箱、电热、火锅、电热水壶、电压力锅、豆浆机、绞肉机、碎肉机、搅菜机、搅拌机、料理机、净水器、咖啡机、空气炸锅、破壁机、台式净饮机、微波炉、养生壶、煎药壶、饮水机、婴童厨房小家电、调奶器、榨汁机、原汁机。生活电器包括:超声波清洗机、抽湿器(除湿器)、除螨仪、电风扇、电热水器、吊扇、对讲机、干衣机、挂烫机、加湿器、毛球修剪器、其他日用家电、扫地机器人、吸尘器、洗地机、空气循环扇、空调刷、蒸汽刷、手持挂烫机。个护电器包括:按摩器材(颈椎按摩器、腰椎按摩器、眼部按摩器、润眼仪)、鼻毛修剪器、电动修眉器、电吹风、家用保健器材(足浴器)、经络保健器材(按摩温熏调理器)、卷(直)发器、理发器、美发工具、体重秤、剃须刀。

消费和订单信息根据收货地址加总,反映为整个城市对商品的消费需求变化,消费和订单信息根据消费者在订单下单付款时间统计,扣除订单退款部分。需要说明的是:第一,帮别人购买商品行为不会对本章结论产生影响,因为本章根据商品收货目的地统计商品销售行为。第二,数据的消费行为是否会由于没有区分生产厂商购买和家庭个体购买而导致结果有偏?我们认为这不影响本章结论,本章除了看商品的销售额,同时还看订单的数量(也就是购买商品的不同人数),以及不同人群对商品的关注度。如果是生产厂商购买商品,商家一般不会在购买商品前通过百度去搜索相关产品,进而影响检索指数。

我们对数据做如下处理:首先,本章所有被解释变量数据均是经过标准化处理的指数,没有具体单位(无需取对数处理,相同类别的商品时间上直接可比),标准化后样本城市基期(2019 年 1 月)的平均值为 100。例如,样本城市的订单销售量在基期(2019 年 1 月)的平均数是 1 亿(当然,订单数量、金额和销售量的单位可能不一样),之后每期样本城市订单销售量指数就是实际订单销售量数据除以 1 亿再乘以 100。其次,本章将北京、上海、天津、杭州、南京、广州、深圳、成都和重庆市定义为处理组城市($Treat\ city=1$),其他为对照组城市($Treat\ city=0$)。为了使处理组城市和对照组城市更具可比性,对照组城市选城市群内同处理组邻近的城市(包括:石家庄市、保定市、廊坊市、合肥市、无锡市、苏州市、佛山市、肇庆市、东莞市、惠州市、德阳市、眉山市)。样本选取的城市有全国代表性,包括京津冀、长三角、珠三角和成渝地区。为进一步区分城市受疫情冲击的影响,我们同时用各城市感染新冠疫情人数度量城市受疫情冲击影响效应,受疫情冲击更大的,感染人数越多。最后,为使处理组商品和对照组商品更具可比性,基准分析将商品类型为厨房小电器定义为处理组商品($Treat\ goods=1$),个护电器为对照组商品(*Treat goods*＝0)。为使结果更一般化,本章同时给出厨房小电器定义为处理组商品(*Treat goods*＝1),个护电器、生活电器和厨房大电器为对照组商品(*Treat goods*＝0)的回归结果。稳健性检验进一步将厨房小电器定义为处理组商品(*Treat goods*＝1),厨房大电器为对照组商品(*Treat goods*＝0)。最后,本章将 2020 年 1 月及以前定义为冲击前(*Post*＝0),将 2020 年 2 月及以后定义为冲击后(*Post*＝1)。考虑到"双 11"的销售手段对平台消费等因素的影响,本章将 11 月的样本剔除,稳健性检验给出将 11 月样本纳入回归分析的结果。

4.3.3　特征事实

近年来,互联网和数字经济快速发展,中国目前形成了京东、阿里巴巴等大型的网售平台,平台之间销售的商品虽然有一定的替代性,但是不同平台间的订单核心业务各有侧重。京东的核心业务主要是计算机类、通信类和消费类电子产品;阿里的淘宝和天猫的核心业务是服装、化妆品和家电商品消费,尤其是天猫商城对入驻门店有较高的门槛要求,品牌商家直接入驻销售商品。考虑到消费者购买商品不一定从淘宝、天猫消费(例如,从京东或线下买商品),为检验在线消费人群在疫情前后的变化差异,本部分根据京东和阿里巴巴网售平台的年度公报或年报,统计各平台在疫情前后的消费人群变化发现,阿里巴巴和京东的在线消费人群具有稳定性特征。[①]

---

① 例如,阿里巴巴 2019—2020 年的年度财报调查结果表明,阿里巴巴的消费者黏性高,有 98％ 的留存率,2019—2020 年,阿里巴巴年度活跃消费者数量从 6.54 亿增加到 7.24 亿人(资料来源: https://finance.ifeng.com/c/7wgcuhsckMj,访问日期:2024 年 8 月 31 日)。2020 年京东集团全年净收入为 7 458 亿元人民币,同比增长 29.3％(资料来源:https://j.eastday.com/p/161554511177011352,访问日期:2024 年 8 月 31 日)。

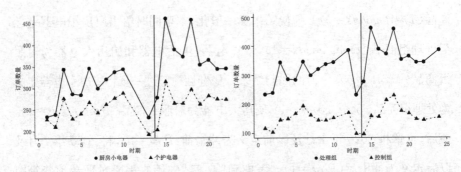

图 4.2　处理组和控制组订单数量变化趋势

注:时期 1 是 2019 年 1 月,时期 2 是 2019 年 2 月……时期 24 是 2020 年 12 月,依次类推。时期 13 是指 2020 年 1 月,1 月底中国实行了疫情防控政策,本章将 2 月(时期 14)定义为疫情冲击发生月份;垂直线左边为疫情冲击前,垂直线右边为疫情冲击后。考虑到 11 月的"双 11"活动比较特殊,剔除 11 月的样本。右图的处理组是厨房小电器,控制组包括厨房大电器、个护电器和生活电器。

图 4.2 给出不同商品类别的消费订单数量变化趋势。该图表明,新冠疫情发生前,处理组和控制组变化趋势较一致;疫情后,处理组和控制组的变化不一致,二者差异在扩大。其中,图 4.2 的左图将厨房小电器(处理组)与个护电器(控制组)进行对比;图 4.2 的右图将厨房小电器和其他商品(控制组)进行对比。

表 4.1 给出主要变量的描述性统计事实。考虑到"双 11"活动对淘宝和

表 4.1　主要变量描述性统计

样本范围	处理组 & 控制组				处理组		控制组	
	分类	样本数	均值 (标准差)	[最小值,最大值]	样本数	均值 (标准差)	样本数	均值 (标准差)
全样本	订单数量	1 848	199.906 (197.426)	[1.777, 1 152.258]	462	336.778 (236.462)	1 386	154.281 (158.270)
	订单金额	1 848	183.366 (163.018)	[5.696, 1 382.579]	462	261.636 (201.352)	1 386	157.276 (138.632)
	销售量	1 848	192.223 (188.963)	[1.659, 1 058.233]	462	315.521 (220.901)	1 386	151.124 (156.888)

样本范围	处理组 & 控制组				处理组		控制组	
	分类	样本数	均值 (标准差)	[最小值,最大值]	样本数	均值 (标准差)	样本数	均值 (标准差)
厨房 小电器、 个护电器	订单数量	924	298.401 (211.566)	[19.629, 1 152.258]	462	336.778 (236.462)	462	260.025 (175.359)
	订单金额	924	188.163 (173.113)	[6.683, 1 292.099]	462	261.636 (201.352)	462	114.691 (92.922)
	销售量	924	286.085 (201.164)	[18.836, 1 058.233]	462	315.521 (220.901)	462	256.649 (174.606)

天猫销售的影响较大,故基准分析中剔除该月份的样本。基准回归对比的厨房小电器和个护电器的消费需求弹性相似,这些商品同属于服务商品。本章同时给出不同商品间的对比回归结果,这些商品的消费需求弹性相似。

4.4　外部冲击下的市场-家庭生产替代行为

4.4.1　基准回归

根据理论推断,随着城市规模的扩大和市场-家庭生产的替代效应,部分市场生产的商品替代家庭生产商品的概率会增大。当城市获取商品尤其是服务商品的便利性受阻,家庭会增加家庭生产商品的需求,以替代原来通过市场生产商品的消费,进而增加对生产家庭商品的器具(如厨房电器)的需求。2020 年新冠疫情冲击为本章检验上述研究思路提供了自然实验,表4.2 给出厨房小电器为处理组,个护电器为对照组的回归结果。第(1)—(3)列给出 DID 回归结果。交互项系数显著为正的结果表明,2020 年新冠疫情以后,对市场替代性更强商品(记为敏感商品)的消费需求显著增加。具体来看,疫情冲击后,敏感商品相比于个护电器的订单数量显著增加 51.887,占样本均值的 15.41%(51.887/336.778);订单金额显著增加 45.958,占样本均值的 17.57%;销售量显著增加 50.414,占样本均值的 15.98%。

表 4.2 疫情冲击、城市规模与消费需求(厨房小电器 vs.个护电器)

被解释变量	订单数量	订单金额	销售量	订单数量	订单金额	销售量
模型编号	(1)	(2)	(3)	(4)	(5)	(6)
Post	25.834* (15.202)	27.857** (11.640)	27.396** (13.686)	21.915# (14.293)	20.058** (9.630)	25.979** (12.920)
敏感商品	53.168*** (4.138)	126.219*** (4.876)	35.956*** (3.663)	33.686*** (4.015)	74.064*** (3.979)	24.134*** (3.637)
Post * 敏感商品	51.887*** (6.989)	45.598*** (8.846)	50.414*** (6.163)	32.577*** (6.341)	26.096*** (6.748)	31.607*** (5.752)
Post * 大城市				9.144 (7.698)	18.196** (8.485)	3.307 (7.101)
大城市 * 敏感商品				45.458*** (8.544)	121.695*** (8.539)	27.587*** (7.711)
敏感商品 * Post * 大城市				45.057*** (14.017)	45.505*** (15.754)	43.883*** (12.601)
月份虚拟变量	Yes	Yes	Yes	Yes	Yes	Yes
城市虚拟变量	Yes	Yes	Yes	Yes	Yes	Yes
年份虚拟变量	Yes	Yes	Yes	Yes	Yes	Yes
商品类别虚拟变量	Yes	Yes	Yes	Yes	Yes	Yes
样本数	924	924	924	924	924	924
R^2	0.942	0.864	0.950	0.950	0.910	0.955

注:括号内给出修正稳健标准误;# 表示 $p<0.15$, * 表示 $p<0.1$, ** 表示 $p<0.05$, *** 表示 $p<0.01$。由于样本城市数量不多,所以并未给出基于城市的聚类稳健标准误(基于城市聚类稳健标准误的结果类似,篇幅所限并未汇报该结果)。订单数量是指实际支付的订单量;订单金额是指实际支付的订单金额;订单销售量是指实际购买的商品数量。

第(4)—(6)列给出 DDD 回归结果，进一步揭示城市间受疫情冲击的差异。三重交互项系数显著为正的结果表明，2020 年新冠疫情以后，大城市对敏感商品的消费需求增加更多，且第(4)—(6)列的三重交互项系数值大于 Post * 敏感商品的系数值，这表明，在疫情前的正常情况下，大城市的市场-家庭生产替代效应更强。

需要特别说明的是，由于在线平台售卖同样商品的替代性很高，店家数量也较多，店家之间可以类似理解为"垄断竞争"，故商品价格在全国相似，价格波动因素会通过 DID 和 DDD 回归得到剔除，上述地区商品需求数量变化的结果并不受地区间的价格因素差异驱动。

本部分用 2020 年 1—3 月各城市新冠疫情确诊病例数总和度量各地区受疫情冲击影响的大小，新冠疫情确诊病例数越多反映该地区受疫情冲击影响越大，市场上的服务供给减少程度就越大，因此，我们用新冠疫情确诊病例数、商品类型、疫情前后虚拟变量及其交互项构建广义 DDD 回归模型进行实证分析，具体结果见表 4.3。其中，第(1)—(2)列回归结果表明，受疫情冲击越大的城市对敏感商品的消费需求显著增加。第(3)—(4)列给出厨房小电器为处理组，厨房大电器、个护电器和生活电器为控制组的回归结果，同第(1)—(2)列相似；第(5)—(6)列给出确诊率(每万人确诊人数)作为城市受疫情冲击影响大小回归结果，同第(1)—(2)列相似。考虑到该阶段的防疫政策是根据是否有确诊病例进行管控，并且本章所有回归均控制了城市固定效应，用感染率和感染人数度量疫情冲击大小无差异，故回归仍以感染人数作为基准分析。

进一步地，我们构建城市确诊疫情人数虚拟变量，检验不同确诊人数的异质性影响。图 4.3 给出按病例人数虚拟变量构建 DDD 回归模型的结果，图中回归系数为三重交互系数 α_i(其他回归系数并未汇报)。回归结果表

表 4.3 疫情冲击、疫情病例人数与消费需求

被解释变量	订单数量	销售量	订单数量	销售量	订单数量	销售量
模型分类	厨房小电器 vs.个护电器		全样本		厨房小电器 vs.个护电器	
模型编号	(1)	(2)	(3)	(4)	(5)	(6)
Post * ln(确诊人数)	6.524* (3.468)	3.581 (3.267)	8.082 (6.018)	6.782 (5.970)		
Post * 敏感商品	−54.325** (24.320)	−53.333** (22.440)	−47.177 (33.765)	−42.117 (31.875)		
ln(确诊人数) * 敏感商品	26.191*** (3.834)	16.753*** (3.516)	82.312*** (5.660)	73.655*** (5.422)		
Post * ln(确诊人数) * 敏感商品	23.568*** (6.050)	23.015*** (5.530)	22.010*** (8.900)	19.815** (8.406)		
Post * 确诊率					8.778* (5.154)	4.961 (5.009)
Post * 敏感商品					16.627# (10.549)	15.611# (9.808)
确诊率 * 敏感商品					37.421*** (6.001)	24.877*** (5.584)
Post * 确诊率 * 敏感商品					29.183*** (9.795)	28.806*** (9.057)
其他控制变量	Yes	Yes	Yes	Yes	Yes	Yes
样本数	924	924	1 848	1 848	924	924
R^2	0.956	0.959	0.694	0.676	0.953	0.958

注：括号内给出修正稳健标准误；# 表示 $p<0.15$，* 表示 $p<0.1$，** 表示 $p<0.05$，*** 表示 $p<0.01$。由于样本城市数量不多，所以并未给出基于城市的聚类稳健标准误。其他控制变量同表 4.2。

明，确诊人数较低的城市，三重交互项系数不显著；随着确诊人数的增加，三重交互项系数显著为正，且呈现向上倾斜的变化趋势，表明随着疫情冲击的加大，家庭对敏感商品的消费需求增加越多。

前面基于特定平台消费数据检验市场-家庭生产替代效应，度量家庭实

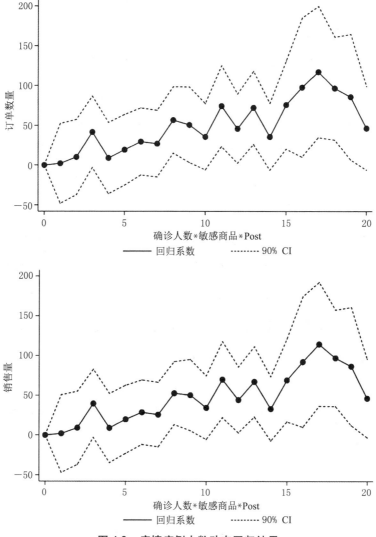

图 4.3　疫情病例人数动态回归结果

注：横坐标为 0 表示确诊 8 人（对照组），1 表示确诊 18 人，2 表示确诊 19 人，3 表示确诊 29 人，4 表示确诊 30 人，5 表示确诊 32 人，6 表示确诊 55 人，7 表示确诊 62 人，8 表示确诊 85 人，9 表示确诊 87 人，10 表示确诊 93 人，11 表示确诊 99 人，12 表示确诊 136 人，13 表示确诊 144 人，14 表示确诊 174 人，15 表示确诊 181 人，16 表示确诊 339 人，17 表示确诊 348 人，18 表示确诊 417 人，19 表示确诊 418 人，20 表示确诊 576 人。此部分构建的计量回归模型为：$Y_{ijt} = \beta_0 + \sum_{i=1}^{20} \alpha_i Treat\_goods_j \times Post_t \times CovidNumber_i + \beta_2 Treat\_goods_j \times Post_t + \sum_{i=1}^{20} B_i Post_t \times CovidNumber_i + \sum_{i=1}^{20} A_i Treat\_goods_j \times CovidNumber_i + \gamma X_{ijt} + time_t + \delta_i + \sigma_j + \epsilon_{it}$。

际消费行为的变化，可能存在样本缺乏代表性的疑问。此外，平台销售数据反映的是实际的购买行为，但却看不到购买意愿的变化。由于购买行为本身需要花钱，还可能考虑疫情很快过去，因此，购买意愿能更直接地反映家庭生产替代市场服务的变化。我们基于商品的细类手动收集和整理了百度搜索指数的日度数据，检验疫情前后对消费商品的关注度的变化。①

　　表 4.4 给出疫情冲击、城市规模、城市确诊人数和百度检索指数的回归结果。第(1)—(3)列给出厨房小电器为处理组、个护电器为对照组的回归结果。其中，第(1)列给出疫情冲击和商品类型对百度检索指数的 DID 回归结果；第(2)列给出疫情冲击、商品类型和城市规模对百度检索指数的 DDD 回归结果；第(3)列给出疫情冲击、商品类型和城市确诊人数对百度检索指数的 DDD 回归结果。结论表明，疫情冲击后，对厨房小电器各类商品的检索关注度显著上升，该效应在大城市和受疫情冲击更大的城市的检索关注度上升显著更多。第(4)—(6)列给出厨房小电器为处理组，个护电器、厨房大电器和生活电器为对照组的回归结果，结论同第(1)—(3)列类似。考虑到不同人在消费前是否进行检索商品偏好会有差异，尤其是一些必需商品，在消费或购买前较少通过百度检索相关产品，因此，本章将此结果作为稳健型检验。

---

① 为使前后文保持一致，本部分的样本城市、商品大类和细类划分同前面阿里巴巴划分相同。其中，处理组城市包括：北京市、上海市、天津市、杭州市、南京市、广州市、深圳市、武汉市；对照组城市包括：石家庄市、保定市、廊坊市、合肥市、无锡市、苏州市、佛山市、肇庆市、东莞市、惠州市、德阳市、眉山市。由于部分商品关键词百度检索指数没有相关的收录，本部分仅给出同阿里巴巴分类的四种商品大类里能收集到的商品细类的关键词。其中，厨房小电器包括：泡茶机、和面机、电饼铛、电磁炉、电炖锅、煲汤锅、电炖盅、电饭煲、电烤箱、电热水壶、电压力锅、豆浆机、绞肉机、咖啡机、空气炸锅、微波炉、饮水机、榨汁机、原汁机；厨房大电器包括：集成灶、燃气灶、洗碗机、油烟机、消毒柜；个护电器包括：颈椎按摩器、电吹风、足浴器、卷发器、直发器；生活电器包括：超声波清洗机、除湿器、除螨仪、电风扇、电热水器、吊扇、干衣机、挂烫机、加湿器、毛球修剪器、扫地机器人、吸尘器、洗地机、空调扇。

表 4.4　疫情冲击、城市规模与商品百度检索指数

被解释变量	商品百度检索指数					
模型分类	厨房小电器 vs.个护电器			全样本		
模型编号	(1)	(2)	(3)	(4)	(5)	(6)
Post	7.328*** (0.668)	9.461*** (0.740)	16.428*** (1.510)	13.475*** (0.418)	15.800*** (0.433)	22.551*** (0.583)
Post * 敏感商品	10.962*** (0.443)	7.730*** (0.555)	−1.821 (1.501)	8.181*** (0.252)	4.860*** (0.290)	−5.737*** (0.689)
大城市 * 敏感商品		23.455*** (0.514)			7.163*** (0.304)	
Post * 大城市		−3.258*** (0.712)			−4.760*** (0.290)	
敏感商品 * Post * 大城市		5.448*** (0.834)			6.836*** (0.524)	
ln(确诊人数)			−5.230*** (0.500)			0.070 (0.327)
ln(确诊人数) * 敏感商品			4.315*** (0.154)			0.272*** (0.079)
Post * ln(确诊人数)			−1.421*** (0.265)			−1.749*** (0.084)
敏感商品 * Post * ln(确诊人数)			2.077*** (0.286)			2.686*** (0.139)
商品细类虚拟变量	Yes	Yes	Yes	Yes	Yes	Yes
月份虚拟变量	Yes	Yes	Yes	Yes	Yes	Yes
城市虚拟变量	Yes	Yes	Yes	Yes	Yes	Yes
年份虚拟变量	Yes	Yes	Yes	Yes	Yes	Yes
样本数	221 849	221 849	221 849	438 163	438 163	438 163
R^2	0.562	0.566	0.564	0.521	0.523	0.522

注:括号内给出修正稳健标准误;# 表示 $p < 0.15$,* 表示 $p < 0.1$,** 表示 $p < 0.05$,*** 表示 $p < 0.01$。由于样本城市数量不多,所以并未给出基于城市的聚类稳健标准误。商品细类虚拟变量是指商品小类,例如咖啡机等、榨汁机为两种商品小类。考虑到武汉受疫情冲击影响比较特殊,将武汉从样本中剔除,上述回归结果并未发生变化。将 11 月的样本纳入分析,上述回归结果并未发生变化。

4.4.2 动态回归结果

2020 年 1 月 20 日左右各城市的新冠疫情确诊数量开始大规模增加,为控制疫情进一步蔓延,相关部门开始提出进行居家隔离的防控倡议,本部分以 2020 年 1 月作为基准对照组,给出动态回归结果。

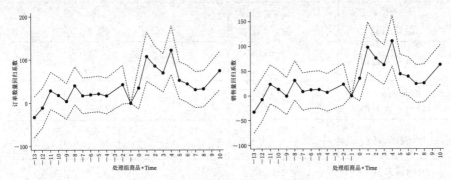

Panel A

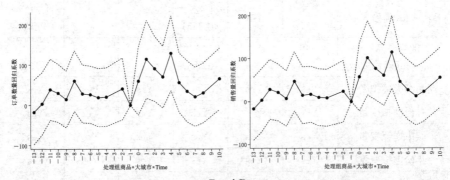

Panel B

图 4.4　事件研究法回归结果

注:横坐标为 −1 表示政策冲击前 1 期(作为基准对照组),为 2020 年 1 月,−2 表示政策冲击前 2 期,为 2019 年 12 月;0 为政策冲击当期,为 2020 年 2 月,1 为政策冲击后第 1 期,为 2020 年 3 月 …… 以此类推。此部分构建的回归模型为:$Y_{ijt} = \beta_0 + \sum_{t=-13}^{10} \alpha_i Treat\_goods_j \times Time_t \times Treat\_city_i + \beta_2 Treat\_goods_j \times Time_t + \sum_{t=-13}^{10} B_i Time_t \times Treat\_city_i + Treat\_goods_j \times Treat\_city_i + \gamma X_{ijt} + time_t + \delta_i + \sigma_j + \epsilon_{ijt}$。由于样本城市数量不多,所以未给出基于城市的聚类稳健标准误。其他控制变量同表 4.2。

图 4.4 的回归结果表明,疫情冲击前,Panle A 的 DID 回归中的处理组商品变量 * 时期交互项和 Panel B 的 DDD 回归中的处理组商品 * 大城市变量 * 时期交互项系数均不显著,满足平行趋势检验。疫情冲击后,上述交互项系数的显著性发生变化:由于 2 月属于城市自我管控最严格的时期,物流受限,导致 2 月的交互项回归系数不显著;3—6 月的交互项系数显著为正,对应的商品消费显著增加;7 月之后三重交互项系数不显著,原因可能是各地区受疫情冲击影响后开始恢复,也可能是因为厨房小电器本身是耐用消费品,对其购买量的增加在疫情影响一段时期之后,不再有强劲增长。

4.4.3 稳健性检验

表 4.5 给出厨房小电器同其他类型商品对比的回归结果,进行稳健性检验。其中,第(1)—(4)列给出厨房小电器为处理组,厨房大电器、个护电器和生活电器作为对照组的 DID 和 DDD 回归结果。第(5)—(6)列给出厨房小电器为处理组,厨房大电器为对照组的 DDD 回归结果。交互项系数显著为正的结果表明,2020 年新冠疫情以后,对敏感商品的消费需求显著增加,大城市的这个效应显著更大。

表 4.5　厨房小电器 vs.其他商品

被解释变量	订单数量	销售量	订单数量	销售量	订单数量	销售量
模型范围	全样本				小电器 vs.大电器	
模型编号	(1)	(2)	(3)	(4)	(5)	(6)
Post * 敏感商品	52.039***	47.203***	34.352***	31.435***	11.097	10.307
	(12.420)	(11.485)	(9.668)	(8.978)	(14.108)	(13.230)

续表

被解释变量	订单数量	销售量	订单数量	销售量	订单数量	销售量
模型范围	全样本				小电器 vs.大电器	
模型编号	(1)	(2)	(3)	(4)	(5)	(6)
Post * 大城市			12.932 (14.692)	10.398 (14.546)	38.229*** (11.351)	34.567*** (10.593)
大城市 * 敏感商品			161.352*** (13.944)	144.747*** (13.284)	276.470*** (14.246)	259.937*** (13.334)
敏感商品 * Post * 大城市			41.270* (22.783)	36.792* (21.375)	43.105* (22.756)	36.883* (21.202)
其他控制变量	Yes	Yes	Yes	Yes	Yes	Yes
样本数	1 848	1 848	1 848	1 848	924	924
R^2	0.637	0.626	0.676	0.661	0.879	0.880

注:括号内给出修正稳健标准误;# 表示 $p<0.15$,* 表示 $p<0.1$,** 表示 $p<0.05$,*** 表示 $p<0.01$。由于样本城市数量不多,所以并未给出基于城市的聚类稳健标准误。其他控制变量同表 4.2。

  基准回归以 1 月作为对照组进行分析,考虑到 1 月底开始实行疫情防控政策,并且存在春节效应,表 4.6 给出剔除 1 月样本进行稳健性检验的回归结果。交互项系数显著为正的结果表明,2020 年新冠疫情以后,对市场替代性更强的商品消费需求显著增加,大城市这个效应显著更大。

表 4.6　剔除 2020 年 1 月样本

被解释变量	订单数量	销售量	订单数量	销售量	订单数量	销售量	订单数量	销售量
模型范围	厨房小电器 vs.个护电器				全样本			
模型编号	(1)	(2)	(3)	(4)	(5)	(6)	(7)	(8)
Post * 敏感商品	50.613*** (6.892)	49.721*** (6.050)	32.159*** (6.188)	31.457*** (5.598)	49.737*** (12.573)	45.472*** (11.634)	33.616*** (9.738)	30.992*** (9.043)

续表

被解释变量	订单数量	销售量	订单数量	销售量	订单数量	销售量	订单数量	销售量
模型范围	厨房小电器 vs. 个护电器				全样本			
模型编号	(1)	(2)	(3)	(4)	(5)	(6)	(7)	(8)
Post * 大城市			3.194	−2.692			8.638	6.137
			(7.830)	(7.163)			(15.098)	(14.955)
大城市 * 敏感商品			47.455***	28.853***			165.006***	147.751***
			(8.381)	(7.488)			(14.624)	(13.946)
敏感商品 * Post * 大城市			43.060***	42.616***			37.616#	33.787#
			(13.853)	(12.409)			(23.079)	(21.679)
其他控制变量	Yes	Yes	Yes	Yes	Yes	Yes	Yes	Yes
样本数	882	882	882	882	1 764	1 764	1 764	1 764
R^2	0.946	0.954	0.954	0.959	0.639	0.629	0.679	0.663

注：括号内给出修正稳健标准误；# 表示 $p<0.15$，* 表示 $p<0.1$，** 表示 $p<0.05$，*** 表示 $p<0.01$。由于样本城市数量不多，所以并未给出基于城市的聚类稳健标准误。其他控制变量同表 4.2。

4.4.4　剥离供给端变化影响

前面主要从需求端的视角去分析市场-家庭生产替代效应的影响，上述结果是否受供给端引起商品供给变化的影响？厂商在短期内的变化比较连续，供给端稳定。本部分给出仅保留样本短期内的回归结果（疫情全面发展后两个月，且全国处于严格防控阶段），剔除供给端受疫情冲击影响。

表 4.7 给出 2020 年 4 月及以前样本的回归结果，2019 年不受疫情影响，2020 年 4 月之后，可能电器生产的供给侧会受疫情冲击或长期可能会夹杂其他对生产的干扰因素影响，需要剥离。剔除疫情冲击后可能存在的供给

表 4.7　短期内剥离供给端变化结果

被解释变量	订单数量	销售量	订单数量	销售量	订单数量	销售量
模型范围	厨房小电器 vs.个护电器				全样本	
模型编号	(1)	(2)	(3)	(4)	(5)	(6)
Post * 敏感商品	62.307***	49.721***	34.013***	34.586***	47.288***	43.559***
	(13.197)	(6.050)	(11.976)	(10.839)	(17.336)	(15.775)
Post * 大城市			−5.390	−15.285	−16.179	−19.082
			(13.071)	(12.514)	(21.962)	(21.293)
大城市 * 敏感商品			45.458***	27.587***	161.352***	144.747***
			(7.995)	(7.187)	(14.013)	(13.344)
敏感商品 * Post * 大城市			66.019**	64.735***	76.809*	68.532*
			(25.948)	(23.262)	(39.432)	(36.159)
其他变量	Yes	Yes	Yes	Yes	Yes	Yes
样本数	630	630	630	630	1 260	1 260
R^2	0.944	0.954	0.950	0.956	0.664	0.648

注：括号内给出修正稳健标准误；#表示 $p < 0.15$，* 表示 $p < 0.1$，** 表示 $p < 0.05$，*** 表示 $p < 0.01$。由于样本城市数量不多，所以并未给出基于城市的聚类稳健标准误。其他控制变量同表 4.2。

端变化的影响，结论仍成立。考虑到前面动态回归结果表明，不论短期抑或四个月以后的较长期，交互项系数均显著为正，故供给端变化对本章结论影响不大。

4.4.5　疫情前后商品价格和订单结构变化

本章看到的电器销售数量变化，应反映家庭实际需求的变化，不应是因为商品价格因素的影响，也不应是由于家庭购买商品时，改变了单均购买数量导致的规模效应。为检验疫情前后商品价格和订单结构的变化进而改变家庭消费需求,本部分用订单金额/订单销售量计算单件商品平均价格,用订单销售量/订单数量计算单笔订单的平均商品数量。

表 4.8 的 DID 和 DDD 回归结果均表明,单件商品的平均价格和单笔订单的平均商品数量在疫情前后没有显著变化,前文商品消费行为变化并不受商品价格和订单结构变化影响。其中,第(1)—(2)列和第(4)—(5)列给出全样本的回归结果;第(3)列和第(6)列给出厨房小电器为处理组,个护电器为对照组的回归结果。

表 4.8　商品价格与单笔订单商品数量

被解释变量	单件商品平均价格			单笔订单平均商品数量		
模型范围	全样本	全样本	个护 vs. 小电器	全样本	全样本	个护 vs. 小电器
模型编号	(1)	(2)	(3)	(4)	(5)	(6)
Post * 敏感商品	0.031	0.046	−0.033***	−0.001	−0.000	0.014***
	(0.111)	(0.137)	(0.006)	(0.002)	(0.003)	(0.002)
Post * 大城市		0.062	0.011*		0.000	0.002
		(0.225)	(0.007)		(0.003)	(0.003)
大城市 * 敏感商品		−0.221	−0.023***		−0.006**	−0.001
		(0.157)	(0.007)		(0.003)	(0.002)
敏感商品 * Post * 大城市		−0.034	0.017*		−0.001	−0.003
		(0.228)	(0.010)		(0.004)	(0.003)
其他控制变量	Yes	Yes	Yes	Yes	Yes	Yes
样本数	1 848	1 848	924	1 848	1 848	924
R^2	0.116	0.117	0.972	0.280	0.282	0.848

注:括号内给出修正稳健标准误:* 表示 $p<0.1$, ** 表示 $p<0.05$, *** 表示 $p<0.01$。由于样本城市数量不多,所以并未给出基于城市的聚类稳健标准误。其他控制变量同表 4.2。

4.5 进一步讨论:机制分析

4.5.1 疫情冲击与服务业发展

服务业发展更容易受到外部市场冲击影响,2020 年疫情冲击期间有居家隔离政策和减少接触的倡议,导致家庭消费市场服务会受约束,进而对服务业发展产生不利影响,尤其是市场-家庭生产替代效应越大的住宿与餐饮服务业的发展会受疫情冲击影响更大。我们构建如下回归模型:

$$Y_{it} = \alpha_0 + \alpha_1 CovidNumber_i \times Post_t + \alpha_2 X_{it} + time_t + \delta_i + \delta_i \times trend_t + \epsilon_{it}$$

$$(4.15)$$

其中,Y_{it} 是指 i 地区 t 时期的服务业发展,$CovidNumber_i$ 是指省级层面的感染人数(取对数处理),感染人数越多,受疫情冲击越大;$Post_t$ 是时期虚拟变量,2020 年为 1,否则为 0;X_{it} 是指控制变量,人均 GDP 取对数,度量收入水平;$time_t$ 是年份虚拟变量;δ_i 是指省份虚拟变量;$trend_t$ 是年份趋势变量。

表 4.9 给出疫情冲击与住宿和餐饮服务业发展(供给)的回归结果。本部分用住宿和餐饮占 GDP 比重度量住宿和餐饮服务业发展,该值越大表明该服务业发展越好。其中,第(1)列给出年份虚拟变量对住宿餐饮占 GDP 比重的回归结果,检验不同年份下的服务业发展。回归结果表明,疫情冲击后,2020 年住宿和餐饮占 GDP 的比重显著下降,住宿和餐饮业服务业发展受抑制。第(2)列给出疫情感染人数和疫情前后对住宿餐饮业发展的 DID 回归结果,检验不同疫情冲击程度对服务业发展的影响。交互项系数显著

表 4.9　疫情冲击与服务业发展

被解释变量	住宿餐饮占 GDP 比重		住宿餐饮占服务业比重
模型编号	(1)	(2)	(3)
ln(确诊人数) * Post		−0.171** (0.065)	−0.363*** (0.102)
ln(人均 GDP)	0.165 (0.835)	0.085 (0.851)	0.949 (1.192)
2016 年虚拟变量	0.019 (0.087)	0.025 (0.087)	−0.181 (0.134)
2017 年虚拟变量	0.064 (0.195)	0.075 (0.196)	−0.300 (0.295)
2019 年虚拟变量	−0.382 (0.244)	−0.360 (0.249)	−1.506*** (0.345)
2020 年虚拟变量	−0.651** (0.299)	−0.608* (0.308)	−1.983*** (0.443)
省份虚拟变量	Yes	Yes	Yes
省份虚拟变量 * 年份趋势	Yes	Yes	Yes
样本数	155	155	155
R^2	0.960	0.961	0.978

注:括号内基于省级聚类稳健标准误;* 表示 $p<0.1$, ** 表示 $p<0.05$, *** 表示 $p<0.01$。数据来源:2016—2021 年《中国统计年鉴》。2019 年没有给出各地区分行业的增加值统计。

为负的结果表明,受疫情冲击越大的地方,住宿和餐饮业发展受抑制效应越大。第(3)列给出用住宿和餐饮占服务业 GDP 的比重度量住宿和餐饮服务业发展的稳健性检验,同第(2)列结果相似。

4.5.2　疫情冲击与家庭生产、时间配置

疫情冲击了服务业供给,由于市场-家庭生产替代效应(家庭生产同市

场的住宿和餐饮业对应），本部分检验疫情冲击前后的家庭食品消费数量如何变化。我们构建如下回归模型：

$$Y_{it}=\alpha_0+\alpha_1 CovidNumber_i\times Post_t+\alpha_2 X_{it}+time_t+\delta_i+\delta_i\times trend_t+\epsilon_{it}$$

$$(4.16)$$

其中，Y_{it} 是指 i 地区 t 时期的家庭食品消费数量（取对数），X_{it} 是指一系列控制变量，主要包括家庭可支配收入和工资率收入，度量收入水平，剥离疫情冲击对家庭食品消费需求变化受家庭收入水平变化影响；其他变量同前面式(4.15)。

表 4.10 交互项的回归系数显著为正的结果表明，疫情之后，家庭食品消费数量显著增加，家庭生产替代市场服务导致家庭对生产所需的商品消费

表 4.10   疫情冲击与家庭食品消费数量

被解释变量	ln(城镇家庭食品消费数量)	
模型编号	(1)	(2)
ln(确诊人数) * Post	0.014**	0.019*
	(0.006)	(0.010)
ln(家庭可支配收入)	1.032	0.510
	(0.885)	(1.025)
ln(工资性收入)	−0.470	−0.805
	(0.492)	(0.618)
年份虚拟变量	Yes	Yes
省份虚拟变量	Yes	Yes
省份虚拟变量 * 年份趋势	No	Yes
样本数	186	186
R^2	0.835	0.941

注：括号内基于省级聚类稳健标准误；* 表示 $p<0.1$，** 表示 $p<0.05$，*** 表示 $p<0.01$。数据来源：2016—2021 年《中国统计年鉴》。食品消费数量为粮食、食用油、蔬菜、肉类、奶制品、蛋类等食品的加总。

增加。受疫情冲击影响越大的家庭会对家庭食品消费量增加越多，反映家庭生产行为在增加，进而会增加对同食品生产相关的厨房小电器等器械的使用，所以电器的消费需求上升。

城市由于密度更大，更有利于服务业发展，钟粤俊等（2020）探讨人口密度对个体时间配置的影响发现，人口密度促进社会交往，减少休闲娱乐。新冠疫情降低了城市获取服务业商品的便利性，家庭增加对家用电器的购买。因此，市场-家庭生产替代效应机制下的家庭生产时间（家庭分工）会在疫情前后发生变化。本部分利用 CFPS2016、CFPS2018 和 CFPS2020 数据，检验新冠疫情冲击前后，不同城市规模和疫情冲击程度对家庭时间配置的影响［每周工作时间（小时/周）、周末干家务时长（小时/天）］。表 4.11 回归结果表明，2020 年大城市的家庭劳务相关时间显著增加，工作相关的时间没有受到显著影响。

表 4.11　城市规模、疫情冲击与个体时间配置

被解释变量	家务时间(小时/天)		工作时间(小时/周)		家务时间(小时/天)		工作时间(小时/周)	
模型编号	(1)	(2)	(3)	(4)	(5)	(6)	(7)	(8)
大城市 * Post	0.137* (0.070)		0.135 (0.632)		0.107* (0.059)		−0.531 (0.702)	
ln(确诊人数) * Post		0.027* (0.016)		0.167 (0.167)		0.024* (0.015)		0.102 (0.191)
性别 (男性为1)	−1.078*** (0.028)	−1.082*** (0.030)	5.974*** (0.388)	5.916*** (0.376)	−1.158*** (0.030)	−1.176*** (0.033)	5.894*** (0.417)	5.915*** (0.434)
是否城乡 (城镇为1)	−0.360*** (0.049)	−0.349*** (0.052)	3.209*** (0.566)	3.703*** (0.610)	−0.507*** (0.055)	−0.508*** (0.052)	5.535*** (0.799)	5.682*** (0.863)
年份虚拟变量	Yes	Yes	Yes	Yes	Yes	Yes	Yes	Yes
城市虚拟变量	Yes	Yes	Yes	Yes	Yes	Yes	Yes	Yes
家庭虚拟变量	No	No	No	No	Yes	Yes	Yes	Yes

续表

被解释变量	家务时间(小时/天)		工作时间(小时/周)		家务时间(小时/天)		工作时间(小时/周)	
模型编号	(1)	(2)	(3)	(4)	(5)	(6)	(7)	(8)
样本数	46 636	43 669	39 568	39 265	45 630	44 770	38 295	35 858
R^2	0.131	0.130	0.044	0.045	0.368	0.366	0.377	0.380

注:括号内基于城市聚类稳健标准误;* 表示 $p<0.1$,** 表示 $p<0.05$,*** 表示 $p<0.01$。按 2010 年全国人口普查数据的城镇常住人口规模划分大小城市,将城镇常住人口规模超过 500 万的地级市及以上的地区定义为大城市,否则为小城市。大城市包括:上海市、东莞市、佛山市、北京市、南京市、哈尔滨市、天津市、宁波市、广州市、成都市、杭州市、武汉市、沈阳市、深圳市、温州市、石家庄市、苏州市、西安市、郑州市、重庆市、青岛市。

4.6 本章小结

随着中国经济发展水平的不断提高,服务消费对于消费增长的重要性越来越强,而服务消费往往体现的是市场对于家庭生产的替代。城市通过市场对于家庭生产的替代,有利于提高劳动生产率,也有利于促进消费服务发展,这一点在既有的研究中缺乏直接的证据。本章首先构建包含家庭生产的理论模型,从理论上考察存在市场-家庭生产替代效应之下,外部冲击对家庭生产行为和时间配置的影响。基于高频的消费大数据、百度检索指数和外生的疫情管控冲击,我们发现,疫情冲击后,用于家庭生产的家用小电器消费和关注度显著上升,该效应在大城市和受疫情冲击更大的城市更大。进一步的机制分析结果表明,疫情冲击导致家庭劳务时间更长和家庭食品消费数量增多。

本章首次利用消费大数据,揭示市场-家庭生产替代效应,本章最主要的目的是为是否存在市场替代家庭生产提供经验证据，以及检验不同城市规模下市场-家庭生产替代效应的差异性，为宏观经济学研究产业结构转型提供了市场替代家庭生产的因果关系的参数估计。另一方面，市场消费不仅仅反映消费行为，还具有生产性质，人们习惯于将消费与生产对立起来，认为消费仅仅是"消耗"，而对生产不具有积累作用，忽视了消费提升劳动生产率的作用。常态下的市场-家庭替代效应和服务发展有利于促进家庭和市场之间的社会分工，进而提高劳动生产效率。发展消费型城市的重要性在于，消费服务业的发展既能够满足人们的需求，也可以提高城市的劳动生产率。放在城市经济学的视野下，市场-家庭生产替代效应是影响城市规模经济的重要作用机制。

本章的政策启示意义：第一，要放松对于城市规模的限制，促进消费型城市的发展。对消费型城市建设要有新的认识，需认识到服务消费的重要性。大城市更有利于深化社会分工、释放服务消费、提升家庭福利和促进劳动生产效率的提升，因此，对城市人口规模的限制政策会削弱市场-家庭生产替代效应，抑制服务消费，最终可能会损害家庭（社会）福利。第二，需要深化户籍制度等改革，顺应人口向城市（特别是大城市）流动的发展趋势。要改变当前一些大城市对服务业人口和消费服务业发展不友好的政策环境，促进从业于消费服务业的劳动力在所在城市稳定就业和居住，打造新时代建设者之家。第三，在后疫情时期，要促进线上和线下服务协同发展，重视人口密度、线下场景互动性等因素对服务消费的影响。在城市建设方面，要重视人口密度对于生活服务业的促进作用，避免低密度规划、疏散人口等城市建设模式制约生活服务业发展。

4.A　附录

4.A.1　疫情冲击与咖啡机消费需求

咖啡属于典型的市场-家庭生产替代商品,家庭生产咖啡需要用到咖啡机等相关器械,本部分用疫情前后的咖啡机相关的器械销售订单数量、订单金额和销售量的变化反映家庭对家庭生产咖啡的需求变化。这些值越大,表明家庭对家庭生产咖啡的需求越多。

表 4A.1 第(1)—(3)列 Post 变量系数显著为正的结果表明,平均来看,家用咖啡机的消费数量在疫情后显著上升;第(4)—(6)列 Post ∗ 大城市交

表 4A.1　疫情冲击、城市规模和咖啡机消费数量

被解释变量	订单数量	订单金额	销售量	订单数量	订单金额	销售量
模型编号	(1)	(2)	(3)	(4)	(5)	(6)
Post	14.245***	15.119***	14.305***	5.509*	5.828**	6.053**
	(3.927)	(3.693)	(3.562)	(2.916)	(2.612)	(2.589)
Post ∗ 大城市				20.382***	21.679***	19.254***
				(3.967)	(4.257)	(3.928)
月份虚拟变量	Yes	Yes	Yes	Yes	Yes	Yes
城市虚拟变量	Yes	Yes	Yes	Yes	Yes	Yes
年份虚拟变量	Yes	Yes	Yes	Yes	Yes	Yes
样本数	504	504	504	504	504	504
R^2	0.845	0.813	0.849	0.856	0.826	0.858

注:括号内给出稳健标准误;* 表示 $p<0.1$,** 表示 $p<0.05$,*** 表示 $p<0.01$。由于样本城市数量不多,所以并未给出基于城市的聚类稳健标准误。

互项系数显著为正的回归结果表明，大城市的家用咖啡机的消费数量在疫情后增加更多。

4.A.2　稳健性检验

考虑到"双 11"的销售手段对平台消费等因素的影响，本章基准回归将 11 月的样本剔除。表 4A.2 给出包含 11 月样本的回归结果，进行稳健性检验，结果同表 4.2 类似。

第（1）—（3）列 Post ＊ 处理组商品交互项系数显著为正的结果表明，2020 年新冠疫情以后，对市场替代性更强的商品的消费需求显著增加；第（4）—（6）列 Post ＊ 处理组商品 ＊ 大城市三重交互项系数显著为正的回归结果表明，大城市的这个效应显著更大。

表 4A.2　包含 11 月样本的稳健性检验

被解释变量	订单数量	订单金额	销售量	订单数量	订单金额	销售量
模型编号	（1）	（2）	（3）	（4）	（5）	（6）
Post ＊ 处理组商品	52.606 *** (8.126)	48.194 *** (10.963)	51.317 *** (7.293)	32.577 *** (6.341)	27.700 *** (8.658)	32.476 *** (6.981)
Post ＊ 大城市				9.144 (7.698)	20.536 ** (10.250)	1.491 (8.007)
大城市 ＊ 处理组商品				45.458 *** (8.544)	134.743 *** (12.370)	34.946 *** (10.037)
处理组商品 ＊ Post ＊ 大城市				45.057 *** (14.017)	47.820 ** (20.994)	43.962 *** (15.087)
其他控制变量	Yes	Yes	Yes	Yes	Yes	Yes
样本数	1 008	1 008	1 008	1 008	1 008	1 008
R^2	0.924	0.824	0.932	0.950	0.865	0.938

注：括号内给出稳健标准误；* 表示 $p < 0.1$，** 表示 $p < 0.05$，*** 表示 $p < 0.01$。由于样本城市数量不多，所以并未给出基于城市的聚类稳健标准误。其他控制变量同表 4.2。

基准回归以1月作为对照组进行分析,考虑到1月底开始实行疫情防控政策,并且因为春节效应,表4A.3给出剔除1月样本进行稳健性检验的回归结果。交互项系数显著为正的结果表明,2020年新冠疫情以后,对市场-家庭生产替代性更强的处理组商品的购买显著增加,且大城市这个效应显著更大。

表 4A.3　剔除 2020 年 1 月份样本

被解释变量	订单数量	销售量	订单数量	销售量	订单数量	销售量	订单数量	销售量
模型范围	厨房小电器 vs.个护电器				全样本			
模型编号	(1)	(2)	(3)	(4)	(5)	(6)	(7)	(8)
Post * 处理组商品	50.613***	49.721***	32.159***	31.457***	49.737***	45.472***	33.616***	30.992***
	(6.892)	(6.050)	(6.188)	(5.598)	(12.573)	(11.634)	(9.738)	(9.043)
Post * 大城市			3.194	−2.692			8.638	6.137
			(7.830)	(7.163)			(15.098)	(14.955)
大城市 * 处理组商品			47.455***	28.853***			165.006***	147.751***
			(8.381)	(7.488)			(14.624)	(13.946)
处理组商品 * Post * 大城市			43.060***	42.616***			37.616#	33.787#
			(13.853)	(12.409)			(23.079)	(21.679)
其他控制变量	Yes	Yes	Yes	Yes	Yes	Yes	Yes	Yes
样本数	882	882	882	882	1 764	1 764	1 764	1 764
R^2	0.946	0.954	0.954	0.959	0.639	0.629	0.679	0.663

注:括号内给出稳健标准误;# 表示 $p<0.15$, * 表示 $p<0.1$, ** 表示 $p<0.05$, *** 表示 $p<0.01$。由于样本城市数量不多,所以并未给出基于城市的聚类稳健标准误。其他控制变量同表4.2。

第5章 城市间要素配置的结构与增长效应:空间一般均衡视角

5.1 引言

2020 年 7 月的中共中央政治局会议指出,要充分发挥中国超大规模市场优势和内需潜力,加快形成以国内大循环为主体、国内国际双循环相互促进的新发展格局。服务业的繁荣发展为发挥中国超大规模市场优势提供增长动力与保障,中国服务业发展受到一些因素抑制,进而带来消费需求不足、人民福利受损等现象,成为经济发展不平衡不充分的重要体现。因此,研究服务业发展不足与消费不足的影响因素及其作用机制,将为中国如何更好实现国内大循环和推动经济更高质量发展提供重要的理论支撑。另一个事实是,不同城市规模服务业发展存在差异。图 2.15 表明,大城市的服务业 GDP 占比高于小城市,大城市明显具有发展服务业的优势,随着时间推移,城市间差异在扩大。然而,中国的系列城市化政策阻碍了大城市发展(具体见本书第 2 章)。

本书的第3—4章主要采用简约式方法研究城市化政策对服务业发展的影响，虽然这些章节研究了要素空间配置和结构转型之间的关系，但是并没有考虑增长、地区发展和社会福利等问题，也无法对理论逻辑机制进行讨论，一个原因是简约式方法无法很好地进行政策模拟分析，为了更充分地回答要素空间配置同结构转型、增长和社会福利等的逻辑关系，我们需要通过构建一般均衡理论模型进行量化分析，揭示外部因素（冲击）变化会如何影响代表性个体的决策行为。根据第3—4章，中国的城市之间存在收入效应和规模效应，尤其是大城市的收入效应和规模效应更强（具体细节可参见本章的附录5A.1)，土地供应空间错配和城市间劳动力流动障碍通过规模效应和收入效应机制影响结构转型，进而导致整体经济增长和社会福利受损。本章接下来基于这一逻辑思路构建一个包含规模效应和收入效应的空间—般均衡模型，并通过量化分析方法揭示城市间要素空间配置如何影响结构转型、经济增长和社会福利。大小城市服务业发展差异和中国大城市人口占比、土地供应占比偏低是影响整体城市发展的不利因素，进而导致整体服务业发展受抑，而服务业发展不足与消费不足是阻碍国内大循环、国内国际双循环相互促进发展的主要障碍。

本章构建包含两部门、"1＋N"地区的空间—般均衡模型，研究城市间要素的空间配置如何影响产业结构转型和经济增长。我们的量化分析结果表明，首先，以2010年为基准，降低城市间的劳动力流动障碍（下降约25％），会使大城市流动人口占比增加接近10个百分点，服务业占全国GDP和就业比重上升约2个百分点，总产出和社会福利增加7％，城市间收入差距减小7.3％。其次，增加大城市的土地供应也有类似效果。当大城市土地供应存量占全国比重增为32％（2000—2012年间的最高水平），大城市流动人口占比增加4个百分点，整体服务业占比上升1个百分点，总产出和社会福利均增加 3% 以上。如果劳动力流动和土地供应改革同时进行,其效应大于分项改革效应。此时,中国大城市占全国人口比重会提升约 5 个百分点,与美国在同样收入水平时接近。值得强调的是,随着收入水平提高,服务业在宏观经济的重要性增大,上述改革所释放的结构红利将更大。因此,如果以兼顾结构、效率和地区间人均收入平等的空间一般均衡作为参照基准,那么,在新发展阶段,优化城市间要素配置可以更好地实现"在发展中促进相对平衡"。

相比于既有研究,本章将人口和土地要素资源空间配置视角引入结构转型的分析框架,用结构模型方法研究要素市场的空间配置效应如何影响结构转型和经济增长,面临内生性问题较小,研究结论和政策模拟分析结果更可靠和准确。虽然近年来,国内出现了较多关于结构转型的研究,然而鲜有研究从空间配置的视角探讨结构转型问题及其对经济增长和社会福利水平的影响,本章就传统的产业结构转型研究对空间因素重视不足这一空白进行填补,对中国经济结构中服务业占比偏低的现象给出新的解释。后工业化发展阶段,要素空间错配所产生的影响可能更大以至于更不利于经济发展和阻碍国内大循环。其次,本书的研究同时考虑人口和土地的空间配置。同仅考虑农业和非农业部门结构转型的研究相比,本章主要关心城市间的要素空间配置对商品部门向服务业部门结构转型的影响,随着中国生产力水平和人均收入进一步提高,服务业在宏观经济的地位更加重要,宏观经济结构将更加向服务品和不可贸易品倾斜,服务业对社会总产出和福利水平的影响越来越重要,其影响作用机制也同其他部门有较大差异,研究服务业发展对理解和认识如何发挥国内超大规模市场优势,推动国内大循环发展改革具有重要的现实指导意义。最后,全世界范围内,不同国家(尤其是落后地区)存在不一样的扭曲现象,会对要素空间配置产生影响,进而影响结构转型和经济增长。本章提供来自中国的证据,中国是世界上最大的发展中国家，存在城市间政策制度或扭曲阻碍要素流动，为探索城市间要素配置如何影响结构转型提供理想场所。

5.2 空间一般均衡理论分析

要素流动障碍是发展中国家常见的制度障碍，中国同时存在土地供应的空间错配和劳动力流动障碍，尤其是后工业化发展阶段，城市间的要素市场障碍对中国经济发展的影响作用越大。为了分析城市间要素配置对于中国经济结构、人均收入和地区间收入差距等的影响，本章将空间经济学和结构转型研究相结合，在空间一般均衡框架中引入非位似（non-homothetic）偏好、人口流动障碍和土地供应政策等。本章在 Parente 等（2000）、Rogerson（2008）、Herrendorf 等（2014）以及 Henkel 等（2019）的基础上构建空间一般均衡模型来反映结构转型和经济增长，并对其进行校准以匹配中国 2010 年的产业结构和地区差异。

具体而言，我们假设模型中存在两类城市：大城市（city，记为 c）与小城市（town，记为 t），其数量分别为 1 和 N。①每个城市生产两个部门的商品：服务品（记为 S 商品）和货物商品（记为 G 商品，包含制造品和农产品），其中 S 商品不可跨地运输，而 G 商品可自由贸易。两种商品的生产需要用到劳动力和土地，而每个城市各部门的土地供应由土地供应政策决定。首先，整个经济有一单位的劳动力，这些劳动力具有相同的人力资本和效用函数。然而，不同城市之间存在劳动力流动障碍：小城市出生的劳动者可以自由前

① 在后面会进一步讨论考虑了城市异质性的影响，发现主要结论仍然稳健。

往其他小城市工作,但如果要前往大城市,就会面临效用损失(以刻画非户籍人口在大城市受到的公共服务差别待遇等)。大城市出生的人口则可以自由前往小城市。同时,我们假设在城市内部,劳动者可以自由选择任一部门就业。其次,不同部门、地区的技术差异。部门间生产率的差异会使劳动力在部门间配置,即规模效应。土地供应空间错配和劳动力流动障碍会影响收入效应和规模效应。

5.2.1　厂商行为

企业在大城市与小城市之间选址 $j \in \{c, t\}$,不同地方厂商都能生产 G 和 S 商品($i \in \{S, G\}$)。企业产出受规模效应和生产技术影响,假设存在一个代表性企业,生产函数表示为 $Y_{i,j} = \zeta(L)_{i,j} A_{i,j} T_{i,j}^{\beta} L_{i,j}^{1-\beta}$。其中,$T_{i,j}$ 是土地要素投入;$L_{i,j}$ 是劳动要素投入;$A_{i,j}$ 是该企业的外生技术水平,$\zeta(L)_{i,j}$ 刻画了部门生产的规模效应,由参数 $\zeta_{i,j}$ 和 j 城市人口规模 L_j 共同决定,$\zeta(L)_{i,j} = \zeta_{i,j} L_j^{\gamma}$。[①]为方便后文标记,定义 $\zeta(L)_{i,j} A_{i,j}$ 为生产的部门规模技术效应。因此,企业的利润最大化问题为:

$$\max_{(T_{i,j}, L_{i,j})} \pi_{i,j} = P_{i,j} Y_{i,j} - w_{i,j} L_{i,j} - r_{i,j} T_{i,j} \tag{5.1}$$

其中,$w_{i,j}$ 是 j 城市 i 部门的工资水平;由于劳动者可以在部门间自由择业,因此一个城市内的工资没有部门差异(简记 w_j)。[②]$r_{i,j}$ 是土地租金;我们允许租金在部门间存在差异,假设 G 部门土地租金 $r_{G,j} = r_j$,S 部门土地租金为 $r_{S,j} = \Delta_j r_j$,其中 Δ_j 刻画了地方政府政策对部门土地租金的扭曲。[③]

---

① 这与 Allen 和 Arkolakis(2014)以及 Henkel 等(2021)等的假设一致。

② 根据 2002—2015 年《中国统计年鉴》按行业统计的城镇单位就业职工的平均工资,第二产业和第三产业的平均工资差异较小。

③ 根据 2010—2016 年的微观地块交易数据,在控制了年份虚拟变量、城市虚拟变量、出让土地到市中心距离、出让地块面积等变量后,商业用地价格仍显著高于工业用地价格。

$P_{i,j}$ 是 j 城市 i 部门产品价格。由于 G 商品可自由贸易,因此不同城市的 G 商品价格相同,我们将它标准化为 $P_G = 1$。

同时,我们假设城市内的部门土地供应由地方政府外生决定,并定义 $\frac{T_{S,j}}{T_{G,j}} = Q_j$。[①]因此,给定城市的劳动力数量和土地供应,结合企业决策的一阶条件,我们可以得出 j 城市的要素价格水平:

$$r_j = \beta A_{Gj} \zeta(L)_{Gj} \left(\frac{1 + Q_j \Delta_j}{1 + Q_j}\right)^{\beta - 1} T_j^{\beta - 1} L_j^{1 - \beta} \tag{5.2}$$

$$w_j = (1 - \beta) A_{G,j} \zeta(L)_{G,j} \left(\frac{1 + Q_j \Delta_j}{1 + Q_j}\right)^{\beta} T_j^{\beta} L_j^{-\beta} \tag{5.3}$$

式(5.3)的经济含义为:企业的技术水平、城市的规模效应和土地供应越多,工资越高;城市劳动力数量越多,工资越低;部门土地租金差异 Δ_j 越大或部门土地供应比率 Q_j 越大,工资也越高。类似地,我们可以得到式(5.2)的经济含义:企业的技术水平、城市的规模效应和劳动力数量越多,土地租金越高;城市的土地供应越多,土地租金越低;部门土地租金差异越大,土地租金越低。工资和土地租金共同决定了消费偏好里的可支配收入和城市间的收入差异。

5.2.2 消费偏好

定义消费偏好参数为 α,反映代表性个体对不同商品的偏好。α 越大对 G 商品偏好越大;反之,对 S 商品偏好越大。从 $d \in \{c,t\}$ 城市流向 $j \in \{c,t\}$ 城

---

① 在中国,地方政府在土地的跨部门配置中起了决定作用。

市的劳动者①在 G 商品和 S 商品的消费上有相同的偏好:

$$U_{jd} = (G_{jd} - \bar{G})^{\alpha} (S_{jd})^{1-\alpha} \qquad (5.4)$$

其中,G_j 是对 G 商品消费数量,$\bar{G} > 0$ 是维持生存的 G 商品消费数量,S_j 是对 S 商品消费数量。式(5.4)反映所有个体具有相同的非位似消费偏好的 Stone-Geary 效用函数②,随着收入水平增加,不同商品消费的配置结构会变化,对 S 商品的收入需求弹性更大。③

劳动者可以在不同城市流动,流动成本定义为 $\tau_{jd} \geqslant 1$,小城市出生的劳动者如果流向大城市的效用损失为 $\tau_{ct} = \tau > 1$。因此,劳动者的实际效用水平表示为 U_{jd}/τ_{jd}。此外,与 Tombe 和 Zhu(2019)、Hao 等(2020)以及钟粤俊等(2023)的做法一致,一个城市的土地租金收入平均分配给户籍常住人口,而流动人口无法获得转移支付,定义 Z_{jd} 为转移支付,且 $Z_{ct} = 0$。因此,各城市劳动者的居民收入为:$I_{jd} = w_j + Z_{jd}$,$j \in \{c, t\}$,$d \in \{c, t\}$。劳动者选择 G 商品和 S 商品最大化自身效用水平:

$$\max_{(G_{jd}, S_{jd})} \frac{(G_{jd} - \bar{G})^{\alpha} (S_{jd})^{1-\alpha}}{\tau_{jd}} \qquad (5.5)$$

---

① 存在三类劳动者:大城市户籍人口留在大城市,小城市户籍人口迁移到大城市,小城市户籍人口留在小城市;本部分不考虑大城市户籍人口迁移到小城市的情况。现实中,不同城市之间会有人口相互流动,比如大城市户籍人口流动到小城市,小城市户籍人口流动到大城市。但本部分考察的是代表性城市,根据人口普查数据,大城市往往是人口净流入城市,所以这里假设人口只会从小城市迁移到大城市。后面的拓展模型允许大小城市人口间的双向流动。

② 维持生存的商品消费 $\bar{G}$ 使代表性家庭对 G 商品的消费量不低于 $\bar{G}$,这部分消费不形成效用,只有非生存的 G 商品消费部分才形成效用。在包含农业、制造业和服务业商品消费结构下,偏好函数变为 $\theta_a \ln(c_a^i - \bar{c}_a) + \theta_m \ln(c_m^i) + \theta_s \ln(c_s^i + \bar{c}_s)$。Stone-Geary 效用函数假定家庭有一部分自我提供的服务消费 $\bar{c}_s$,也可能是由于家庭的劳动力本身具有某种服务技能,自我提供服务消费的能力。由于自我提供服务可以替代购买服务,可以形成效用。由于本章主要分析城市间的关系,无需进一步区分 G 商品里的农产品和制造品消费的差异。

③ 虽然个体偏好没有考虑住房消费,但是地租在一定程度上反映土地对个体的影响,因为地租转换为企业成本和转移支付发放给代表性个体。

约束条件:

$$(G_{jd}-\bar{G})+P_{S,j}S_{jd}=I_{jd}-\bar{G} \tag{5.6}$$

根据效用最大化的一阶条件我们得到:

$$\frac{S_{jd}}{G_{jd}-\bar{G}}=\frac{1-\alpha}{P_{S,j}\alpha} \tag{5.7}$$

根据式(5.6)和式(5.7)求解 S_{jd}:

$$S_{jd}=\frac{1}{P_{S,j}}(1-\alpha)(w_j+Z_{jd}-\bar{G}) \tag{5.8}$$

这表明服务消费偏好$(1-\alpha)$越强、工资(w_j)越高和转移支付(Z_{jd})越高,对 S 商品消费越多;维持生计所需的消费$(\bar{G})$越高、服务消费价格$(P_{S,j})$越高,对 S 商品消费越少。大城市由于工资更高,生产率更大带来服务消费价格相对较低,所以其居民对 S 商品消费越高。

5.2.3 空间一般均衡

经济中的空间一般均衡由要素和商品价格、要素结构配置、产出和消费等共同决定,即要素市场满足供需均衡、商品市场满足消费-生产均衡、移民个体和小城市个体效用水平相同。

1. 要素市场出清

劳动力供给和需求均衡。小城市数量为 N,大城市数量为 1;总体劳动力需求数量 $L=NL_t+L_c$,L_t 为各小城市的常住人口,L_c 为大城市常住人口;大城市户籍常住人口数量 H_{cc}、每个小城市流动人口数量 H_{ct} 和小城市户籍常住人口数量 H_{tt},代表性小城市是人口流出地,其常住人口等于户籍常住人口。劳动力满足供给-需求均衡：$L_c = NH_{ct} + H_{cc}$ 和 $NL_t = NH_{tt}$。

土地市场供给和需求均衡。各城市土地市场满足供给-需求均衡：$T_{G,c} + T_{S,c} = T_c$ 和 $T_{G,t} + T_{S,t} = T_t$。给定总土地供给 $T = T_c + NT_t$ 和转移支付规则，城市内部的土地租金收入和转移支付满足：$r_{G,c}T_{G,c} + r_{S,c}T_{S,c} = H_{cc}Z_{cc}$，$r_{G,t}T_{G,t} + r_{S,t}T_{S,t} = H_{tt}Z_{tt}$。[①]

2. 商品市场出清

商品市场出清。G 商品可贸易，允许地区间转移运输，满足整体均衡，S 商品不可贸易，本地生产和消费，满足各地内部均衡。[②]G 商品和 S 商品的产出和消费均衡：

$$Y_G = Y_{Gc} + NY_{Gt}$$
$$Y_G = G_c H_c + NG_m H_m + NG_t H_t \tag{5.9}$$

$$Y_{St} = S_{tt} H_{tt}$$
$$Y_{Sc} = S_{cc} H_{cc} + NS_{ct} H_{ct} \tag{5.10}$$

3. 流动人口在大小城市的效用无差异

从 d 城市流向 j 城市的劳动者的间接效用或实际收入为：$V_{jd} = \dfrac{I_{jd} - \bar{G}}{P_{S,j}^{1-\alpha}}$。[③] 劳动者跨城市迁移会面临效用损失 τ，故跨城市迁移劳动者自身福利水平表示为 V_{ct}/τ。当流动人口个体和小城市户籍常住人口个体的效用水平相同

---

① 政府分配大小城市土地供给，资源禀赋和厂商生产决定地租，政府收取地租并通过转移支付补贴给代表性个体。

② 服务业发展主要以大城市发展为主，仅少部分服务业对规模的依赖程度较弱。例如，部分快递公司在人口密度较小的地方设立厂房，但是这些地方依旧是靠近大城市及其核心城区。另一方面，如果大城市的服务业可以销售到小城市，则本书大城市对结构转型和经济增长的影响效应被低估。

③ 各城市劳动者对部门产品的消费支出为：$P_{Sj}S_{jd} = (1-\alpha)(I_{jd} - \bar{G})$ 和 $G_{jd} = \alpha(I_{jd} - \bar{G}) + \bar{G}$。

时,达到流动人口均衡,即:

$$V_{tt} = V_{ct}/\tau \tag{5.11}$$

5.2.4 整体社会福利

社会福利函数将个人福利的总和定义为社会福利,以效用水平大小表示个人福利水平高低,则社会福利就是个人福利函数的加总。为方便分析,本章用劳动者计算的间接效用函数加和度量整体社会福利 W:

$$W_{jd} = V_{jd}H_{jd}/\tau_{jd} \quad j \in \{c, t\}, d \in \{c, t\}$$
$$W = NH_{tt}V_{tt} + NH_{ct}V_{ct}/\tau + H_{cc}V_{cc} \tag{5.12}$$

5.2.5 政策影响的定性分析

本章的模型可以用来讨论相关制度和政策对要素空间配置、城市间收入差异和社会福利等的影响。在这里,我们展示劳动力流动障碍的相关影响,其他制度或政策变化(例如城市间土地供应政策等)可作类似讨论。

根据劳动者效用最大化条件、劳动力市场出清、空间均衡条件等,我们可以得出劳动力流动障碍对各地工资和劳动力供应的影响: $\frac{\partial w_c}{\partial \tau} > 0$; $\frac{\partial w_t}{\partial \tau} < 0$; $\frac{\partial L_t}{\partial \tau} > 0$ 和 $\frac{\partial L_c}{\partial \tau} < 0$。[①]综上,我们得到如下推论:

推论 1:劳动力流动障碍越小,流动人口或大城市常住人口越多,小城市

---

① 具体推导参见本章附录 5.A.2。

常住人口越少，大城市的工资更低，小城市工资越高。降低迁移成本，有利于实现在人口流动中走向城市间收入均等。

根据社会福利的定义，我们可以得到劳动力流动障碍对福利的影响：

$$\frac{\partial W}{\partial \tau} = \frac{N(H_{tt}+H_{ct})}{P_{S,t}^{1-\alpha}} \frac{1}{1-\beta} \frac{\partial w_t}{\partial \tau} + \frac{H_{cc}}{P_{S,c}^{1-\alpha}} \left[1 - \frac{1-(\beta-\gamma)}{\beta-\gamma} \frac{\beta}{1-\beta} \frac{L_c}{H_{cc}}\right] \frac{\partial w_c}{\partial \tau} < 0$$

当劳动力流动障碍增大后，等式右端第一项表明小城市户籍常住人口和流动人口的福利下降。其中，小城市户籍常住人口福利下降是工资下降导致，流动人口福利下降直接由劳动力流动障碍提高导致。等式右端第二项表明，劳动力流动障碍增大后，大城市户籍人口的总福利也下降，其工资上升被土地溢价下降抵消。综上，我们得到如下推论：

推论 2：劳动力流动障碍下降后，社会福利水平会提升，其中，小城市居民、流动人口和大城市居民的福利均上升。

结构转型理论和经验研究表明，人均收入提高后，服务业在宏观经济中的作用越来越重要。在新发展阶段，大城市由于人均收入和人口规模更高，更适合发展服务业，因此在宏观经济中的作用也会变大。为对比不同发展阶段下的差异，我们保持其他条件不变，使所有城市-部门的全要素生产率按相同的比例增加，然后讨论劳动力流动成本变化的影响。我们发现，工资和福利受 τ 的影响 $\left(\frac{\partial w_c}{\partial \tau}、\frac{\partial w_t}{\partial \tau} 和 \frac{\partial W}{\partial \tau}\right)$ 会随着全要素生产率增大而变大（比如，随着全要素生产率增加，$\frac{\partial w_t}{\partial \tau}$ 的绝对值会变大）。也就是说，在新发展阶段，减少劳动力流动障碍将更有利于释放结构红利。

推论 3：随着生产率的提高，改善城市间劳动力配置更有利于释放结构红利。

5.3 城市间人口与土地配置的量化分析

5.3.1 参数校准

本章以 2010 年作为基准经济(benchmark economy)[1],本小节对模型参数进行校准,以使其模拟计算的大小城市的服务业就业和 GDP 占比结构、大城市移民占比、大小城市工资差异等特征事实同 2010 年中国城市的实际统计数据保持一致。我们将 G 商品的相对价格标准化为 1,小城市的 G 商品和 S 商品的规模技术效应标准化为 1。校准参数说明和数值如表 5.1 所示,下面给出具体的校准过程:

1. 要素禀赋参数

根据 2010 年全国人口普查数据,有 21 个城镇常住人口超过 500 万的大城市,有 316 个城镇常住人口不足 500 万的小城市。[2]本章将大、小城市的数量标准化为 1:15。

首先,大小城市的劳动力禀赋根据户籍人口计算。由于常住人口包括城乡移民,为更好反映城市人口禀赋,本章用非农户籍人口度量城市人口规模,根据 2010 年全国人口普查非农户籍人口计算大城市非农户籍人口占比 $H_{cc}=22.5\%$,小城市非农户籍人口占比 $H_{tt}+H_{ct}=77.5\%$。其次,本章用

---

① 由于 2010 年进行了第六次全国人口普查,和人口统计相关的指标在 2010 年最准确;城镇住户调查数据只统计到 2009 年,因此,2010 年前后的数据是我们目前能获得的较全面的数据。

② 21 个大城市包括:上海市、东莞市、佛山市、北京市、南京市、哈尔滨市、天津市、宁波市、广州市、成都市、杭州市、武汉市、沈阳市、深圳市、温州市、石家庄市、苏州市、西安市、郑州市、重庆市、青岛市。小城市包括 120 个 100 万以下城镇常住人口的城市和 196 个 100 万—500 万城镇常住人口城市。

地区城镇常住人口减去非农户籍人口度量外来移民人口数量，用地区外来移民人口数量占总人口数量度量移民率。根据 2010 年全国人口普查数据，大城市移民占总城镇常住人口比重 H_a 为 14.8%。[①]因此，大城市常住人口占城镇常住人口的比重为 37.3%。

根据《中国城市统计年鉴》和《中国国土资源统计年鉴》计算 2010 年大小城市土地供应占比，以反映土地禀赋，表 2A.1 表明，2010 年大城市土地供应存量占比约为 28%，小城市土地供应存量占比约为 72%。最后，计算了城市内部跨部门的土地市场扭曲参数：(1)根据 2012 年国土资源调查和 2010 年《中国国土资源统计年鉴》，全国的服务业用地与工业用地存量比值均为 $Q=0.25$。(2)根据 2010—2016 年的微观地块交易数据，在控制了年份虚拟变量、城市虚拟变量等后，商业用地价格与工业用地价格的比值为 $\alpha=3.4$。

2. 文献引用参数

Rosenthal 和 Strange(2004)指出，大量的经验研究发现人口规模增加 1 倍，全要素生产率增加 5% 左右，即人口规模对全要素生产率的弹性为 0.05，本章的规模技术效应 $\zeta_{ij}L_j^\gamma A_{ij}$ 里的 γ 反映为人口规模对规模技术的弹性，故取 $\gamma=0.05$。[②]Hsieh 和 Moretti(2019)指出美国城市生产用地的土地收入份额是 10%—18%，本章取 $\beta=0.18$。[③]敏感性分析部分替换其他 β 数值进行校

[①]　2010 年全国人口普查的总城镇常住人口数量是 6.65 亿。其中，大城市非农户籍人口 1.50 亿(=6.65×0.225)，大城市移民人口 0.98 亿(=6.65×0.148)。

[②]　其他相似的研究包括：Allen 和 Arkolakis(2014)以及 Henkel 等(2019)。关于中国全要素生产率的研究中，常把地区人口规模作为控制变量进行控制，关心行政等级等对全要素生产率的影响，鲜有关于中国的人口规模和全要素生产率关系的直接研究，因为这类研究会面临反向因果和样本选择导致的内生性问题，李静等(2014)和孔令乾等(2019)利用工业企业数据库计算中国的人口规模对制造业的全要素生产率的弹性范围为 0.5%—10%。

[③]　Hsieh 和 Moretti(2019)的生产函数除了包含劳动力要素和土地要素外，还包含资本要素。关于中国的土地收入份额的研究，Adamopoulos 等(2022)则指出中国农业用地的土地收入份额是 0.36，但是他们并未在非农业部门生产函数里包含土地要素，因此，本书的土地收入份额的参数借鉴 Hsieh 和 Moretti(2019)。

准,结论相似。

3. 联合校准参数

我们将小城市的 G 商品和 S 商品的生产率标准化为 1,这样,模型里仍有五个待校准参数:$A_{Gc}\zeta_{Gc}$、$A_{Sc}\zeta_{Sc}$、α、$\bar{G}$、τ。这些参数值由联合校准确定,通过调整这些参数值,使得模型中的五个重要变量与 2010 年的数据保持一致。但是在直觉上,我们仍可以建立单个参数与变量之间的对应关系。第一,要素价格决定方程表明,生产规模技术决定工资。因此,我们选择 $A_{Gc}\zeta_{Gc}$,使模型产生的大小城市的工资差异与数据相符,校准得到 $A_{Gc}\zeta_{Gc} =$ 1.60。第二,给定城市间的就业人口信息和大小城市劳动者的消费偏好无差异。我们选择效用函数的两个值 α 与 $\bar{G}$,使模型计算的大城市、小城市的部门就业人口份额同数据相符,校准得 $\alpha=0.24$ 与 $\bar{G}=0.426$。第三,人口流动均衡时,流动人口和小城市户籍常住人口的效用水平相同。我们选择 τ,使模型计算的流动人口和实际流动人口数量相符,校准得到 $\tau=1.93$;第四,均衡时,模拟计算的大城市的服务业产出占比和 2010 年大城市服务业 GDP 占比(总 GDP 标准化为 1)相同。我们选择 $A_{Sc}\zeta_{Sc}$,使模拟计算的大城市服务业产出占比与 2010 年大城市服务业 GDP 占比相符,校准得 $A_{Sc}\zeta_{Sc}=1.98$。①

表 5.1 参数校准

参数变量	数值	说明(target)
Panel A:禀赋参数		
T_c	0.280	大城市土地供应份额
NT_t	0.720	小城市总的土地供应份额

---

① 考虑到可用于校准参数的条件(moment)并不唯一,更换其他的校准条件进行敏感性分析。例如,第二步,大小城市代表性个体的消费偏好无差异条件。由于有大和小两类城市,不论用哪类城市计算的消费偏好无差异的结果都相同。第四步,可以用大城市的服务业产出计算规模技术,也可以通过城市服务业占比计算服务业规模技术,得出的结论相似。

续表

参数变量	数值	说明(target)
Panel A:禀赋参数		
L_c	0.225	大城市户籍劳动力供应份额
NL_t	0.775	小城市户籍总的劳动力供应份额
(Δ_c, Δ_t)	(3.4, 3.4)	部门土地租金差异
(Q_c, Q_t)	(0.25, 0.25)	部门土地供给数量
Panel B:文献引用参数		
β	0.180	土地收入份额
γ	0.050	人口规模对技术水平的弹性
Panel C:数据校准参数		
$(A_{Gc}\zeta_{Gc}, A_{Sc}\zeta_{Sc})$	(1.60, 1.98)	大城市 G 商品和 S 商品生产规模技术效应
$(A_{Gt}\zeta_{Gt}, A_{St}\zeta_{St})$	(1, 1)	小城市 G 商品和 S 商品生产规模技术效应(标准化处理)
α	0.24	G 商品消费偏好
$\overline{G}$	0.426	维持生计的 G 商品消费
τ	1.93	劳动力流动障碍

资料来源:作者整理计算得到。

5.3.2　校准基本结果

校准后的模型模拟计算的结果可以和 2010 年大小城市的事实特征保持一致,表 5.2 给出具体数值比较。其中,第(1)—(2)列给出主要变量的真实值和模拟值;第(3)列给出对应的变量是否是校准的目标。可以发现,无论是否校准目标,校准模型产生的流动人口份额、大小城市工资比值、部门GDP 和就业结构等重要变量,均与真实数据接近,表明校准模型能良好拟合 2010 年中国经济的主要特征事实。

表 5.2 真实数据与校准模拟数据对比

变量说明	真实数据 (data)	模拟数据 (model)	是否校准 (moments)
编　　号	(1)	(2)	(3)
大城市移民占比(%)	14.80	13.66	Yes
大城市/小城市工资	1.65	1.64	Yes
城市整体服务业就业占比(%)	46.70	46.75	No
大城市服务业就业占比(%)	55.05	55.07	Yes
小城市服务业就业占比(%)	41.68	41.58	Yes
城市整体服务业 GDP 占比(%)	47.90	48.40	No
大城市服务业 GDP 占比(%)	55.05	55.07	Yes
小城市服务业 GDP 占比(%)	41.68	41.58	No

注:城市整体服务业就业占比=城市整体服务业就业/城市整体就业;大城市服务业就业占比=大城市服务业就业/大城市整体就业;城市整体服务业 GDP 占比=城市整体服务业 GDP/城市总 GDP;大城市服务业 GDP 占比=大城市服务业 GDP/大城市整体 GDP。

资料来源:作者计算整理。虽然城市内部的 GDP 和就业结构相同,但是整体 GDP 和就业结构有差异。

5.3.3　降低劳动力流动障碍的影响

本部分讨论劳动力流动障碍 τ 变化的影响。表 5.3 中的反事实模拟结果表明: τ 下降会增加大城市人口规模和缩小大小城市间的实际工资水平、部门 GDP 和就业结构差异,增加整体服务业发展、社会总产出和总福利,具体讨论如下。

首先,大城市流动人口占比的反事实模拟结果表明,随着 τ 下降,大城市流动人口份额和常住人口均增加,大城市的规模技术效应加大,小城市常住人口下降。当 τ 降到 1.7 时,大城市的流动人口占比上升 9.7 个百分点,达到

表 5.3　劳动力流动障碍变化的反事实模拟

变量说明	基准模拟数据 迁移成本为 $\tau=1.93$	反事实模拟 1 迁移成本降为 $\tau'=1.85$	反事实模拟 2 迁移成本降为 $\tau''=1.78$	反事实模拟 3 迁移成本降为 $\tau'''=1.70$
编　　号	(1)	(2)	(3)	(4)
大城市流动人口占比(%)	13.66	17.15	20.13	23.42
大城市/小城市工资	1.64	1.60	1.56	1.52
整体服务业就业占比(%)	46.75	47.47	48.11	48.82
整体服务业 GDP 占比(%)	48.40	48.97	49.46	50.00
总 GDP 水平(基准标准化为 1)	1.000	1.024	1.045	1.069
总福利水平(基准标准化为 1)	1.000	1.022	1.044	1.072

　　资料来源:作者计算整理。基准模拟数据是指 2010 年用表 5.1 校准模型模拟的数值。为方便比较,总 GDP 水平(基准标准化为 1)是指将基准模拟数据的总 GDP 标准化为 1,1.050 是指劳动力流动障碍下降 10 个百分点后的总 GDP 水平除以基准模拟数据 GDP;总福利水平(基准标准化为 1)是指基准模拟数据的总福利水平标准化为 1。在给定其他条件不变时,τ 的变化范围已经被决定,因此 τ 有个最低水平,当 $\tau=0.54$ 时,τ 进一步下降不会带来人口规模、工资差异等的变化。

23.4%,此后,随着 τ 下降,大城市流动人口份额不会继续增加。因为给定技术水平和资源禀赋等条件,当大城市人口达到一定规模,大城市对小城市本地居民的吸引力会下降,即使 τ 进一步下降,人口规模不会变化,因为迁移成本下降的同时会带来城市间收入差异的下降。这里有两个方向相反的作用力,一方面,城市间收入差异下降会减少流动人口;另一方面,迁移成本下降会增加流动人口,两者相互抵消。

　　随着大城市常住人口增加,工资下降,而小城市常住人口下降,工资上升。在表 5.3 中我们看到,随着 τ 下降,大小城市的工资差异在减少。当 τ 降到 1.7 时,城市间的工资差异缩减为 1.52,下降 7.3%。[①]

　　同时,随着 τ 下降,城市整体服务业就业和 GDP 占比均上升。当 τ 降到

---

　　①　如果将名义工资替换为实际工资,降低迁移成本后城市间的工资差异会下降 7.5%。

1.7 时，整体服务业就业占比上升 2.1 个百分点；整体服务业 GDP 占比上升约 2 个百分点。因为大城市服务业占比高于小城市，流动人口进入大城市比在小城市有更大概率从事服务业生产，故整体服务业比重随着流动人口增加而上升。而随着 τ 下降，整体 GDP 产出水平和社会福利水平均上升。当 τ 降到 1.7 时，总 GDP 水平上升 6.9%，整体社会福利水平上升 7.2%。

最后，我们考虑不同发展水平下，降低迁移成本的影响有何不同。我们保持其他条件不变，将所有城市-部门的全要素生产率提高 25%，然后让城市间迁移成本逐步下降。反事实分析结果表明，随着收入水平提高，降低迁移成本将带来大城市流动人口占比增加 11.88 个百分点，实际 GDP 增长 8.5 个百分点，均大于第（4）列的结果。

5.3.4　城市间土地供应改革的影响

图 1.2 表明，在中国既有的土地供应政策下，大城市土地供给份额逐年下降，但其人口份额上升，中国存在土地供应空间错配。本小节将讨论土地供应制度改革对经济发展的影响，给定全国土地供应总量，增加大城市土地供应，降低土地供应空间错配现状的反事实分析。[①]

首先，本小节将 2010 年作为基准，此时大城市的土地供应存量占全国比重为 28%（记为 Baseline，$T_c = 0.28$）。其次，2005—2010 年大城市土地供应存量占比平均为 30%，将大城市土地供应占比增加 2 个百分点至 30%，而小城市土地供应占比相应减少为 70%，即大城市土地存量供给增加 7.1%，将

---

① 有必要说明的是，因为中国同时存在整体建设用地供应过大和地区间建设用地供应结构扭曲并存的现象，所以前面第 3 章表明中国应减少对城市整体的建设用地供应，本章主要对土地供应结构存在空间错配进行分析。

此作为第一组土地供应改革（记为 $Land\ Reform\ 1$，$T'_c = 0.30$）。最后，2003—2010 年大城市土地供应存量占比最高为 32%，当大城市土地供应占比变为 32%，小城市土地供应占比减少为 68%，即大城市土地存量供给增加 14.2%，将此作为第二组土地供应改革（记为 $Land\ Reform\ 2$，$T''_c = 0.32$）。表 5.4 给出保持其他条件不变的情况下，上述三种不同土地供应制度与整体经济发展、产业结构和区域差异的关系。整体来看，增加大城市的土地供应，会有更多人口流动到大城市，整体服务业 GDP 和就业占比上升，总产出和社会总福利水平也会增加。

表 5.4　土地供应制度政策的反事实模拟

变量说明	基准模拟数据 $T_c = 0.28$	土地改革 1 模拟 $T'_c = 0.30$	土地改革 2 模拟 $T''_c = 0.32$
编　号	(1)	(2)	(3)
大城市流动人口占比（%）	13.66	15.95	18.09
大城市/小城市工资	1.64	1.64	1.65
整体服务业就业占比（%）	46.75	47.23	47.70
整体服务业 GDP 占比（%）	48.40	48.89	49.37
总 GDP 水平（基准标准化为 1）	1.000	1.020	1.041
总福利水平（基准标准化为 1）	1.000	1.017	1.034

资料来源：作者计算整理。为方便比较，总 GDP 水平（基准标准化为 1）是指将基准模拟数据的总 GDP 标准化为 1；总福利水平（基准标准化为 1）是指基准模拟数据的总福利水平标准化为 1。增加大城市的土地供应改革会扩大城市间收入差异，因为式（5.3）表明工资收入与地区土地供应正相关，增加大城市土地供给会增加大城市工资收入。

有必要说明的是，在大小城市的收入差异没有变化，劳动力流动障碍不变的情况下，增加大城市的土地供应改革对社会总福利水平的促进作用不大，因为给定其他条件不变的情况下，社会总福利水平取决于人口空间分布和可支配收入水平（工资和转移支付决定），增加大城市土地供应后，迁移到大城市的人口会增加，根据式（5.2）和式（5.3），土地供应和人口规模对工资和地租的作用方向相反，土地和人口要素变化导致土地租金、转移支付和工资水平变化，但总的变换效应可能被两个不同方向的作用所抵消，故土地供应调整对整体社会福利水平的变化较小。

5.3.5　劳动力和土地市场共同改革的影响

在本小节，我们将同时降低劳动力流动障碍，增加大城市土地供应，量化分析同时改革对城市间要素配置、经济结构、产出、区域差异和社会福利等的影响。表 5.5 表明共同改革可以更大幅度提升服务业发展、增加总产出和社会福利。其中，第(1)列是基准模型模拟的结果(T_c＝0.28 和 τ＝1.93)；第(2)—(4)列是大城市土地供应增加 7.1％(土地改革 1)，分别给出 τ'＝1.85，τ''＝1.78，τ'''＝1.70 的双改革反事实模拟结果；第(5)列是大城市土地供给增加 14.2％(土地改革 2)且 τ'''＝1.70 的双改革反事实模拟结果。

首先，在其他条件不变的情况下，同时增加大城市土地供应和降低劳动力流动障碍，大城市的常住人口增长将更快，当大城市的流动人口占比上升到 24％左右便不再进一步随着改革而继续提升。换句话说，在畅通生产要素的国内大循环的均衡状态下，中国的大城市人口占全国人口比重会达到稳定值。值得注意的是，这时中国大城市人口比重会提升约 5 个百分点，接近和美国同样发展水平阶段下的大城市化率。①

其次，对比表 5.3、表 5.4 和表 5.5，城市间工资差异的下降和社会总福利水平上升主要通过降低劳动力流动障碍起作用。在保证其他条件不变的情况下，同时增加大城市土地供应和降低劳动力流动障碍，城市整体服务业占

---

① 2010 年中国的城市化率约为 50％，当大城市人口占城镇人口比重提升 10 个百分点时，全国的大城市化率会提升约 5 个百分点。

比会进一步上升,增长 2 个百分点以上;城市整体 GDP 产出会上升约 8%,
社会福利水平会增加约 9%。共同改革效应大于分项改革效应。

最后,对比表 5.5 第(4)列和第(5)列,大城市土地供应增加和劳动力流
动障碍降低会使大城市服务业比重、总产出和社会福利水平进一步提升。
因为大城市土地供应增加带来大城市土地租金支出下降,劳动力需求增加,
工资小幅上升,工资的变化带来收入效应驱动经济增长与结构转型,同时大
城市的服务业产出也会随着要素的增加而直接增加。

表 5.5　要素市场共同改革的反事实模拟

变量说明	基准模拟数据 $T_c=0.28$ $\tau=1.93$	双改革模拟 $T_c'=0.30$ $\tau'=1.85$	双改革模拟 $T_c'=0.30$ $\tau''=1.78$	双改革模拟 $T_c'=0.30$ $\tau'''=1.70$	双改革模拟 $T_c''=0.32$ $\tau'''=1.70$
编　号	(1)	(2)	(3)	(4)	(5)
大城市流动人口占比(%)	13.66	19.30	22.15	24.26	24.10
大城市/小城市工资	1.64	1.60	1.57	1.55	1.57
整体服务业就业占比(%)	46.75	47.96	48.60	48.85	48.86
整体服务业 GDP 占比(%)	48.40	49.46	49.93	50.11	50.22
总 GDP 水平(基准标准化为 1)	1.000	1.045	1.066	1.074	1.079
总福利水平(基准标准化为 1)	1.000	1.040	1.063	1.080	1.088

資料来源:作者计算整理。为方便比较,总 GDP 水平(基准标准化为 1)是指将基准
模拟数据的总 GDP 标准化为 1;总福利水平(基准标准化为 1)是指基准模拟数据的总福
利水平标准化为 1。

5.3.6　仅考虑收入效应

收入效应和集聚效应是大城市发展影响结构转型的两个重要的作用机
制。本部分将讨论收入效应(关闭规模效应机制,$\gamma=0$),以及剥离两个效应

分别会在多大程度上影响结构转型和增长。具体地，我们取 $\gamma=0$，然后类似前面表5.1进行参数校准得到：$A_{G,c}\zeta_{G,c}=1.78$，$A_{s,c}\zeta_{s,c}=2.2$，$\alpha=0.24$，$\bar{G}=0.498$，$\tau=1.93$。表5.6第(1)列和第(2)列给出主要变量的真实值和仅考虑收入效应模拟值，校准模型仍能良好地拟合2010年中国经济的主要特征事实。

表5.6的第(3)—(5)列分析了关闭规模效应机制后，要素市场改革的影响。第(3)列给出仅降低劳动力迁移成本的反事实模拟，结果表明：τ 下降会增加大城市人口规模和流动人口数量，提升整体服务业发展，缩小大小城市的实际工资差异。第(4)列给出增加大城市土地供应占比的反事实模拟，结果表明：增加大城市土地供应，会有更多人口流动到大城市、整体的服务业 GDP 和就业占比将上升。第(5)列给出劳动力流动障碍和大城市土地供应同时改革的结果，如果同时进行劳动力和土地要素市场改革，将会有更多人口流动到大城市，整体的服务业 GDP 和就业占比上升，缩小大小城市实际工资差异。

表5.6　仅考虑收入效应的反事实模拟

变量说明	真实数据	基准模拟 $\tau=1.93$ $T_c=0.28$	降迁移成本 $\tau'=1.70$ $T_c=0.28$	土地改革 $\tau=1.93$ $T_c''=0.30$	双改革模拟 $\tau'=1.70$ $T_c''=0.30$
编　　号	(1)	(2)	(3)	(4)	(5)
大城市流动人口占比(%)	14.80	13.12	20.45	14.76	21.89
大城市/小城市工资	1.65	1.65	1.52	1.65	1.52
整体服务业就业占比(%)	46.70	46.64	48.20	47.04	48.61
整体服务业 GDP 占比(%)	47.90	48.28	49.38	48.70	49.79
总 GDP 水平(基准标准化为1)	——	1.000	1.046	1.015	1.062
总福利水平(基准标准化为1)	——	1.000	1.051	1.013	1.067

资料来源：作者计算整理。

仅考虑收入效应的反事实分析结果表明,大城市常住人口规模较表 5.5 第(4)列的结果低 2.4 个百分点;GDP 和社会福利水平增长较表 5.5 第(4)列的结果偏低 1 个百分点。整体来看,收入效应比规模效应的影响大。

5.4　拓展分析

在本部分,我们对基准模型进行扩展,放松了部分假设条件的约束,以更细致地捕捉数据呈现中的特征。具体而言,我们在基准模型的基础上做了如下拓展:(1)G 商品在城市间贸易需付出"冰山型"贸易成本(简称冰山成本)[①];(2)劳动力在任何城市间都可以相互流动(包括从大城市流动到小城市),不同区域的劳动力流动存在成本:出生在 d 城市的劳动者可以前往其他 j 城市,但会面临效用损失;(3)城市间的异质性更为丰富,不仅仅是大小两类城市;(4)考虑住房市场的影响。

5.4.1　理论模型

1. 生产与贸易

每个部门 $i \in \{G, S\}$ 都由许多不同种类的 v 产品构成,$v \in [0, 1]$。每个 j 城市最终使用的 i 部门产品是这些不同种类产品的 CES 加总:

$$Y_{i, j} = \left[\int_0^1 y_{i, j}(v)^{\frac{\varphi_i - 1}{\varphi_i}} \mathrm{d}v\right]^{\frac{\varphi_i}{\varphi_i - 1}} \quad i \in \{G, S\} \tag{5.13}$$

[①]　贸易成本既同自然条件和运输技术相关,又受制度性区域分割影响。在中国转型时期的行政体制之下,往往在辖区边界存在产品和生产要素的流动障碍,导致贸易成本提高(李自若等,2022;才国伟等,2023;陈斌开、赵扶扬,2023)。

其中，$y_{i,j}(v)$ 是 j 城市所使用的 i 部门的产品种类，可以本地生产，也可以从其他城市购买。$Y_{i,j}$ 仅用作最终消费，则 j 城市 i 部门的企业生产 v 产品的生产函数表示为：$y_{i,j}(v) = \zeta(L)_{i,j} \psi_{i,j}(v) L_{i,j}(v)^{1-\beta_i} T_{i,j}(v)^{\beta_i}$，$i \in \{G, S\}$。其中，$j$ 城市 i 部门生产 v 产品的企业对劳动力和土地需求分别为 $L_{i,j}(v)$、$T_{i,j}(v)$。单个企业的生产率由城市-部门的共同生产率 $\zeta(L)_{i,j} = \zeta_{i,j} L_j^{\gamma_i}$ 和企业异质性生产率 $\psi_{i,j}$ 组成。[①]$\psi_{i,j}$ 决定了 j 城市 i 部门每个企业生产技术的差异，它是从 Frechet 分布中独立同分布抽取出来：$F_{i,j}(\psi) = e^{-\Lambda_{i,j}\psi^{-\sigma}}$（$\Lambda_{i,j}$ 是 j 城市 i 部门 ψ 的平均技术水平，σ 反映 ψ 的方差）。

给定生产技术和要素价格，抽取了 $\psi_{i,j}$ 的企业生产 v 产品的单位成本（出厂价格）表示为：$p_{i,j}(v) = \dfrac{w_{i,j}^{1-\beta_i} r_{i,j}^{\beta_i}}{\zeta_{i,j} L_j^{\gamma_i} \psi_{i,j}(v)}$，$i \in \{G, S\}$。同前面设定类似，$S$ 部门不允许跨城市贸易，G 部门允许跨城市贸易，但是跨城市贸易存在贸易成本：如果 j 城市要从 d 城市获得 1 单位 G 部门生产产品，d 城市必须生产 $\mu_{G,jd} \geqslant 1$ 单位（$\mu_{G,jd}$ 为冰山成本）。[②]

因此，j 城市的消费者为 d 城市的产品最终支付的价格将是单位成本乘以贸易成本。来自不同城市的生产 G 部门 v 产品的企业，在 j 城市展开价格上的竞争，而消费者将选择最终支付价格最低的企业。类似 Eaton 和 Kortum(2002) 的做法，如果假设 $\psi_{G,j}$ 服从 Frechet 分布，那么在 G 部门，j 城市从 d 城市进口的份额为：

---

① β_i 为 i 部门的土地收入份额，这里一般化处理，允许有部门差异。如果 $\beta_G = \beta_S = \beta$，则同前面基准模型一样。类似地，$\gamma_i$ 也一般化处理了。

② 允许 S 部门跨城市贸易可以类似分析。

$$\pi_{G,jd} = \frac{\left[\mu_{G,jd} w_{G,d}^{1-\beta_G} r_{G,d}^{\beta_G} / (\zeta_{G,d} L_d^{\gamma_G} \Lambda_{G,d})\right]^{-\sigma}}{\sum_{n=1}^{N} \left[\mu_{G,jn} w_{G,n}^{1-\beta_G} r_{G,n}^{\beta_G} / (\zeta_{G,n} L_n^{\gamma_G} \Lambda_{G,n})\right]^{-\sigma}} \tag{5.14}$$

城市 j 产品 G 的价格为：

$$P_{G,j} = \left[\sum_{d=1}^{N} \left(\frac{\mu_{G,jd} w_{G,d}^{1-\beta_G} r_{G,d}^{\beta_G}}{\zeta_{G,d} L^d \gamma_G \Lambda_{G,d}}\right)^{-\sigma}\right]^{-\frac{1}{\sigma}} \tag{5.15}$$

由于 S 部门产品在城市间不可贸易，城市 j 产品 S 的价格为：$P_{S,j} = \dfrac{w_{S,j}^{1-\beta_S} r_{S,j}^{\beta_S}}{\zeta_{S,j} L_j^{\gamma_S} \Lambda_{S,j}}$。

2. 劳动者

假设产品消费、住房消费和选址偏好共同决定个体劳动者的效用水平：

$$U_{jd} = \epsilon_j (G_{jd} - \bar{G})^{\alpha_G} S_{jd}^{\alpha_S} h_{jd}^{\alpha_h} \tag{5.16}$$

其中，G_{jd} 和 S_{jd} 分别指来自 d 城市个体迁移到 j 城市对 G 商品和 S 商品的消费数量，h_{jd} 是对住房的消费量。消费偏好参数 α_i，$i \in \{G, S, h\}$ 反映劳动者对不同产品的偏好，α_i 越大对 i 消费偏好越大，满足 $\alpha_G + \alpha_S + \alpha_h = 1$。工人可以自由选择居住地以最大化自身福利，工人选址偏好 ϵ_j 满足独立同分布，服从 Frechet 分布 $[F(\epsilon) = e^{-\epsilon^{-\kappa}}$，其中 κ 表示个体偏好方差]。

定义从 d 流向 j 的居民收入为 $I_{jd} = w_j + Z_{jd}$，$s_{G,j} = \dfrac{P_{G,j} G_{jd}}{I_{jd}}$ 是对 G 部门的实际消费份额数据，存在城市差异，则 $P_{G,j} \bar{G} = \dfrac{s_{G,j} - \alpha_G}{1 - \alpha_G} I_j$。[①]劳动者的

---

① 其中，$I_j = (\sum_{d=1}^{N} I_{jd} L_{jd}) / L_j$。

间接效用函数 V_{jd} 表示为:$V_{jd} = \dfrac{1-s_{G,j}}{1-\alpha_G} \dfrac{I_{jd}}{P_{G,j}^{\alpha_G} P_{S,j}^{\alpha_S} r_j^{\alpha_h}}$。定义 M_{jd} 为从 d 流向 j 的个体份额,满足 $\sum_{j=1}^{N} M_{jd} = 1$。个体跨地迁移会面临迁移成本 τ_{jd},流动人口迁移的福利水平为:$\epsilon_j V_{jd}/\tau_{jd}$。由于 ϵ_j 服从 Frechet 分布,均衡时的流动人口份额为:

$$M_{jd} = \frac{(V_{jd}/\tau_{jd})^{\kappa}}{\sum_{j'}(V_{j'd}/\tau_{j'd})^{\kappa}} \tag{5.17}$$

3. 空间一般均衡

经济中达到空间一般均衡时:企业和劳动者分别满足最优化条件、要素和产品市场分别出清。具体的推导计算参见本章附录 5.A.4。

5.4.2 量化分析

本小节将结合中国数据,定量分析畅通国内要素市场对于中国产业结构、经济增长和社会福利的影响。仍以相关数据较完整的 2010 年作为基准时期进行参数校准,使用各城市人均 GDP、城市贸易数据、土地供应数据、消费数据、跨区域人口流动数据等和变化代数运算方法刻画初始均衡,并进行反事实分析。部分代表性变量的变化代数运算过程参见本章附录 5.A.5。在保持其他条件不变的情况下,改变劳动力迁移成本等,计算部门结构、经济增长和社会福利等相关变量如何变化。[1]

表 5.7 给出校准参数数值和定义,具体的计算细节参见本章附录 5.A.6。

---

[1] 类似方法的研究参见:Dekle 等(2007)、Tombe(2015)、Tombe 和 Zhu(2019)、Hao 等(2020)以及钟粤俊等(2023)。这一方法的优点在于,我们只需关注核心变量变化,而不需要估计基期各城市的部门价格和生产率水平等变量。

表 5.7 校准参数与初始均衡变量的定义和数值

参 数	数 值	定 义
$(\alpha_G, \alpha_S, \alpha_h)$	(0.35, 0.45, 0.20)	部门产品或住房消费偏好份额
κ	1.5(Tombe and Zhu, 2019)	区域劳动供给弹性
σ	4(Tombe, 2015)	区域贸易弹性
(β_G, β_S)	(0.25, 0.20)	部门土地要素份额
(γ_G, γ_S)	(0.05, 0.05)	人口规模对生产率的弹性
$s_{G,j}$	根据中国统计年鉴数据计算	城市对 G 商品的实际消费份额
$\bar{T}_j$	第二轮国土资源调查数据计算	城市土地供应存量占全国份额
M_{jd}	根据 2010 年全国人口普查数据计算	城市间迁移人口份额
$\pi_{G,jd}$	根据车流大数据计算	G 部门产品贸易份额
$\bar{L}_d$	根据 2010 年全国人口普查数据计算	户籍人口数据

资料来源:作者计算整理。

表 5.8 给出迁移成本变化的反事实分析结果。实验 1 是指让 2010 年城市间迁移成本下降 40%(城市内部迁移成本不变)的反事实分析结果。结果表明,城市间迁移成本下降后,跨区域流动人口增长 48.6%,实际GDP 和社会总福利分别增长 4.4% 和 12.4%,服务业部门就业占比增长1.32 个百分点,服务业 GDP 和制造业部门 GDP 均得到增长,但服务业部门 GDP 增长更快。进一步地,我们发现,降低迁移成本后,核心大城市的人口流入增加更快;大小城市间工资差异在下降,和基准模型的量化分析结果一致。[①]

实验 2 是指保持其他条件不变,让所有城市-部门的全要素生产率提高

---

① 本小节让迁移成本下降 40% 的原因是此时大城市的流动人口占比增加约 10 个百分点,同前面基准模型的表 5.3 保持一致。

25％作为初始均衡状态，然后让城市间迁移成本下降40％的反事实分析结果。相比于实验1的结果，随着收入水平提高，降低迁移成本带来的增长效应和福利改进效应均更大，服务业、制造业部门GDP增长也更快，即放松对要素的约束所释放的结构红利和社会福利改进效应会更大。

对比表5.8多区域模型和前面基准模型表5.3的反事实分析结果发现，降低要素流动成本均带来了结构转型、经济增长和社会福利增长效应，量化分析结论保持了前后的一致性。

表5.8　不同发展阶段下迁移成本变化的影响

变化	城市间移民增长	实际GDP增长	社会总福利	服务就业占比增长	服务业GDP增长	制造业GDP增长
实验1	48.6％	4.4％	12.4％	1.32个百分点	6.1％	3.3％
实验2	48.6％	5.0％	13.7％	1.32个百分点	6.7％	3.6％

注：城市层面流动人口和迁移成本根据全国人口普查微观数据计算；贸易流和贸易成本数据根据全国层面的车流大数据计算。由于部分中西部城市样本的数据缺失，城市层面的样本仅包括胡焕庸线以东的省、市、区（不包括新疆维吾尔自治区、青海省、西藏自治区、甘肃省、宁夏回族自治区、内蒙古自治区、云南省、海南省、四川省），共171个地级市或直辖市。

5.5　本章小结

在全球范围内，随着人们收入水平提高而产生的服务需求，带来了消费型城市的兴起，人口持续向城市特别是大城市迁移。本章基于结构模型的方法，从城市间的视角研究要素空间配置的增长和结构问题。大小城市服务业发展差异和中国大城市人口占比、土地供应占比偏低是影响整体城市发展的不利因素，进而导致整体服务业发展受抑制，服务业发展不足与消费不足是阻碍国内大循环、国内国际双循环相互促进发展的主要障碍。

本章构建了两部门、"1＋N"地区的空间一般均衡模型，研究城市间要素市场的空间配置效应会如何影响产业结构转型和经济增长。研究显示，畅通城市间的劳动力流动（迁移成本下降 25％）会使大城市流动人口上升约 10 个百分点，服务业在 GDP 中的占比增加约 2 个百分点，城市间服务业发展差异缩小 4 个百分点，总产出和社会福利增加 7％左右，城市间收入差距缩小 7.3％。增加大城市的土地供应（恢复到 2000—2012 年间的最高水平），可使大城市流动人口占比上升，服务业占比增加，社会总产出和福利水平上升。如果同时增加大城市土地供应和畅通城市间劳动力流动可以使整体服务业占比上升 2 个百分点以上，总产出增加 7.9％，社会福利增加 8.8％。进一步将基准模型扩展为考虑城市异质性的多区域模型，上述结论仍然稳健。随着经济发展水平的提高，生产要素空间再配置所产生的效应越来越大。此外，不必担心畅通生产要素的国内大循环会带来大城市的人口无限扩张，事实上，大城市人口会在均衡状态下达到稳定值，相应地，中国的大城市人口占全国人口的比重会提升约 5 个百分点，中国将达到和美国同样发展水平下的大城市化率。

本章的结论具有政策含义。第一，深化户籍改革，重点推进城区常住人口 500 万以上大城市的户籍制度改革。第二，加强人口和土地的空间匹配，在人口持续增长的城市增加建设用地供应，相应可在人口流出地区做建设用地的减量规划和发展。

5.A 附录

5.A.1 规模效应和收入效应

大城市更大的人口规模和更高的人均收入使得大城市的服务业比重往往更高。由于大多数服务业具有不可贸易性,需要面对面进行生产和消费,人口规模对其发展的作用尤其重要(Duranton and Puga,2020;钟粤俊等,2020)。与农产品和制造品相比,服务品有更高的消费需求的收入弹性(Kongsamut et al.,2001;Rachel and Pissarides,2007;Comin et al.,2015),因此,服务业在消费中的占比会随着收入增加而上升。图 2.16 基于2002—2009 年城镇住户调查(UHS)数据发现,大城市的可支配收入和消费比小城市高 65% 左右,但大城市的服务消费比小城市高 90% 以上。本小节分别讨论导致大小城市服务业发展存在差异的作用机制的事实特征:规模效应和收入效应。

首先,在控制其他变量的条件下,本章用城镇就业人口密度反映城市规模效应,人口密度越高的城市规模越大,服务业占比越高。表 5A.1 给出2005—2015 年城市人口密度、城市规模与服务业发展关系的回归结果,检验规模效应。控制了服务业单位就业 GDP(等于第三产业 GDP/第三产业就业人数)①、年份虚拟变量、城市虚拟变量和年份趋势 * 城市虚拟变量后,第

———————

① Herrendorf 等(2014)指出生产率可以由单位就业 GDP 表示,本书用服务业单位就业 GDP度量生产率,剥离人口密度的收入效应。另一方面,不控制人均 GDP 是因为人均 GDP 里包含了资本份额,服务业单位就业 GDP 度量受资本份额的影响较小。

（1）列和（3）列城市人口密度系数显著为正，表明人口密度对服务业发展有显著促进作用，即规模效应越大服务业占比越高；第（2）和（4）列城市人口密度和大城市虚拟变量的交互项系数显著为正表明，大城市的人口密度对服务业发展的影响效应显著更大，其规模效应越强。

表 5A.1　规模效应与服务业发展

被解释变量	ln（服务业 GDP 占比）		服务业 GDP 占比	
模型编号	（1）	（2）	（3）	（4）
ln（城镇就业密度）	0.063***	0.057**	2.264**	1.973*
	(0.024)	(0.025)	(0.982)	(1.016)
ln（城镇就业密度）* 大城市虚拟变量		0.102**		4.523**
		(0.046)		(1.882)
ln（服务业单 位就业 GDP）	0.165***	0.166***	6.044***	6.090***
	(0.033)	(0.033)	(1.212)	(1.220)
截距项	1.769***	1.769***	−9.071***	−9.075***
	(0.081)	(0.082)	(3.016)	(3.023)
年份虚拟变量	Yes	Yes	Yes	Yes
城市虚拟变量	Yes	Yes	Yes	Yes
年份趋势 * 城市虚拟变量	Yes	Yes	Yes	Yes
样本数	2 639	2 639	2 639	2 639
R^2	0.954	0.954	0.956	0.956

注：（1）括号内为基于城市的聚类稳健标准误：* 表示 $p<0.1$，** 表示 $p<0.05$，*** 表示 $p<0.01$。（2）为使数据可比，本章按 2010 年全国人口普查数据将城镇常住人口规模超过 500 万的地级市及以上的地区定义为大城市，否则为小城市。其中，大城市包括：上海市、东莞市、佛山市、北京市、南京市、哈尔滨市、天津市、宁波市、广州市、成都市、杭州市、武汉市、沈阳市、深圳市、温州市、石家庄市、苏州市、西安市、郑州市、重庆市、青岛市。（3）本章用市辖区反映城镇信息，用城镇所有就业人口密度度量人口密度大小，城镇所有就业人口密度等于城镇所有就业人员（城镇单位就业人员＋城镇个体 & 私营单位就业人员＋城镇登记失业人口）/建成区面积。（4）控制更多城市层面的控制变量，例如城镇人均 GDP、财政预算内支出、城镇医院床位数和城镇实际利用外商投资等，剥离地区发展水平差异，上述回归结果并不改变。

资料来源：2006—2015 年《中国城市统计年鉴》，调整年份后，上述结论依然稳健。

其次,考虑收入效应。UHS2002—2009 数据给出家庭具体的收入和消费支出明细的统计。表 5A.2 基于 UHS 和《中国城市统计年鉴》给出城市人口数量、家庭可支配收入及其交互项与家庭服务商品消费关系的回归结果,检验收入效应。本章以家庭服务商品消费支出占家庭整体消费支出的比重度量家庭服务消费占比,反映家庭的消费结构,该比值越大,表明家庭服务消费占比越高。第(1)列回归结果表明,所有家庭都受收入效应影响,家庭可支配收入越大,服务商品消费占比越高。第(2)列交互项系数显著为正表明,城市越大,家庭可支配收入对家庭服务商品消费的影响显著更大,即大城市的收入效应越强。第(3)—(4)列给出家庭服务商品消费绝对量作为被解释变量的回归结果,结论不变。

表 5A.2　收入效应与服务业发展

被解释变量	ln(家庭服务商品消费占比)		ln(家庭服务商品消费)	
模型编号	(1)	(2)	(3)	(4)
ln(家庭可支配收入)	0.009 * (0.005)	0.003 (0.006)	0.789 *** (0.007)	0.773 *** (0.008)
ln(家庭可支配收入) * 大城市虚拟变量		0.019 * (0.011)		0.050 *** (0.014)
家庭人数	0.004 *** (0.000)	0.004 *** (0.000)	0.005 *** (0.000)	0.005 *** (0.000)
ln(城镇就业密度)	−0.008 (0.022)	−0.007 (0.022)	−0.001 (0.032)	0.001 (0.033)
ln(服务业单 位就业 GDP)	0.011 (0.013)	0.011 (0.013)	0.018 (0.019)	0.018 (0.019)
截距项	1.912 *** (0.056)	1.975 *** (0.058)	−0.656 *** (0.081)	−0.495 *** (0.081)
年份虚拟变量	Yes	Yes	Yes	Yes
城市虚拟变量	Yes	Yes	Yes	Yes

续表

被解释变量	ln(家庭服务商品消费占比)		ln(家庭服务商品消费)	
模型编号	(1)	(2)	(3)	(4)
年份趋势 * 城市虚拟变量	Yes	Yes	Yes	Yes
样本数	199 047	199 047	199 047	199 047
R^2	0.066	0.067	0.437	0.437

注:(1)括号内为基于城市的聚类稳健标准误:* 表示 $p<0.1$,** 表示 $p<0.05$,*** 表示 $p<0.01$。(2)为使数据可比,本章按 2010 年全国人口普查数据将城镇常住人口规模超过 500 万的地级市及以上的地区定义为大城市,否则为小城市。其中,大城市包括:上海市、东莞市、佛山市、北京市、南京市、哈尔滨市、天津市、宁波市、广州市、成都市、杭州市、武汉市、沈阳市、深圳市、温州市、石家庄市、苏州市、西安市、郑州市、重庆市、青岛市。(3)本章用市辖区反映城镇信息,用城镇所有就业人口密度度量人口密度大小,城镇所有就业人口密度等于城镇所有就业人员(城镇单位就业人员+城镇个体 & 私营单位就业人员+城镇登记失业人口)/建成区面积。城镇人口数量是指城镇常住人口数量,根据市辖区 GDP/市辖区人均 GDP 计算。(4)由于城市统计年鉴是地区上一年度的信息,用当期的城市层面数据和 UHS 数据匹配,例如用 2002 年城市统计年鉴(反映 2001 年城市特征)同 UHS2002 匹配;剔除最低消费 5% 的样本,将整个家庭全年服务消费不足 910 元的异常样本剔除,调整该样本筛选范围,结论基本不变。(5)控制更多家庭层面的变量和替换家庭可支配收入为家庭全年总收入,结论类似。

资料来源:UHS2002—2009 和 2002—2009 年《中国城市统计年鉴》。

5.A.2　政策影响的定性分析

本章的模型可以用来相关制度和政策对要素空间配置、城市间收入差异和社会福利等的影响。在这里,我们展示劳动力流动障碍的相关影响,其他制度或政策变化(例如城市间土地供应政策等)可作类似讨论。根据式(5.6):

$$w_t = (1-\beta)\frac{P_{S,t}^{1-\alpha}}{P_{S,c}^{1-\alpha}}\frac{1}{\tau}(w_c - \bar{G}) + (1-\beta)\bar{G} \qquad (5A.1)$$

根据式(5.2)和式(5A.1),我们有:

$$L = \left[\frac{w_c}{\left(\frac{1+Q_c\Delta_c}{1+Q_c}\right)^\beta (1-\beta) A_{G,c}\zeta_{G,c} T_c^\beta} \right]^{\frac{1}{\gamma-\beta}} + N \left[\frac{\frac{P_{S,t}^{1-\alpha}}{P_{S,c}^{1-\alpha}} \frac{1}{\tau}(w_c-\bar{G})+\bar{G}}{\left(\frac{1+Q_t\Delta_t}{1+Q_t}\right)^\beta A_{G,t}\zeta_{G,t} T_t^\beta} \right]^{\frac{1}{\gamma-\beta}}$$

$$(5A.2)$$

定义 $\Gamma(L) = \dfrac{(NL_t)^{1-\gamma+\beta}}{L_c^{1-\gamma+\beta}}$，根据隐函数求导法则有：

$$-\mathrm{d}\left\{ \frac{w_c}{\left(\frac{1+Q_c\Delta_c}{1+Q_c}\right)^\beta (1-\beta) A_{G,c}\zeta_{G,c} T_c^\beta} \right\} = \Gamma(L)\mathrm{d}\left\{ \frac{\frac{P_{S,t}^{1-\alpha}}{P_{S,c}^{1-\alpha}} \frac{1}{\tau}(w_c-\bar{G})+\bar{G}}{N^{\beta-\gamma}\left(\frac{1+Q_t\Delta_t}{1+Q_t}\right)^\beta A_{G,t}\zeta_{G,t} T_t^\beta} \right\}$$

由于我们关注 τ 的变化对工资率等的影响，可以暂时将其他不相关参数视为外生参数（均大于 0），且满足 $w_c > \bar{G}$，$w_t > \bar{G}$（工资率大于维持生计的支出），则：

$$\frac{\partial w_c}{\partial \tau} = \frac{\Gamma(L)\left(\frac{1+Q_c\Delta_c}{1+Q_c}\right)^\beta (1-\beta) A_{G,c}\zeta_{G,c} T_c^\beta \frac{P_{S,t}^{1-\alpha}}{P_{S,c}^{1-\alpha}} \frac{w_c-\bar{G}}{\tau}}{\tau N^{\beta-\gamma}\left(\frac{1+Q_t\Delta_t}{1+Q_t}\right)^\beta A_{G,t}\zeta_{G,t} T_t^\beta + \Gamma(L)\left(\frac{1+Q_c\Delta_c}{1+Q_c}\right)^\beta (1-\beta) A_{G,c}\zeta_{G,c} T_c^\beta \frac{P_{S,t}^{1-\alpha}}{P_{S,c}^{1-\alpha}}}$$

$$(5A.3)$$

因此，$\dfrac{\partial w_c}{\partial \tau} > 0$；根据式（5A.1）和式（5A.3），$\dfrac{\partial w_t}{\partial \tau} < 0$；根据式（5.3），$\dfrac{\partial L_t}{\partial \tau} > 0$ 和 $\dfrac{\partial L_c}{\partial \tau} < 0$。综上，我们得到如下推论：

推论 1:劳动力流动障碍越小,流动人口或大城市常住人口越多,小城市常住人口越少,大城市的工资更低,小城市工资越高。降低迁移成本,有利于实现在人口流动中走向城市间收入均等。

均衡时流动人口福利和小城市户籍常住人口福利相同,根据式(5.12)和式(5A.1):

$$\frac{\partial W}{\partial \tau} = \frac{N(H_{tt}+H_{ct})}{P_{S,t}^{1-\alpha}} \frac{1}{1-\beta} \frac{\partial w_t}{\partial \tau} + \frac{H_{cc}}{P_{S,c}^{1-\alpha}} \left[1 - \frac{1-(\beta-\gamma)}{\beta-\gamma} \frac{\beta}{1-\beta} \frac{L_c}{H_{cc}}\right] \frac{\partial w_c}{\partial \tau} < 0$$

当劳动力流动障碍增大后,等式右端第一项表明小城市和流动人口的总福利下降。其中,小城市户籍常住人口福利下降是工资率下降导致,流动人口福利下降是因为劳动力流动障碍是福利的负因子;等式右端第二项表明,劳动力流动障碍增大后,大城市户籍人口的总福利也下降,其工资率上升被土地溢价下降抵消。综上,我们得到如下推论:

推论2:劳动力流动障碍下降后,社会福利水平会提升,其中,小城市居民、流动人口和大城市居民的福利均上升。

类似地,可以计算不同类型个体收入受迁移成本变化的影响满足:$\frac{\partial I_{cc}}{\partial \tau} < 0$,$\frac{\partial I_{ct}}{\partial \tau} > 0$,$\frac{\partial I_{tt}}{\partial \tau} < 0$,表明随着劳动力流动障碍下降,大城市代表性个体、小城市代表性个体的收入会上升,流动人口个体的收入会下降。[①]基于部门消费支出,有$\frac{\partial S_{jd}}{\partial \tau} = \frac{1}{P_{Sj}}(1-\alpha)\frac{\partial I_{jd}}{\partial \tau}$和$\frac{\partial G_{jd}}{\partial \tau} = \alpha \frac{\partial I_{jd}}{\partial \tau}$,S 部门结构份额为:

$$S_{share} = \frac{NL_t S_{tt} + (L_c - H_{cc})S_{ct} + H_{cc}S_{cc}}{NL_t(S_{tt}+G_{tt}) + (L_c - H_{cc})(S_{ct}+G_{ct}) + H_{cc}(S_{cc}+G_{cc})}$$

其中,$\frac{\partial NL_t S_{tt}}{\partial \tau} > 0$, $\frac{\partial (L_c - H_{cc})S_{ct}}{\partial \tau} < 0$, $\frac{\partial H_{cc}S_{cc}}{\partial \tau} < 0$, $\frac{\partial NL_t G_{tt}}{\partial \tau} > 0$,

---

[①]　当劳动力流动障碍下降后,流动人口个体的收入下降是因为大城市的工资率下降导致;小城市代表性个体的收入上升是因为小城市的工资率上升和土地溢价率上升驱动;大城市代表性个体收入上升是因为大城市的工资率下降被土地溢价收益上升抵消,进而推升总收入。

$\dfrac{\partial(L_c-H_{cc})G_{ct}}{\partial\tau}<0$，$\dfrac{\partial H_{cc}G_{cc}}{\partial\tau}<0$。这表明,劳动力流动障碍变化后,地区加总的 G 部门产品和 S 部门产品消费按相同方向变化。迁移成本如何影响部门结构份额变化将会在后面量化分析部分进一步检验。

前面讨论基期的劳动力流动障碍变化的影响,我们可以同时讨论不同条件下的劳动力流动障碍变化,探讨共同改革效应。一方面,新发展阶段人均收入水平提高后,服务业变得越来越重要,大城市由于收入更高和更适合发展服务业,在新发展阶段它的优势会变大。为对比不同发展阶段下的变化差异,本部分保持其他条件不变,但增加收入作为初始状态,[①]然后讨论迁移成本变化的影响。根据式(5.3),工资率和地租等要素价格同全要素生产率有相同比例变化。因此,内生变量受 τ 的影响$\left(\dfrac{\partial w_c}{\partial\tau}、\dfrac{\partial w_t}{\partial\tau}和\dfrac{\partial W}{\partial\tau}\right)$会随着全要素生产率增大而变大$\left(\text{比如}\dfrac{\partial w_t}{\partial\tau}<0\text{,新发展阶段下,}\dfrac{\partial w_t}{\partial\tau}\text{的绝对值会变}\right.$大$\Big)$,也就是说,在新发展阶段,放松对大城市的制约将更有利于释放结构红利和提高总社会福利水平。

另一方面,图 1.2 指出,城市间存在土地供应空间低效配置。近年来,一系列重大深化改革政策的相关文件都指出要优化土地资源的空间配置,[②]我们进一步讨论当城市间土地供给结构发生调整的影响。具体地,当其他条件不变时,保持总土地供应总量不变,相应增大对大城市的土地供应,减少对小城市的土地供应,根据式(5.3),此时大城市工资率上升,地租下降;小城市工资率下降,地租上升。大城市的$\dfrac{\partial w_c}{\partial\tau}$和$\dfrac{\partial L_c}{\partial\tau}$等随着迁移成本的变化而变

---

① 一种简单的做法是,保持其他条件不变,让所有地区-部门的全要素生产率按相同的比例增加,则整体的经济发展水平也会提高对应的比例。

② 例如,《中共中央、国务院关于加快建设全国统一大市场的意见》。

大,即迁移成本下降带来工资下降越快,人口增长更快,福利上升更快;小城

市的 $\frac{\partial w_t}{\partial \tau}$ 和 $\frac{\partial L_t}{\partial \tau}$ 等随着迁移成本的变化而变小,即迁移成本下降将带来工资

增长越慢,人口下降更慢,福利上升更慢。这表明,改善城市间土地配置后,

放松对大城市的制约有利于释放结构红利和提高社会福利水平,但是大城

市的变化更快、小城市的变化变慢。综上,我们得到如下推论:

推论 3:随着生产率的提高,改善城市间劳动力配置更有利于释放结构红利。

5.A.3 2010 年的城市基本数据

根据 2011 年《中国城市统计年鉴》的市辖区数据,计算 i 部门 j 地区的

GDP 产出 Y_{ij},将总产出标准化为 1。小城市服务业产出 $Y_{St} = 0.223$,大城市

服务业产出 $Y_{Sc} = 0.256$。小城市非服务业产出 $Y_{Gt} = 0.312$,大城市非服务业

产出 $Y_{Gc} = 0.209$。

虽然 2010 年全国人口普查数据并未给出城市间劳动力就业结构的相关

信息,但是给定 $Y_{ij} = \zeta_{ij} L_j^\gamma A_{ij} T_{ij}^\beta L_{ij}^{1-\beta}$,$\frac{L_{ij}}{T_{ij}} = \frac{r_j}{w_j} \frac{1-\beta}{\beta}$ 和 $P_{Sj} = \frac{A_{Gj}\zeta_{Gj}}{A_{Sj}\zeta_{Sj}}$,服务业

GDP 占比等价于服务业劳动力就业占比。[①] 由于大城市常住人口为 0.225+

---

① 价格修正后的 G 和 S 的生产函数本质相同,T 和 L 是关于其他外生变量的线性函数关系。根据 $GDP_{S,j} = P_{S,j} Y_{S,j} = P_{S,j} \zeta_{S,j} L_j^\gamma A_{S,j} T_{S,j}^\beta L_{S,j}^{1-\beta} = \Delta_j^\beta A_{G,j} \zeta_{G,j} L_j^\gamma T_{S,j}^\beta L_{S,j}^{1-\beta}$ 和 $T_{S,j} = L_{S,j} \frac{w_j}{\Delta_j r_j} \frac{\beta}{1-\beta}$,我们有:$GDP_{S,j} = \Delta_j^\beta A_{G,j} \zeta_{G,j} L_j^\gamma \left(\frac{w_j}{\Delta_j r_j} \frac{\beta}{1-\beta}\right)^\beta L_{S,j} = A_{G,j} \zeta_{G,j} L_j^\gamma \left(\frac{w_j}{r_j} \frac{\beta}{1-\beta}\right)^\beta L_{S,j}$,又 $GDP_{G,j} = A_{G,j} \zeta_{G,j} L_j^\gamma \left(\frac{w_j}{r_j} \frac{\beta}{1-\beta}\right)^\beta L_{G,j}$,$S\_GDP\_rate = \frac{GDP_{S,j}}{GDP_{S,j} + GDP_{G,j}} = \frac{L_{S,j}}{L_{S,j} + L_{G,j}} = S\_Labor\_Share$。将 2005 年全国人口普查微观就业数据的城镇居住地定义为城市,计算大小城市的劳动力就业结构,2005 年大城市非服务业占比为 0.495(大城市非服务业就业/大城市就业),大城市服务业占比为 0.505;小城市非服务业占比为 0.553,小城市服务业占比为 0.447。将 2005 年全国人口普查微观就业数据的城镇居住地定义为城市,2005 年大城市服务业 GDP 占比为 0.5 左右,小城市服务业 GDP 占比为 0.42。因此,2005 年服务业 GDP 和就业占比相似,可以作为该关系的佐证。

表 5A.3　部门就业结构(2010)

	大城市	小城市	合　计
非服务业	0.167	0.366	0.533
服务业	0.206	0.261	0.467
合　计	0.373	0.627	1

注:为使数据可比,城市划分统一按 2010 年全国人口普查数据将城镇常住人口规模超过 500 万的地级市及以上的地区定义为大城市,否则为小城市。其中,0.206=0.551 * 0.373。大城市包括:上海市、东莞市、佛山市、北京市、南京市、哈尔滨市、天津市、宁波市、广州市、成都市、杭州市、武汉市、沈阳市、深圳市、温州市、石家庄市、苏州市、西安市、郑州市、重庆市、青岛市。

资料来源:2011 年《中国城市统计年鉴》和 2010 年全国人口普查数据。

0.148=0.373,小城市常住人口 0.627(总人口标准化为 1)。基于前面 2010 年部门 GDP 结构和大小城市常住人口数据,可以推算出 2010 年部门就业人口,如表 5A.3 所示。

根据 2011 年《中国国土资源统计年鉴》计算大小城市土地资本供应,大城市的土地供应占比为 $K_B = 17.7\%$,小城市土地供应占比 $K_T = 82.3\%$。根据 $\dfrac{L_{ij}}{T_{ij}} = \dfrac{r_j}{w_j} \dfrac{1-\beta}{\beta}$ 和表 5A.3 部门就业人口结构数据计算大小城市分部门的土地使用情况,线性于部门劳动力。

5.A.4　空间一般均衡

经济中的空间一般均衡由要素流动、产品贸易、要素结构配置、产出和消费等共同决定,即劳动力要素市场满足供需均衡、产品市场满足消费-生产-贸易均衡、土地收入的收支平衡。

劳动力市场出清。劳动力市场满足供给-需求均衡:

$$L_j = L_{G,j} + L_{s,j}$$

$$L_j = \sum_{d=1}^{N} M_{jd} \bar{L}_d$$

(5A.4)

其中，$\bar{L}_d$ 是指户籍人口。

区域贸易平衡。定义 j 地区居民的平均收入为 $I_j = \sum_{d=1}^{N} I_{jd} L_{jd} / L_j$，

$V_j = \dfrac{1-s_G}{1-\alpha_G} \dfrac{I_j}{P_{G,j}^{\alpha_G} P_{S,j}^{\alpha_S} r_j^{\alpha_h}}$，则 $D_j^G = s_{G,j} I_j$，$D_j^S = \alpha_S \dfrac{1-s_{G,j}}{1-\alpha_G} I_j$，$D_j^h =$

$\alpha_h \dfrac{1-s_{G,j}}{1-\alpha_G} I_j$。产品市场出清揭示产品市场生产所支付的生产要素报酬等

于消费，可贸易产品 G 的均衡条件为：

$$R_{G,j} = \sum_k \pi_{G,kj} D_k^G L_k$$

(5A.5)

S 产品不可跨地区贸易，满足本地生产＝消费，均衡条件为：

$$R_{S,j} = D_j^S L_j$$

(5A.6)

土地市场供给和需求均衡。各城市土地市场满足供给-需求均衡：$\bar{T}_{G,j} +$

$\bar{T}_{S,j} = \bar{T}_j$。土地是不可贸易品，并且土地收入被本地户籍人口所有，流动人

口不获得土地收入。根据生产函数 $\beta_i R_{i,j} = \beta_i \left(\dfrac{w_j L_{i,j}}{1-\beta_i} \right)$，给定总土地数量

$\bar{T}_j$，当已知部门使用土地数量 $\bar{T}_{i,j}$ 的条件下，土地市场出清满足：

$$r_j \bar{T}_j = (r_{G,j} \bar{T}_{G,j} + r_{S,j} \bar{T}_{S,j}) + \alpha_h \frac{1-s_{G,j}}{1-\alpha_G} I_j L_j$$

(5A.7)

$$r_{i,j} \bar{T}_{i,j} = \beta_i \left(\frac{w_{i,j} L_{i,j}}{1-\beta_i} \right) \quad i \in \{G, S\}$$

地区的平均收入为：$I_j = w_j \left[1 + \left(\dfrac{\beta_G}{1-\beta_G} \dfrac{L_{G,j}}{L_j} + \dfrac{\beta_S}{1-\beta_S} \dfrac{L_{S,j}}{L_j} \right) \right] \Big/ \Big(1-$

$\alpha_h \dfrac{1-s_{G,j}}{1-\alpha_G}\Big)$。由于只有留在本地的人口可以获得土地收入，故未迁移人口

的平均收入为：$I_{jj} = w_j\left[1 + \dfrac{\alpha_h \dfrac{1-s_{G,j}}{1-\alpha_G}}{1-\alpha_h \dfrac{1-s_{G,j}}{1-\alpha_G}}\dfrac{L_j}{L_{jj}} + \left(\dfrac{\beta_G}{1-\beta_G}\dfrac{L_{G,j}}{L_{jj}} + \dfrac{\beta_s}{1-\beta_s}\dfrac{L_{s,j}}{L_{jj}}\right)\Big/\right.$

$\left(1-\alpha_h \dfrac{1-s_{G,j}}{1-\alpha_G}\right)$；流动人口收入为 $I_{jd} = w_j$。定义 Land Rebate Rate 参

数为：

$$\delta_{jd} = \begin{cases} 1 & j \neq d \\ 1 + \dfrac{\left(\dfrac{\beta_G}{1-\beta_G} + \alpha_h \dfrac{1-s_{G,j}}{1-\alpha_G}\right)\dfrac{L_{G,j}}{L_j} + \left(\dfrac{\beta_s}{1-\beta_s} + \alpha_h \dfrac{1-s_{G,j}}{1-\alpha_G}\right)\dfrac{L_{s,j}}{L_j}}{1-\alpha_h \dfrac{1-s_{G,j}}{1-\alpha_G}}\dfrac{L_j}{L_{jj}} & j = d \end{cases}$$

不同类型的工人收入为：$I_{jd} = \delta_{jd} w_j$。

5.A.5 变化代数运算

为方便理解，本小节给出部分代表性变量的变化代数运算过程，若 X' 为

X 变量变化后的值，则 $\hat{x} = \dfrac{X'}{X}$ 表示为 X 变量的变化。我们定义 $\hat{p}_{i,j} =$

$\dfrac{\hat{w}_{i,j}^{\beta_i} \hat{r}_{i,j}^{\gamma_i}}{\hat{L}_j^{\eta_i} \hat{\Lambda}_{i,j}}$，$i \in \{G, S\}$[①]，则产品价格变化和部门贸易成本变化分别为：

$$\hat{P}_{G,j} = \left[\pi_{G,jd} \sum_{d=1}^{N} (\hat{\mu}_{G,jd}\,\hat{p}_{G,d})^{-\sigma}\right]^{-\frac{1}{\sigma}}$$

---

① 由于本部分使用变化代数运算方法，不变参数 $\zeta_{i,j}$ 会在变化运算过程中被消除。

$$\hat{\pi}_{G,jd} = \frac{(\hat{\mu}_{G,jd}\,\hat{P}_{G,d})^{-\sigma}}{\sum_{n=1}^{N}\pi_{G,jn}(\hat{\mu}_{G,jn}\,\hat{P}_{G,n})^{-\sigma}} \tag{5A.8}$$

不可贸易品 f 的价格变化为：$\hat{P}_{S,j} = \hat{p}_{S,j}$。$P'_{G,j}\bar{G} = \frac{s_{G,j}-\alpha_G}{1-\alpha_G}I_j\hat{P}_{G,j}$，新

的消费需求满足：$D_j^{G'} = \alpha_G I_j \hat{I}_j + (s_{G,j}-\alpha_G)I_j\hat{P}_{G,j}$，$D_j^{i'} = \alpha_i I_j\left(\hat{I}_j - \right.$

$\left. \frac{s_{G,j}-\alpha_G}{1-\alpha_G}\hat{P}_{G,j}\right)$，$i \in \{S, h\}$。

根据效用函数，福利变化同实际收入变化对应，故：

$$\hat{V}_{Jd} = \frac{\hat{I}_{Jd}}{\hat{P}_{G,J}^{\alpha_G}\hat{P}_{S,J}^{\alpha_S}\hat{r}_J^{\alpha_h}} \tag{5A.9}$$

均衡时，从 d 迁移到 j 的流动人口份额变化表示为：

$$\hat{M}_{Jd} = \frac{(\hat{V}_{Jd}/\hat{\tau}_{Jd})^{\kappa}}{\sum_j M_{j'd}(\hat{V}_{J'd}/\hat{\tau}_{J'd})^{\kappa}} \tag{5A.10}$$

根据式（5.17），地区平均的间接效用为：$\bar{V}_d = V_{dd}(M_{dd})^{-\frac{1}{\kappa}} = $

$(\sum_{j'}(\hat{V}_{J'd}/\hat{\tau}_{J'd})^{\kappa})^{\frac{1}{\kappa}}$。社会总福利是所有地区效用的总和，故 $W = $

$\sum_d\lambda_d\bar{V}_d = \sum_d\lambda_d V_{dd}(M_{dd})^{-\frac{1}{\kappa}}$，其中 $\lambda_d = \bar{L}_d/\sum_{d'}\bar{L}_{d'}$。因此，社会总福利

变化为：

$$\hat{W} = \frac{\sum_d\lambda_d V'_{dd}(M'_{dd})^{-\frac{1}{\kappa}}}{\sum_d\lambda_d V_{dd}(M_{dd})^{-\frac{1}{\kappa}}} = \sum_d\bar{\omega}_d\hat{V}_{dd}(\hat{M}_{dd})^{-\frac{1}{\kappa}} \tag{5A.11}$$

其中，$\bar{\omega}_d = \frac{\lambda_d V_{dd}(M_{dd})^{-\frac{1}{\kappa}}}{\sum_d\lambda_d V_{dd}(M_{dd})^{-\frac{1}{\kappa}}}$ 是 d 的初始福利。j 地区 $i \in \{G, S\}$ 部

门的 GDP: $R_{i,j} = \dfrac{w_j L_{i,j}}{\beta_i}$,实际 GDP 为 GDP 除以总价格指数 $P_j =$

$P_{G,j}^{\alpha_G} P_{S,j}^{\alpha_S} r_j^{\alpha_h}$。故实际 GDP 变化为:

$$\hat{Y} = \sum_{j=1}^{N} \Phi_j \hat{v}_J \hat{L}_J \tag{5A.12}$$

其中,$v_j = \dfrac{w_j}{P_{G,j}^{\alpha_G} P_{S,j}^{\alpha_S} r_j^{\alpha_h}}$,$\Phi_j = \dfrac{v_j L_j}{\sum_{j'=1}^{N} v_{j'} L_{j'}}$ 是指 j 地区的初始实际 GDP

份额,$\hat{v}_j = \dfrac{\hat{w}_J}{\hat{P}_{G,J}^{\alpha_G} \hat{P}_{S,J}^{\alpha_S} \hat{r}_J^{\alpha_h}}$。

5.A.6 城市异质性参数校准

本部分将进一步讨论模型部分的核心参数的校准过程:首先,给出生产函数相关的参数校准过程;其次,给出劳动力流动成本和贸易成本的参数校准过程;最后,给出效用函数参数校准过程。

1. 生产函数参数

类似 Tombe 和 Zhu(2019)的做法,地区劳动供给弹性 κ 取值为 1.5,跨地区贸易弹性 σ 取值为 4。G 部门和 S 部门生产的劳动要素份额是基于钟粤俊等(2023)计算的制造业和服务业部门的劳动力要素份额/(劳动力要素份额+土地要素份额)分别为 0.75 和 0.8 得到。如果和基准模型一致,让 G 部门和 S 部门的土地要素份额都为 0.18,量化分析结论并不改变。

关于规模效应弹性 ζ_i 取值。Rosenthal 和 Strange(2004)、Allen 和 Arkolakis(2014)、Henkel 等(2021)以及 Henderson 等(2022)等发现,人口规模每增加 1 倍,制造业或生产部门的全要素生产率将增加 5%,因此,在具

体分析过程中,G 部门和 S 部门的规模效应弹性都为 0.05。钟粤俊等 (2020)指出,服务业相比其他部门更依赖于密度或规模经济。如果设定 G 部门 $\zeta_G = 0.05$,S 部门 $\zeta_S = 0.1$,本章结论不变。

2. 劳动力流动成本和贸易成本参数

根据式(5.17),我们可以获得各地区间劳动力流动成本的计算公式,即:

$$\tau_{jd} = \frac{V_j}{V_d}\left(\frac{M_{jd}}{M_{dd}}\right)^{-1/\kappa} \tag{5A.13}$$

也就是说,利用劳动力流动(M_{jd})、地区实际收入(V_j)数据和地区劳动供给弹性(κ),我们就可以计算劳动力流动成本 τ_{jd}。根据 2010 年全国人口普查数据中劳动者的户籍信息和居住地信息来计算 m_{jd}。本章主要采用 Head 和 Ries(2001)的方法估算贸易成本:

$$\bar{\mu}_{G, Jd} = \sqrt{\mu_{G, jd}\mu_{G, dj}} = \left(\frac{\pi_{G, jj}\pi_{G, dd}}{\pi_{G, jd}\pi_{G, dj}}\right)^{1/2\sigma} \tag{5A.14}$$

这就是说,如果我们有了各地区之间的贸易数据和贸易弹性参数 σ,就可以计算各地之间的贸易成本。G 部门的贸易份额 $\pi_{G, jd}$ 基于 2017 年车流大数据计算。式(5A.14)的贸易成本估计满足对称性假设,从 d 到 j 的产品与从 j 到 d 的产品贸易成本相同。

3. 效用函数参数

根据《中国统计年鉴》的消费结构数据,计算部门消费份额 α_i,根据各地区部门消费份额数据计算 $s_{G, j}$。

第6章 空间与产业发展:区域中心-外围的分工效应

6.1 引言

空间的影响是多维度的,前面的第3—5章主要从城市层面讨论要素空间配置效应,第6章和第7章将从另一个维度重点讨论区域要素空间配置效应,为区域协调发展改革和建设制造强国发展目标提供针对性的政策建议。本章将首先用经验研究方法讨论区域分工,基于中心-外围理论探讨空间与产业分工关系、服务业发展赋能制造业发展关系。

服务业是国民经济的重要组成部分,其发展水平是衡量现代社会经济发达程度的重要标志。在新发展阶段,中国服务业在就业和 GDP 中所占的比重将持续上升。一方面,服务业发展为自身和其他城市的制造业赋能。在中国从制造业大国迈向制造业强国过程中,制造业对研发、设计、信息、金融、贸易等生产性服务业的依赖不断增强,产业附加值将更多地产生于生产性服务业(陆铭等,2022)。然而,国家"十四五"规划指出加快推进

制造强国、质量强国建设,促进先进制造业和现代服务业深度融合之后,全
国各地都把提高或维持制造业占比作为重要发展指标,却可能忽视了在建
设制造业强国时,不同城市的制造业占比会发生分化,使城市间出现制造
业与服务业分工。另一方面,随着生活水平的提高,人民对美好生活的向
往和追求会越来越强烈,对高品质、多样化和多层次的消费性服务业产
生更大需求(钟粤俊等,2020;陆铭,2022;钟粤俊等,2024b)。本书第 2
章指出,大城市的产业高度服务化。由于服务业与制造业的产业关联,
城市群①内的大城市与周边城市将形成产业分工布局的特征,制造业
(尤其是先进制造业)会围绕在大城市周围发展。因此,产业结构发展同
距离(空间配置)和集聚相关,优化空间配置和集聚(本章将空间配置和
集聚统称为空间效应)有利于提高资源配置效率,促进产业结构转型和
经济发展。

　　随着新型城镇化的不断推进,未来中国经济如果要向更加协调、更高质
量和更具竞争力的方向迈进,则需要更加依托城市群这一载体。党的二十
大报告指出,要深入实施区域协调发展战略,构建优势互补、高质量发展的
区域经济布局,要以城市群、都市圈为依托构建大中小城市协调发展格局。
本章基于中心-外围理论②研究空间效应和产业结构(尤其服务业)关系,从
空间视角理解城市、距离如何影响产业分工。逻辑上,空间效应影响产业分

---

　　①　城市群是指地域上集中分布的若干特大城市和大城市集聚而成的庞大的、多核心、多层次
城市集团。

　　②　中心-外围理论认为在地理位置上相近的城市会围绕着核心城市而形成城市体系,向心力
和离心力是影响城市体系中城市布局的力量。向心力是新经济地理学所说的本地市场效应(或规模
经济),中心城市市场容量较大,离中心城市越近面临的市场越大,可以进行更大规模生产。离心力
包含两方面:拥挤效应,离大城市越近,竞争越剧烈,稀缺资源(土地租金)价格越高;另一个是经济中
有一部分不流动的人口不具有跨地区迁徙能力,这部分人口也有需求,引致经济活动远离中心城市
(Fujita et al.,1995;Fujita et al.,1999)。

工的机制包括:第一,服务业发展需要更多互动和交流,人口密度或规模经济对服务业发展很重要,大城市密度更大,服务业生产效率更高(钟粤俊等,2022),故大城市更有利于发展服务业,其规模越大服务业发展越好;第二,区块或城市群内,到中心城市距离的远近决定了城市间发展不同产业的比较优势和分工,中心城市规模越大,其对城市群分工的影响越大。中心城市和都市圈拥有超大规模市场优势和内需潜力,可以依托成熟的商业技术、产业组织和消费环境等,在消费升级中促进发展(陆铭,2022;陆铭等,2022)。因此,中心城市更具发展服务业优势,随着到中心城市距离增加,产业发展优势会从服务业过渡到其他行业。

具体地,本章将基于结构转型事实和城市类别识别空间效应和产业分工关系:一方面,结构转型的国际发展规律表明,全世界范围内,当人均 GDP 超过 9 200 国际美元(记为 Int. \$9 200,以不变价格国际美元为货币单位。如无特别说明,本章所指人均 GDP 均以不变价格的国际美元为货币单位),服务业 GDP 或就业份额会加速提升(Buera and Kaboski, 2012; Herrendorf et al., 2014)。另一方面,中国也满足上述规律,2010 年中国人均 GDP 超过 9 200 国际美元,之后服务业快速增长。由于空间效应对服务业发展的重要性,大城市规模大更有利于服务业发展,且国家发展相对城市来说外生,本章将构建 DID 回归模型,讨论 2010 年前后规模经济和距离对产业分工的影响。

基于家庭个体、企业和城市等宏微观数据,本章将用 DID 回归模型识别空间效应与产业分工。研究发现,服务业发展与规模经济、距离有关,核心城市和距离核心城市越近地区的服务业发展显著更好。其次,考虑到不同类型服务业发展有差异,本章对服务业做异质性讨论,区分不同类型服务业如何受空间效应影响。结果表明,核心城市及其周围的生产性和消费性服务业发展显著更好，且消费性服务业受空间效应影响更大。进一步对空间与产业分工的研究表明，距离显著影响城市群内的区域分工，服务业份额随距离增加而下降，但外围地区因生活性服务业增加而回升；制造业份额随距离增加先升后降；农业份额随距离增加而上升。最后，本章发现核心城市对城市群内的分工效应因其市场规模大小而有差异，核心城市规模越大，中心-外围分工效应越显著。

6.2　制度背景与特征事实

6.2.1　跨国对比：一个通用规律

全世界范围内，结构转型规律是统一的事实，大量文献用不同的方法和数据得到了相似的结构转型发展规律。当人均 GDP 取对数达到 9 左右，服务业 GDP 份额开始呈快速增加趋势，制造业 GDP 占比在人均 GDP 取对数达到 9 左右开始出现下降趋势（Buera and Kaboski，2012；Herrendorf et al.，2014）。Buera 和 Kaboski（2012）基于美国数据实证检验发现，地区人均 GDP 是否超过 9 200 国际美元是划分服务业快速增长与否的分界线。类似 Buera 和 Kaboski（2012）的做法，本章基准分析用发达国家历史上各时期人均 GDP 是否超过 9 200 国际美元划分样本，检验经济发展（人均 GDP）和部门 GDP、就业结构的关系。图 6.1 和图 6.2 表明，以部门 GDP 占比或就业占比来看，地区人均 GDP 超过 9 200 国际美元之后，经济发展与制造业占比的关系由正变负，经济发展与服务业占比关系的斜率变大，表明服务业加速增长。

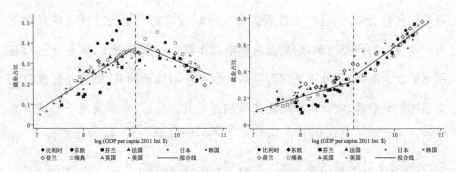

图 6.1 经济发展水平与部门就业占比

注:ln(9 200)=9.13。购买力平价使用国际美元作为货币单位,将不同国家货币转换为统一货币单位。根据 ISIC 划分三大产业,同 Maddison Project Database。第一产业是指农业、林业、畜牧业、渔业和农林牧渔服务业,本章定义为农业部门。第二产业是指采矿业,制造业,电力、煤气及水的生产和供应业,建筑业,本章定义为制造业部门。第三产业是指除第一、第二产业以外的其他行业,本章定义为服务业部门。

资料来源:Maddison Project Database 2018。其中,人均 GDP 是按购买力平价的 GDP 除以总人口,统一换算成 2011 年国际美元价格。

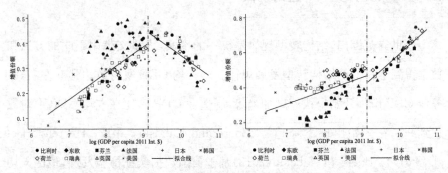

图 6.2 经济发展水平与部门 GDP 占比

注:同图 6.1。
资料来源:同图 6.1。

6.2.2 中国的特征事实

图 6.1 和图 6.2 呈现的结构转型的国际经验是否适用中国? 图 6.3 给出了经济发展和部门 GDP、就业占比变化趋势。2010 年,中国人均 GDP 跨入

9 200 国际美元分界线，之后中国服务业 GDP 或就业占比快速上升，满足结构转型的国际比较经验规律。需要说明的是，虽然国家在经济发展方面会制定目标，但是经济增长具有不确定性，基于国际经验得到的 9 200 国际美元分界线对中国来说满足外生性。

加快发展服务业有利于推进经济结构调整，转变经济增长方式，并实现高质量发展。由于规模经济，不同城市发展的比较优势产业会有差异，大城市有发展服务业优势，故 2010 年国家层面服务业快速发展后，城市间分工效应可能会加强。关于大小城市有不同的划分或定义方法，本章根据国家中心城市与否定义大小城市，国家中心城市是上级部门（国务院）基于全国层面考量的政策划分，相对城市而言，该划分满足一定的外生性。2010 年中国先后推出九大国家中心城市[①]（北京市、天津市、上海市、广州市、重庆市、成都市、武汉市、郑州市、西安市），国家中心城市在国家经济结构和战略布局中有重要作用，故其服务业发展同其他城市有较大差异。本章定义国家中心

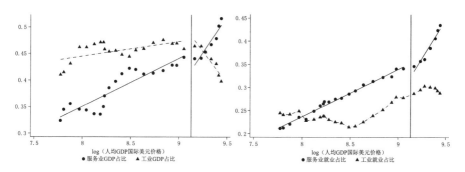

图 6.3　经济发展水平与部门发展

资料来源：Maddison Project Database 2018。人均 GDP 统一换算成 2011 年国际美元价格。产业 GDP 和就业数据来源于 1992—2017 年《中国统计年鉴》。

---

① 需要说明的是，虽然第二批国家中心在 2016 年划分，但是其作为国家中心职能的作用在划分前就已开始，所以本书对核心城市与否的划分仍然成立。

城市和深圳市①为城市群（或区块）的中心（简记为核心城市），并将距离核心城市最近的城市归入该中心城市所在城市群，将全国划分为十大城市群（区块）。图 6.4 给出了大城市和核心城市同其他城市服务业比较，大城市和核心城市服务业 GDP 占比比其他城市高。

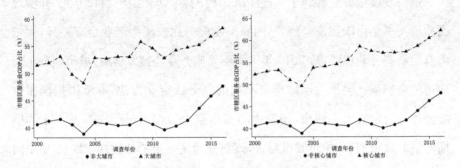

图 6.4　大小城市服务业 GDP 占比

注：核心城市是指北京市、天津市、上海市、广州市、重庆市、成都市、武汉市、郑州市、西安市、深圳市。按 2010 年全国人口普查数据的城镇常住人口规模划分大小城市，将城镇常住人口规模超过 500 万的地级市及以上的地区定义为大城市，否则为小城市。大城市包括：上海市、东莞市、佛山市、北京市、南京市、哈尔滨市、天津市、宁波市、广州市、成都市、杭州市、武汉市、沈阳市、深圳市、温州市、石家庄市、苏州市、西安市、郑州市、重庆市、青岛市。

资料来源：2001—2017 年《中国城市统计年鉴》。

6.3　中心城市和产业升级

随着中国经济现代化水平不断提高，制约各类生产要素合理流动和高效集聚的障碍逐渐得到改善，中心城市、都市圈和城市群在区域发展中的引领作用将不断提高，一个现象是，城市群和都市圈内部不同城市之间正在出

① 深圳市是中国三大沿海港口城市之一。

现经济和人口向中心城市及周围都市圈集聚，而城市之间人均 GDP 差异有正在缩小的态势。同时，中国的区域和城市发展正面临着新的技术、新的业态蓬勃发展的趋势，一些引领国际前沿的新问题、新模式、新方案不断涌现。本部分将考察中心城市如何影响产业升级，然而，人口流动障碍、流动人口难以融入城市、不合理的规划妨碍了企业间和人际互动交流，制约了中心城市作为空间载体在区域协调发展所起的作用；区域市场分割、经济集聚不足、城市间分工合作不充分等，阻碍了区域经济协调发展；传统的规划思路加上地方政府片面地追求本地 GDP 最大化，使地方政府倾向于在城市群和都市圈内部进行产业和人口均匀化布局。

在农村居民逐渐向城市集中的城市化进程中，同时会发生城市人口向城市群和以大城市为核心的都市圈集中的趋势。这个趋势跟经济的后工业化进程相伴随，以中心城市为核心的都市圈将在现代服务业的发展中产生越来越强的引领作用。由于沿海和大港口附近的地区天然具有区位优势（Krugman，1991；Fujita and Mori，1996；陆铭等，2019；李杰伟、朱瑞华，2021），同时，一些中西部地区的城市受历史因素或者地理位置影响也具备制造业和服务业集聚的条件，因此，这些地区往往会集聚更多的企业和人口，形成连片经济发展的地带，涌现出一批经济发展迅速、规模较大的城市。在这一发展过程中，城市因为拥有更强的知识溢出、熟练劳动力池的优势，以及分享、匹配、学习的规模报酬递增机制（Marshall，1920；Duranton and Puga，2004；梁文泉、陆铭，2015），会逐步壮大，一部分城市会脱颖而出，成为中心城市。而处在中心城市与连片经济带中的外围城市，基于投入产出关联的交易成本最小化，会形成协同集聚（Venable，1996；Keeble and Nachum，2002；陈建军等，2009）。最终，中心城市辐射外围城市，而外围城市与中心城市形成有序的分工与互补，形成网络状的城市群。[1]

中心城市的重要性还体现在对产业升级的影响。新发展阶段，服务业变得越来越重要，应充分认识到服务业发展的意义，特别是服务业为制造业赋能的作用，服务业通过加强研发、设计、营销、消费者服务等推动制造业升级。一段时间以来，社会各界就中国需要成为制造业强国形成了共识。然而，很多人认为中国要成为制造业强国，首先需要维持制造业在宏观经济中的比重，并且把制造业比重下降等同于制造业空心化。一些地方在制定未来发展规划的时候，也把保持制造业的比重作为政策目标。本章认为，不能把制造业的实力和制造业比重简单画等号。制造业的升级换代，可能反而表现为制造业的比重下降。尤其是在城市群走向一体化的过程中，不同的城市具有不同的功能，城市群总体的制造业实力越强，核心大城市的服务业比重越高。[2]中心城市的比较优势在"微笑曲线"两端（即设计、研发、销售等），而外围城市的比较优势则在加工制造。随着整个国家经济发展水平的不断提高，本国经济向着"微笑曲线"的两端集中，这个特征也将出现在同

① 在城市群的形成过程中，分享、匹配、学习的机制，尤其是人力资本的外部性和技能互补，已经成为城市发展的基础和现代经济增长的源泉（梁文泉、陆铭，2015，2016；陆铭，2017；Glaeser and Lu，2018），中心城市逐步发展壮大，引领经济发展，其中服务业中最具成长性和辐射力的生产性服务业也日趋向大城市集中（Coffey，2000；Mack，2014）。人们曾认为信息技术的发展可能对集聚起到反向作用，而研究发现，互联网的持续渗透也会推动生产性服务业向大城市集聚，并促使更大范围内的制造业市场为中心城市生产性服务业集聚赋能，进而形成网络空间的"虚拟集聚"（王如玉等，2018；李杰伟、吴思栩，2020；吴思栩、李杰伟，2021）。这些都为中心城市引领经济发展提供了条件。中心城市的服务业可以辐射到更广范围内的制造业，而中小城市的制造业也可以支撑中心城市服务业的发展，最终相互促进（江小涓，2011；宣烨，2012；李平等，2017）。而城市群与外围地区也可以形成中心-外围的格局，最终达到空间均衡，实现在集聚中走向平衡。

② 一方面，制造业和服务业发展相辅相成。一个国家制造业的发展从劳动密集型走向资本和技术密集型，是客观经济规律。在经济发展早期，发展中国家在国际贸易中主要从事加工制造，产业链"微笑曲线"的两端则主要布局在发达国家。虽然一些发展中国家的制造业产值和贸易额都非常大，但是附加值更高的产业链是发达国家的设计、研发、销售等服务业。另一方面，服务业比重上升更体现在大城市。制造业升级换代和服务业占比的关系又尤其体现在城市群内部。当前，中国已经形成了以中心城市和城市群为主要空间载体的区域经济发展模式，在这样一个阶段，中心城市和外围城市之间是相互协调和分工的状态。

一个城市群内部不同城市之间的产业分工上。整个城市群的制造业越是强大,它的核心竞争力越是体现在中心大城市的生产性服务业所创造的附加值上。因此不能简单把一些中心城市服务业占比上升和制造业占比下降等同于产业空心化。相反,中心城市的服务业占比上升,有可能恰恰是整个城市群制造业国际竞争力更强的体现。

同时,劳动生产率提高带来服务消费占比提高,这一结果将强化中心城市服务占比提高的趋势。服务业产品中的大多数不可储藏和运输,必须在面对面的过程中,同时实现生产和消费。大城市因为人口众多和人口密度高,在提供服务的时候拥有更强的比较优势。当整个国家服务业占比提高的时候,大城市相对于中小城市和农村往往拥有更好、更多样性的服务业(钟粤俊等,2020,2024b)。因此,从消费的角度来讲,中心城市对服务消费的提供而言,作用也将越来越强。

6.4　识别策略和数据

服务业发展依赖规模经济,核心城市规模经济更大,有发展服务业优势,故 2010 年国家层面服务业快速发展后,城市间分工效应可能会加强,核心城市同其他城市服务业发展的差异会发生变化。为了定量分析空间效应和服务业发展(分工)关系,本章构建如下 DID 回归模型:

$$Services_{it} = \beta_0 + \beta_1 X_i * Post_t + \beta_2 Huge\_city_i \times Post2014_t + time_t + \delta_i + \varepsilon_{it}$$
$$Services_{ijt} = \beta_0 + \beta_1 X_i * Post_t + \beta_2 Huge_{cityi} \times Post2014_t + time_t + \delta_i + \varepsilon_{ijt}$$

$$(6.1)$$

其中,i 表示城市,t 表示年份,$Services_{it}$ 表示地区宏观层面的服务业占比(单位：%），数据来源于 2000—2017 年的《中国城市统计年鉴》。$Services_{ijt}$ 表示微观层面是否从事服务业就业（创业）和是否从事生产性、消费性服务业就业（创业），数据来源于 2000—2017 年的工商企业注册数据，以及 2005 年、2010 年、2015 年的全国人口普查微观数据。

核心解释变量 X_i 用于检验城市群中心-外围分工效应，包括 $Core\_city_i$（是否核心城市）和 $\ln(distance_i)$（城市到最近核心城市距离）。$Core\_city_i$ 变量用于检验城市内服务业发展是否需要更多互动和交流，核心城市人口规模更大对服务业发展的促进效应是否更大，根据核心城市划分的 10 个城市群可以同区块对应；$\ln(distance_i)$ 用于检验到核心城市距离的远近是否会决定区块和城市群内部发展不同产业的比较优势和分工逐步从服务业过渡到其他行业。因此，是否核心城市和到核心城市的距离分别度量了本章的规模经济和空间结构效应。$Post_t$ 表示年份虚拟变量，2010 年之后中国人均 GDP 超过 9 200 国际美元分界线为 1，之前为 0。β_1 是本章最关心的回归系数，揭示进入服务业快速发展阶段，空间效应对城市服务业发展的影响效应。$time_t$ 表示年份虚拟变量。δ_i 表示城市虚拟变量。

2014 年的大城市发展政策会在一定程度上抑制服务业发展（图 6.4 表明，2014 年后，大城市同其他城市的服务业 GDP 占比差异缩小）。因此，回归中需要对 2014 年政策对大城市影响的效应进行控制（即 $Huge\_city_i \times Post2014_t$，其中，$Post2014_t$ 为年份虚拟变量，2014 年之后为 1，之前为 0。$Huge\_city_i$ 是指大城市，将城区人口规模超过 500 万的定义为处理组，受大城市发展政策直接影响，记为 1；否则为 0）。

需要说明的是：人均 GDP 是否超过 9 200 国际美元作为分界线和结构转型发展规律均是国家层面变化，对中国及其城市来说属于外生变化。传统的中心-外围基于 OLS 回归模型研究空间与分工问题往往面临较强的内生性,上述变化相对城市来说属于外生冲击,基于外生冲击构建的 DID 回归模型去识别空间和产业结构关系能在很大程度上克服内生性的干扰。考虑到 2009 年中国的人均 GDP 取对数超过 9,但是小于 9.13=ln(9 200),为降低样本(9—9.13)可能导致的估计偏误或潜在预期效应干扰因素,基准回归删除 2009 年的样本,稳健性检验同时给出全样本的回归结果。

表 6.1　主要变量描述性统计

变量	全样本			处理组		控制组	
	样本数	均值(标准差)	(最小,最大)	样本数	均值(标准差)	样本数	均值(标准差)
服务业占比	4 253	42.29 (10.9)	(5.08, 81)	123	55.57 (8.773)	4 130	41.90 (10.71)
制造业占比	4 253	50.13 (12.36)	(8.05, 92.3)	123	42.84 (8.507)	4 130	50.35 (12.39)
农业占比	4 253	7.568 (7.757)	(0.03, 60.47)	123	1.592 (1.393)	4 130	7.746 (7.798)
ln(到核心城市距离)	4 253	5.568 (1.333)	(0, 7.896)	123	0	4 130	5.734 (0.938)

注:由于部分变量数值缺失,本章共包含 275 个地级市和直辖市。

6.5　区域空间对服务业发展的影响

6.5.1　基准回归

表 6.2 给出空间效应如何影响服务业发展的基准回归结果,是否核心城市和到核心城市距离度量的空间效应会显著影响服务业发展。第(1)—(2)

列的回归结果表明，核心城市在 2010 年之后服务业占比显著更高；距离核心城市越远的服务业占比显著越小。第(3)—(4)列给出控制 2014 年城市发展政策影响的回归结果。回归结果表明，核心城市在 2010 年之后服务业的占比显著更高；距离核心城市越远的服务业占比显著越小。大城市和 2014 年时期变量交互项系数为负，表明大城市的服务业发展在 2014 年以后受抑制。从经济显著性来看，以第(3)—(4)列为例，核心城市的服务业 GDP 占比显著高 3.8 个百分点，约占样本均值的 9%(3.8/42.29)；到核心城市距离(取对数)增加 1，地区服务业 GDP 占比下降 0.24 个百分点。

表 6.2　城市、距离与服务业

被解释变量	服务业 GDP 占比					
样本范围	基准回归：剔除 2009 年				全样本	
模型编号	(1)	(2)	(3)	(4)	(5)	(6)
$Post_{2010}$ * 核心城市	3.612*** (0.683)		3.760*** (0.751)			
$Post_{2010}$ * ln(核心城市距离)		−0.299*** (0.109)		−0.240** (0.117)		
$Post_{2009}$ * 核心城市					3.889*** (0.697)	
$Post_{2009}$ * ln(核心城市距离)						−0.301*** (0.109)
$Post_{2014}$ * 大城市			−1.354* (0.718)	−0.672 (0.717)	−1.386** (0.700)	−0.815 (0.698)
城市虚拟变量	Yes	Yes	Yes	Yes	Yes	Yes
年份虚拟变量	Yes	Yes	Yes	Yes	Yes	Yes
样本数	4 253	4 253	4 145	4 145	4 404	4 404
R^2	0.771	0.771	0.778	0.777	0.784	0.783

注：括号内为修正的稳健标准误；* 表示 $p<0.1$，** 表示 $p<0.05$，*** 表示 $p<0.01$。

　　基准回归删除了 2009 年的样本，Herrendorf 等（2014）指出人均 GDP 取对数达到 9 左右，服务业 GDP 份额占比呈快速增加趋势。2009 年以后，中国的人均 GDP 取对数超过 9，第（5）—（6）列将 2009 年样本纳入回归分析进行稳健性检验，将 2009 年之后记为 1、2009 年之前记为 0 构建 DID 回归模型。回归结果表明，核心城市在 2009 年之后服务业占比显著更高；距离核心城市越远的服务业占比显著越小。

　　上述回归结果表明，不论以何种时期划分，国家层面进入快速发展服务业阶段，核心城市和其他外围城市的服务业发展差异加大，表明地区间的分工在强化，空间效应会显著影响产业结构。

　　表 6.3 进一步给出以 ln（人均 GDP 美元价格）和 ln（人均 GDP）刻画经济发展阶段，并替换基准模型的 Post 变量。该回归模型可用于揭示不同经济发展阶段下，中心城市（核心城市）对服务业（或产业结构）发展的影响。

表 6.3　经济发展、空间效应与服务业

被解释变量	服务业 GDP 占比					
模型说明	人均 GDP 国际美元价格				人均 GDP 不变价格	
模型编号	(1)	(2)	(3)	(4)	(5)	(6)
ln（人均 GDP 国际美元价格）* 核心城市	5.371 *** (1.090)		5.565 *** (1.079)			
ln（人均 GDP 国际美元价格）* ln（核心城市距离）		−0.297 * (0.169)		−0.335 ** (0.168)		
ln（人均 GDP）* 核心城市					4.565 *** (0.902)	
ln（人均 GDP）* ln（核心城市距离）						−0.250 * (0.141)
Post$_{2014}$ * 大城市	−1.614 ** (0.732)	−0.713 (0.730)	−1.700 ** (0.721)	−0.828 (0.716)	−1.761 ** (0.726)	55.611 *** (7.587)
城市虚拟变量	Yes	Yes	Yes	Yes	Yes	Yes

被解释变量	服务业 GDP 占比					
模型说明	人均 GDP 国际美元价格				人均 GDP 不变价格	
模型编号	(1)	(2)	(3)	(4)	(5)	(6)
年份虚拟变量	Yes	Yes	Yes	Yes	Yes	Yes
样本数	4 145	4 145	4 404	4 404	4 404	4 404
R^2	0.778	0.777	0.784	0.783	0.784	0.783

注:括号内为修正的稳健标准误;* 表示 $p<0.1$,** 表示 $p<0.05$,*** 表示 $p<0.01$。

6.5.2 稳健性检验

本部分从不同方面给出稳健性检验的分析结果。首先,考虑到西藏自治区和新疆维吾尔自治区等地距离本章定义的核心城市均较远,表 6.4 第(1)—(4)列给出剔除这些较远地区的省级城市样本进行稳健性检验。回归结果仍然表明,核心城市在国家层面进入快速发展服务业阶段(2010 年或2009 年之后),服务业占比显著更高;距离核心城市越远的服务业占比显著越小。考虑到边远城市也受核心城市影响,属于城市体系的外围地区,本章基准回归仍然保留这部分样本。

其次,为了剥离潜在的其他宏观变量影响,表 6.4 第(5)—(8)列在基准回归的基础上进一步控制更多地区宏观变量。例如,用年末人口数量和人均 GDP 度量地区规模和经济发展水平;用全市固定资产投资度量投资建设,剥离政府投资行为可能对产业结构的影响;用财政预算内支出度量地方财政情况,控制财政转移支付等对产业结构的影响(回归中对上述变量均取对数处理)。控制了更多地区宏观变量的回归结果仍然表明,核心城市在国家层面进入快速发展服务业阶段(2010 年或 2009 年之后),服务业占比显著

表 6.4　稳健性检验

被解释变量	服务业 GDP 占比							
模型范围	剥离边远地区样本				更多控制变量			
样本范围	剔除 2009 年		全样本		剔除 2009 年		全样本	
模型编号	(1)	(2)	(3)	(4)	(5)	(6)	(7)	(8)
Post$_{2010}$ * 核心城市	3.608*** (0.762)				1.798** (0.717)			
Post$_{2010}$ * ln(核心城市距离)		−0.239* (0.125)				−0.223* (0.116)		
Post$_{2009}$ * 核心城市			3.722*** (0.706)				1.975*** (0.693)	
Post$_{2009}$ * ln(核心城市距离)				−0.277** (0.115)				−0.256** (0.111)
Post$_{2014}$ * 大城市	−0.862 (0.809)	−0.139 (0.819)	−0.909 (0.786)	−0.268 (0.794)	−1.949*** (0.696)	−1.815*** (0.685)	−1.979*** (0.685)	−1.859*** (0.675)
城市虚拟变量	Yes	Yes	Yes	Yes	Yes	Yes	Yes	Yes
年份虚拟变量	Yes	Yes	Yes	Yes	Yes	Yes	Yes	Yes
其他宏观变量	No	No	No	No	Yes	Yes	Yes	Yes
样本数	3 528	3 528	3 749	3 749	3 575	3 575	3 744	3 744
R^2	0.766	0.765	0.772	0.771	0.801	0.801	0.804	0.804

注:括号内为修正的稳健标准误;* 表示 $p<0.1$,** 表示 $p<0.05$,*** 表示 $p<0.01$。其他宏观变量包括:年末人口数量(取对数)、人均 GDP(取对数)、全市固定资产投资(取对数)、财政预算内支出(取对数)。

更高;距离核心城市越远的服务业占比显著越小。考虑到这些宏观变量属于内生控制变量,控制后会影响估计一致性,本章基准回归并未对这些变量进行控制。

再次,2010 年,国家层面进入服务业快速发展阶段,同期是否有其他的相关政策作用于核心城市(其他城市不受影响),进而对基准回归结果产生干扰? 为了进一步剥离其他潜在政策对结果干扰,表 6.5 做了如下稳健性检

表 6.5 剥离其他潜在因素干扰

被解释变量	服务业 GDP 占比					
模型范围	全样本	大城市样本		全样本	大城市样本	
样本范围	剔除 2009 年			全样本		
模型编号	(1)	(2)	(3)	(4)	(5)	(6)
$Post_{2010}$ * 大城市	4.646 *** (0.635)					
$Post_{2010}$ * 核心城市		6.503 *** (0.917)				
$Post_{2010}$ * ln(核心城市距离)			−0.736 *** (0.144)			
$Post_{2009}$ * 大城市				4.386 *** (0.593)		
$Post_{2009}$ * 核心城市					6.378 *** (0.886)	
$Post_{2009}$ * ln(核心城市距离)						−0.762 *** (0.138)
$Post_{2014}$ * 大城市	−2.171 *** (0.739)			−2.011 *** (0.712)		
城市虚拟变量	Yes	Yes	Yes	Yes	Yes	Yes
年份虚拟变量	Yes	Yes	Yes	Yes	Yes	Yes
样本数	4 145	220	220	4 404	229	229
R^2	0.778	0.888	0.876	0.784	0.890	0.881

注:括号内为修正的稳健标准误: * 表示 $p<0.1$, ** 表示 $p<0.05$, *** 表示 $p<0.01$。

验。第(1)列和第(4)列给出替换核心城市为大城市的样本回归结果,比较大城市和非大城市在国家层面进入快速发展服务业阶段前后服务业发展差异的回归结果。结果表明,大城市在国家层面进入快速发展服务业阶段(2010 年或 2009 年之后),服务业占比显著增加,规模效应更有利于服务业发展的结论仍然成立。考虑到本章关心城市群的中心-外围效应,基于核心

城市与否划分处理组和控制组更准确,故基准分析仍以是否国家中心城市
划分处理组与控制组。

表6.5第(2)—(3)列和第(5)—(6)列给出仅保留大城市的样本回归结
果,比较核心城市和非核心城市在国家层面进入快速发展服务业阶段前后
的服务业发展变化。除了规模效应和是否中心-外围的核心城市差异以外,
这些城市受到同期的相关政策的影响均相似。回归结果仍然表明,核心城
市在国家层面进入快速发展服务业阶段(2010年或2009年之后),服务业占
比显著更高;距离核心城市越远的服务业占比显著越小。本部分的回归结
果同时表明,中心-外围分工同时出现在大城市以上规模的城市(类似地,
表6.6以经济发展阶段替换Post进行稳健性检验)。

表6.6 剥离其他潜在因素干扰

被解释变量	服务业 GDP 占比		
模型范围	全样本	大城市样本	
模型编号	(1)	(2)	(3)
ln(人均 GDP 国际美元价格) * 大城市	6.623*** (0.967)		
ln(人均 GDP 国际美元价格) * 核心城市		8.915*** (1.213)	
ln(人均 GDP 国际美元价格) * ln(核心城市距离)			-1.212*** (0.172)
Post$_{2014}$ * 大城市	-2.903*** (0.776)		
城市虚拟变量	Yes	Yes	Yes
年份虚拟变量	Yes	Yes	Yes
样本数	4 404	229	229
R^2	0.784	0.892	0.885

注:括号内为修正的稳健标准误;* 表示 $p<0.1$,** 表示 $p<0.05$,*** 表示 $p<0.01$。

　　最后,根据核心城市划分的 10 个城市群可以同区块对应,也同国家划分的城市群对应。本章基准回归定义的 10 个核心城市主要分布于中国的七大城市群,2018 年 11 月《中共中央、国务院关于建立更加有效的区域协调发展新机制的意见》指出,要以京津冀城市群、长三角城市群、粤港澳大湾区城市群、成渝城市群、长江中游城市群、中原城市群、关中平原城市群等城市群推动国家重大区域战略融合发展,建立以中心城市引领城市群发展、城市群带动区域发展。表 6.7 给出以这七大城市群的中心城市作为核心城市进行稳健性检验。回归结果表明:核心城市在国家层面进入快速发展服务业阶段(2010 年或 2009 年之后),服务业占比显著更高;距离核心城市越远的服务业占比显著越小。

表 6.7　城市、距离与服务业

被解释变量	服务业 GDP 占比			
模型范围	剔除 2009 年		全样本	
模型编号	(1)	(2)	(3)	(4)
$Post_{2010}$ * 七大核心城市	2.639*** (0.878)			
$Post_{2010}$ * ln(七大核心城市距离)		−0.182 (0.134)		
$Post_{2009}$ * 七大核心城市			2.960*** (0.813)	
$Post_{2009}$ * ln(七大核心城市距离)				−0.256** (0.124)
$Post_{2014}$ * 大城市	−0.792 (0.722)	−0.454 (0.710)	−0.887 (0.708)	−0.592 (0.695)
城市虚拟变量	Yes	Yes	Yes	Yes
年份虚拟变量	Yes	Yes	Yes	Yes
样本数	4 145	4 145	4 404	4 404
R^2	0.777	0.777	0.783	0.783

注:括号内为修正的稳健标准误;* 表示 $p<0.1$,** 表示 $p<0.05$,*** 表示 $p<0.01$。

6.5.3　事件研究法

在国家人均 GDP 超过 9 200 国际美元这一分界线以前，核心城市人均
GDP 在 2010 年以前就超过 9 200 国际美元，如何剥离大城市因为人均 GDP
在 2010 年以前超过 9 200 国际美元分界线而快速发展服务业的影响？本部
分基于事件研究法（events study analysis），对基准回归进行平行趋势检验，
并检验随着时间变化，空间效应和产业分工的变化关系。构建动态 DID 模型：

$$Services_{it} = \beta_0 + \sum_{s=1}^{T} \beta_s X_i \times Year_t(s) + \alpha Huge\_city_i$$
$$\times Post2014_t + \delta_i + \varepsilon_{it}$$

(6.2)

其中，$Year_t(s)$ 为时点虚拟变量，2000 年及以后第 s 年赋值为 1，其余赋值为
0；以 $Year_{2000}$ 为基准对照组。其他变量同式(6.1)。

图 6.5 给出上述事件研究法回归核心城市或 ln(到核心城市距离)同年
份交互项的回归系数结果。2010 年以前，交互项系数统计上不显著，满足平

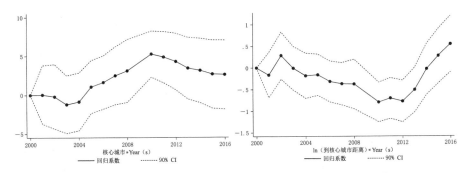

图 6.5　事件研究法

注：上图是动态的核心城市对服务业发展的影响；下图是动态的到核心城市距离对
服务业发展的影响。横坐标为核心城市或到核心城市距离同年份的交互项。回归控制
变量同表 6.2 第(3)—(4)列。

行趋势检验。2010 年后,随着时间推移,交互项回归系数在变大,表明影响效应在加强。2014 年之后,由于城市发展政策,交互项回归系数不显著表明,城市发展政策抑制了核心城市的服务业发展及其对周围地区的分工影响。

6.5.4　消费性与生产性服务业

同前面第 2 章类似的做法,我们进一步将服务业划分为生产性服务业和生活性服务业。生产性服务业有利于现代制造业与服务业加快融合,生产性服务业专业化程度较高,故核心城市有利于生产性服务业空间集聚发展。生活性服务业是服务经济的重要组成,直接向居民提供物质和精神生活消费产品及服务,其产品、服务用于解决消费者生活中的各种需求。本部分将从微观企业和家庭个体视角分析空间效应对服务业发展的影响,对服务业进一步做异质性分析,区分不同类型服务业如何受空间效应影响。

首先,本部分基于微观企业数据进行讨论分析。既有研究常用是否创业度量企业家精神(Glaeser and Kerr,2009;李宏彬等,2009;Glaeser et al.,2010),本章基于工商注册数据检验城市、距离与企业家精神(或创业),从企业家精神视角讨论空间效应和服务业发展关系。为更准确地刻画企业家精神,本章将样本限定在新成立企业,讨论空间效应对新成立企业家精神的影响,以剥离空间效应以外的其他潜在因素对企业家精神的影响。将企业从事行业类型根据统计局的定义归类到三大部门,定义服务业为 1,非服务业为 0,构建是否服务业虚拟变量。表 6.8 基于工商注册数据整理的空间效应与服务业类型的企业家精神。第(1)列和第(5)列回归结果表明,2010年之后,核心城市的服务业企业创业概率显著更大;距离核心城市越远的,服务业企业创业的概率显著更低。因此，空间效应显著影响服务业企业家精神。

　　进一步将服务业创业分类为生产性服务业创业和消费性服务业创业，定义消费性服务业创业为 1，非服务业创业为 0，构建是否消费性服务业创业虚拟变量。定义生产性服务业创业为 1，非服务业创业为 0，构建是否生产性服务业虚拟变量。第(2)列和第(6)列回归结果表明，2010 年之后，核心城市生产性服务业创业企业概率显著更高；距离核心城市越远的，生产性服务业创业概率显著越低。第(3)列和第(7)列回归结果表明，2010 年之后，消费性服务业企业家精神在核心城市显著更大；距离核心城市越远的，消费性服务业企业创业的概率显著更低。

　　最后，第(4)列和第(8)列对比服务业内部的生产性服务业和消费性服务业创业，定义消费性服务业创业为 1，生产性服务业创业为 0，构建是否消费性服务业创业虚拟变量。回归结果表明，2010 年之后，核心城市的生活性服务业企业创业概率显著更大，尤其是生活性服务业企业家精神在核心城市和靠近核心城市出现概率显著更大。

表 6.8　城市、距离与服务业创业

被解释变量	是否服务业	是否生产性服务业	是否生活性服务业		是否服务业	是否生产性服务业	是否生活性服务业	
模型范围	全样本			服务业内	全样本			服务业内
模型编号	(1)	(2)	(3)	(4)	(5)	(6)	(7)	(8)
Post_{2010} * 核心城市	0.024*** (0.001)	0.036*** (0.001)	0.165*** (0.001)	0.040*** (0.001)				
Post_{2010} * ln(城市距离)					−0.010*** (0.000)	−0.011*** (0.000)	−0.031*** (0.000)	−0.008*** (0.000)
Post_{2014} * 大城市	−0.091*** (0.001)	−0.070*** (0.001)	−0.031*** (0.001)	−0.010 (0.001)	−0.107*** (0.001)	−0.084*** (0.001)	−0.043*** (0.001)	−0.008*** (0.001)

被解释变量	是否服务业	是否生产性服务业	是否生活性服务业		是否服务业	是否生产性服务业	是否生活性服务业	
模型范围	全样本			服务业内	全样本			服务业内
模型编号	(1)	(2)	(3)	(4)	(5)	(6)	(7)	(8)
成立年份 FE	Yes	Yes	Yes	Yes	Yes	Yes	Yes	Yes
地区 FE	Yes	Yes	Yes	Yes	Yes	Yes	Yes	Yes
年份 FE	Yes	Yes	Yes	Yes	Yes	Yes	Yes	Yes
样本数	9 928 778	8 354 818	5 404 520	6 098 218	9 928 778	8 354 818	5 404 520	6 098 218
R^2	0.160	0.165	0.199	0.028	0.158	0.162	0.197	0.028

注：括号内为修正的稳健标准误：* 表示 $p<0.1$，** 表示 $p<0.05$，*** 表示 $p<0.01$。核准日期是工商执照批日期，可以认为是样本调查时间，统计调查时点的企业。

其次，根据国民经济行业分类和人口普查微观数据，对个体从事行业类型依次归类到所属部门，为同基准分析一致，仅保留城镇样本。定义消费性服务业就业为 1，非服务业就业为 0，构建是否从事消费性服务业就业虚拟变量。定义生产性服务业就业为 1，非服务业就业为 0，构建是否从事生产性服务业就业虚拟变量。

表 6.9 给出回归结果，第（1）—（4）列回归结果表明，2010 年之后，核心城市居民从事生产性就业概率没有显著更高，原因可能是距离核心城市不远的周边地区发展了部分小规模的生产性服务业，这部分生产性服务业同这些城市的制造业紧密结合，使得生产性服务业就业在这些地区较高；2010年之后，核心城市的个体从事消费性服务业就业的概率显著更高；不论是生产性或消费性服务业，距离核心城市越远的个体从事服务业就业概率显著越低。第（5）—（6）列在服务业内部就业比较（从事消费性服务业就业定义为 1，生产性服务业就业定义为 0），回归结果表明，中心城市更多从事消费性

服务业就业。距离在第(6)列不显著的原因是,在外围地区会出现由旅游或
是农业服务业拉动的消费性服务业就业,使得外围地区的消费性服务就业
也会较多。

表 6.9　城市、距离与服务业就业

被解释变量	是否生产性服务业		是否生活性服务业		是否生活性服务业	
模型范围	全样本				服务业内部	
模型编号	(1)	(2)	(3)	(4)	(5)	(6)
$Post_{2010}$ * 核心城市	−0.000 (0.002)		0.012*** (0.002)		0.008*** (0.003)	
$Post_{2010}$ * ln(核心城市距离)		−0.001*** (0.000)		−0.002*** (0.000)		0.000 (0.000)
$Post_{2014}$ * 大城市	−0.001 (0.002)	−0.003* (0.002)	0.000 (0.002)	−0.001 (0.002)	0.050*** (0.002)	0.052*** (0.002)
性别	0.031*** (0.001)	0.031*** (0.001)	0.083*** (0.001)	0.083*** (0.001)	0.070*** (0.001)	0.070*** (0.001)
民族	0.014*** (0.002)	0.014*** (0.002)	0.040*** (0.002)	0.040*** (0.002)	0.027*** (0.002)	0.027*** (0.002)
受教育等级	0.145*** (0.000)	0.145*** (0.000)	0.058*** (0.000)	0.058*** (0.000)	−0.079*** (0.000)	−0.079*** (0.000)
年龄	0.002*** (0.000)	0.002*** (0.000)	−0.001*** (0.000)	−0.001*** (0.000)	−0.005*** (0.000)	−0.005*** (0.000)
城市虚拟变量	Yes	Yes	Yes	Yes	Yes	Yes
年份虚拟变量	Yes	Yes	Yes	Yes	Yes	Yes
样本数	1 887 868	1 887 868	1 557 374	1 557 374	1 105 784	1 105 784
R^2	0.196	0.196	0.105	0.105	0.173	0.173

注:括号内为修正的稳健标准误; * 表示 $p<0.1$, ** 表示 $p<0.05$, *** 表示 $p<0.01$。

6.6 中心城市影响产业发展与分工的机制

6.6.1 距离与分工

加快发展服务业,有利于推进经济结构调整,强化地区间分工。由于空间效应,区块和城市群内到中心城市距离的远近决定了城市间发展不同产业的比较优势和分工,本部分检验空间与产业分工关系。考虑到空间与产业分工可能是非线性关系,本章将基准回归加入距离的二次项。

表6.10和表6.11给出控制2014年大城市发展政策后,到核心城市距离对产业分工影响的回归结果。以到核心城市距离为0作为基准,距离核心城市越远的地区,其服务业 GDP 占比逐渐下降,但是外围地区会有小幅回升,因为部分旅游或者消费性服务业(例如,批发零售服务业)会在外围地区发展,拉动服务业小幅上升;随着到核心城市距离的增加,制造业 GDP 占比先上升后下降,服务业发展为自身和其他城市的制造业赋能,故核心城市周围地区的制造业快速上升,服务业和农业部门的 GDP 占比会下降,制造业占比在中心和外围地区中间达到最大;随着到核心城市距离的进一步增加,外围地区农业 GDP 占比快速增长。区块和城市群内到中心城市距离的远近决定了城市间发展不同产业的分工,服务业、制造业和农业依次发展。

表 6.10 距离与部门分工

被解释变量	服务业 GDP 占比	制造业 GDP 占比	农业 GDP 占比
模型编号	(1)	(2)	(3)
$Post_{2010}$ * ln(核心城市距离)	-1.002^{***} (0.364)	2.196^{***} (0.386)	-1.186^{***} (0.173)

被解释变量	服务业 GDP 占比	制造业 GDP 占比	农业 GDP 占比
模型编号	(1)	(2)	(3)
Post_{2010} * $\ln(核心城市距离)^2$	0.096** (0.048)	−0.266*** (0.051)	0.169*** (0.028)
Post_{2014} * 大城市	−1.096 (0.734)	0.864 (0.739)	0.230 (0.199)
城市虚拟变量	Yes	Yes	Yes
年份虚拟变量	Yes	Yes	Yes
样本数	4 145	4 147	4 147
R^2	0.777	0.796	0.861

注:括号内为修正的稳健标准误;* 表示 $p<0.1$,** 表示 $p<0.05$,*** 表示 $p<0.01$。把城镇替换为全市,结论一致。本章主要关注城镇的变化,城镇是关于制造业和服务业的关系,稳健性检验用全市农业份额替换城镇农业份额,结论类似,外围地区农业份额会大幅上升。

表 6.11　经济发展、距离与部门分工

被解释变量	服务业 GDP 占比	制造业 GDP 占比	农业 GDP 占比
模型编号	(1)	(2)	(3)
$\ln(人均 GDP 国际美元价格)$ * $\ln(核心城市距离)$	−1.753*** (0.512)	3.576*** (0.535)	−1.816*** (0.263)
$\ln(人均 GDP 国际美元价格)$ * $\ln(核心城市距离)^2$	0.182*** (0.068)	−0.439*** (0.071)	0.256*** (0.042)
Post_{2014} * 大城市	−1.402* (0.749)	1.308* (0.750)	0.092 (0.207)
城市虚拟变量	Yes	Yes	Yes
年份虚拟变量	Yes	Yes	Yes
样本数	4 145	4 147	4 147
R^2	0.777	0.797	0.862

注:括号内为修正的稳健标准误;* 表示 $p<0.1$,** 表示 $p<0.05$,*** 表示 $p<0.01$。把城镇替换为全市,结论一致。本章主要关注城镇的变化,城镇是关于制造业和服务业的关系,稳健性检验用全市农业份额替换城镇农业份额,结论类似,外围地区农业份额会大幅上升。

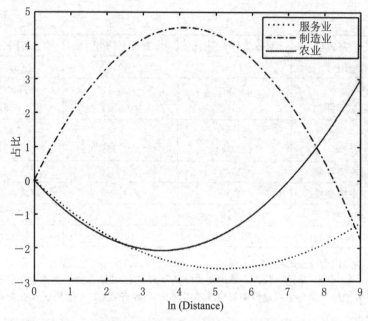

图 6.6　到核心城市距离与部门分工

注:以到核心城市距离为 0 作为基准。横坐标是到核心城市距离,纵坐标是部门
GDP 占比。

　　考虑到服务业内部差异,表 6.12 基于微观数据进一步讨论空间效应对服
务业内部分工的影响,检验距离与服务业分工关系。类似表 6.10 和表 6.11,用
是否从事生产(消费)性服务业就业和是否从事生产(消费)性服务业创业数
据检验服务业内部分工。

　　第(1)列和第(3)列是否从事生产性服务业的回归结果表明,随着到核
心城市距离增加,微观个体从事生产性服务业就业和创业的概率会显著下
降,并且从事生产性服务业创业受距离影响更大;第(2)列和第(4)列是否从
事消费性服务业的回归结果表明,随着到核心城市距离的增加,微观个体从
事消费性服务业就业和创业的概率呈现先降后升的规律,并且从事消费性
服务业创业受距离的负向影响更大,回升效应并不高。消费性服务业就业

表 6.12　城市、距离与服务业分工

被解释变量	是否生产性服务业	是否消费性服务业	是否生产性服务业	是否消费性服务业
模型范围	Census:服务业就业		工商注册:服务业创业	
模型编号	(1)	(2)	(3)	(4)
$Post_{2010}$ * ln(核心城市距离)	0.001 7 (0.001)	−0.012*** (0.001)	−0.011*** (0.001)	−0.042*** (0.001)
$Post_{2010}$ * ln(核心城市距离)^2	−0.000 4** (0.000)	0.002*** (0.000)	0.000 (0.000)	0.002*** (0.000)
$Post_{2014}$ * 大城市	−0.003 (0.002)	−0.001 (0.002)	−0.084*** (0.001)	−0.045*** (0.001)
控制变量	同表 6.10 一致		同表 6.10 一致	
样本数	1 887 868	1 557 374	8 354 818	5 404 520
R^2	0.196	0.105	0.162	0.197

注:括号内为修正的稳健标准误: * 表示 $p<0.1$, ** 表示 $p<0.05$, *** 表示 $p<0.01$。

到了远离核心城市的外围地区会轻微回升是因为部分消费性服务业(例如,批发零售和快递)适合在外围地区发展。

6.6.2　规模经济与分工

前面没有对核心城市进行异质性讨论,不同核心城市的职能或是规模效应大小有差异,同国际大市场交流也不同。核心城市如果对所在城市群的影响更强,则中心-外围分工效应可能会更明确,城市群内到中心城市距离的远近决定了城市间发展不同产业的分工效应越强。本部分将主要从两个维度讨论核心城市影响的大小。

一方面,不同核心城市到沿海距离的远近会对该城市影响有差异,更靠近沿海的核心城市既需要兼顾城市群内的分工效应,也需要兼顾城市群间或国内-国际的分工效应,因此,相对来说,距离港口越近的核心城市所在城市群的空间与分工关系会更明确;相反,远离沿海核心城市的市场规模和影响力相对较小,其对城市群的影响效应也可能较小,故中心-外围的分工效应会相对较弱。为检验这一现象,同时考虑核心城市到沿海港口距离、城市和核心城市距离和时间对产业分工的影响,构建 DDD 回归模型。表 6.13 第(1)列回归结果表明,距离沿海港口越远的核心城市的服务业占比越低,因为远离港口的城市规模较小,其对服务业的影响相对较小;第(2)列三重交互项系数显著为正的结果表明,城市如果距离核心城市越远,且核心城市越离港口越远,则这个城市的服务业 GDP 占比会增加。因为远离港口的核心城市的相对市场规模(或服务业发展)较小,其对所在城市群的中心-外围分工效应相对较弱,故外围城市服务业可以有较好发展(类似地,表 6.14 给出以经济发展替换 Post 变量,检验经济发展、空间效应与服务业发展的关系)。

表 6.13 市场规模、距离与服务业

被解释变量	服务业 GDP 占比			
模型编号	(1)	(2)	(3)	(4)
$Post_{2010}$ * 是否核心城市	7.547 *** (0.921)		−159.299 *** (23.854)	
$Post_{2010}$ * ln(到核心城市距离)	−0.244 *** (0.054)	−2.067 *** (0.177)		
$Post_{2010}$ * 是否核心城市 * ln(核心城市到港口距离)	−1.061 *** (0.190)			
$Post_{2010}$ * ln(核心城市到港口距离)		−1.615 *** (0.166)		23.411 *** (3.963)
$Post_{2010}$ * ln(核心城市距离) * ln(核心城市到港口距离)		0.310 *** (0.032)		
$Post_{2010}$ * ln(核心城市规模)			0.550 (0.407)	8.797 *** (1.321)
$Post_{2010}$ * 是否核心城市 * ln(核心城市规模)			10.130 *** (1.472)	

被解释变量	服务业 GDP 占比			
模型编号	(1)	(2)	(3)	(4)
$Post_{2010}$ * ln(核心城市距离) * ln(核心城市规模)				−1.471***
				(0.246)
$Post_{2014}$ * 大城市	−1.422**	−1.148*	−1.621**	−1.241*
	(0.653)	(0.657)	(0.633)	(0.648)
城市虚拟变量	Yes	Yes	Yes	Yes
年份虚拟变量	Yes	Yes	Yes	Yes
样本数	4 145	4 145	4 145	4 145
R^2	0.780	0.782	0.779	0.779

注:括号内为修正的稳健标准误;* 表示 $p<0.1$,** 表示 $p<0.05$,*** 表示 $p<0.01$。

表 6.14　经济发展、空间效应与服务业

被解释变量	服务业 GDP 占比			
模型编号	(1)	(2)	(3)	(4)
ln(人均 GDP 国际美元价格) * 是否核心城市	10.504***		−219.972***	
	(1.581)		(32.640)	
ln(人均 GDP 国际美元价格) * ln(核心城市距离)	−0.280***	−2.621***		
	(0.079)	(0.275)		
ln(人均 GDP 国际美元价格) * ln(核心城市) * ln(核心城市到港口距离)	−1.183***			
	(0.294)			
ln(人均 GDP 国际美元价格) * ln(核心城市到港口距离)		−2.096***		33.883***
		(0.263)		(6.159)
ln(人均 GDP 国际美元价格) * ln(核心城市距离) * ln(核心城市到港口距离)		0.400***		
		(0.049)		
ln(人均 GDP 国际美元价格) * ln(核心城市规模)			0.303	12.192***
			(0.591)	(2.090)
ln(人均 GDP 国际美元价格) * ln(核心城市) * ln(核心城市规模)			14.045***	
			(2.014)	
ln(人均 GDP 国际美元价格) * ln(核心城市距离) * ln(核心城市规模)				−2.128***
				(0.383)

续表

被解释变量	服务业 GDP 占比			
模型编号	(1)	(2)	(3)	(4)
$Post_{2014} *$ 大城市	-2.027^{***} (0.667)	-1.283^{*} (0.657)	-2.245^{***} (0.646)	-1.432 (0.899)
城市虚拟变量	Yes	Yes	Yes	Yes
年份虚拟变量	Yes	Yes	Yes	Yes
样本数	4 404	4 404	4 404	4 404
R^2	0.785	0.787	0.786	0.785

注:括号内为修正的稳健标准误:* 表示 $p<0.1$,** 表示 $p<0.05$,*** 表示 $p<0.01$。

另一方面,不同城市群的分工效应会因核心城市规模大小而有差异,用人口规模度量核心城市规模大小,人口规模越大的城市规模越大,考虑核心城市的规模效应差异。如果核心城市规模越大,核心城市的影响越强,其所在的城市群的中心-外围分工效应会更明确,城市群内到中心城市距离的远近决定了城市间发展不同产业的比较优势和分工效应越强。第(3)列三重交互项系数显著为正的结果表明,核心城市市场规模越大,服务业发展越好。第(4)列三重交互项系数显著为负表明,如果城市距离核心城市越远,并且核心城市的规模越大,那么这个城市服务业 GDP 的占比将越低。因为核心城市市场规模大,该城市群内的中心-外围分工效应明确,所以外围城市服务业发展相对较小。

6.7 本章小结

空间效应通过规模经济和距离影响产业结构,本章从空间视角研究城市群中心-外围的产业分工效应。基于结构转型的国际经验和发展政策冲击构建 DID 模型，从宏微观层面识别城市、距离与产业结构之间的关系。研究发现，距离核心城市越近的服务业发展越好，生产性和消费性服务业均受规模经济和距离影响，且消费性服务业受影响更大。进一步地，本章讨论了城市群内部的空间和结构转型的分工效应，空间效应促进结构转型的同时会强化地区间的分工协作，且核心城市对城市群内部的分工效应会因其市场规模大小而有差异。

目前，中国城市群内不同大城市之间仍有部分行业发展的重合度较高，导致分工不明确，我们需要建设更多的一体化机制和进一步优化空间效应，这有利于提高资源配置效率和优化经济结构，让城市群内部不同规模的城市间相互分工、互补，形成以中心城市为核心带动、向外辐射的城市分工网络，推动经济联动发展和高质量增长。

第 7 章　畅通国内大循环的结构、增长和环境效应

7.1　引言

第 6 章基于经验研究方法讨论了区域空间与产业分工的关系,但是并未对理论机制、增长、福利影响等进行讨论,要研究这些问题需要进一步使用结构模型方法进行量化分析。本章将对此进行补充,结合空间一般均衡模型量化分析畅通国内大循环(市场一体化建设)对产业结构、社会福利和增长的影响,从区域维度厘清中国要素市场扭曲或障碍对产业结构转型和经济增长运行等的作用机制。加快商品和劳动等生产要素统一大市场的建设,是中国经济高质量发展的重要保障,本章重点关心其对结构转型和增长的影响。

另一方面,2020 年 9 月,中国明确提出力争 2030 年前实现碳达峰,2060 年前实现碳中和的目标(简称"双碳"目标),并获得国际社会积极反应。然而,对于减碳与经济发展之间的关系,学界和政策界仍然存在许多模糊的认

识。近年来,为实现单位 GDP 减排目标[①],不少地区动用了限额、罚款等行政规制手段,有些甚至通过控制工业发展速度来减排,引起了发展和减排之间的矛盾。对此,习近平总书记强调:"减排不是减生产力,也不是不排放,而是要走生态优先、绿色低碳发展道路,在经济发展中促进绿色转型、在绿色转型中实现更大发展。"[②]要实现发展和减排的双赢,一个重要的前提是要具备全局视角和一般均衡的思维,不能把目光局限在一时一地的得失上。在 2022 年的全国两会上,习近平总书记指出:"要算大账、算长远账、算整体账、算综合账。'双碳'目标是全国来看的,哪里减,哪里清零,哪里还能保留,甚至哪里要作为保能源的措施还要增加,都要从全国角度来衡量。"因此,本章也会基于空间一般均衡的视角研究要素空间配置对环境的影响。

环境经济学大量实证研究表明,企业生产效率和能源利用效率间存在显著正相关关系。[③]因此,生产要素向高生产效率地区集聚,既可以提高中国整体的生产效率,又可以提高整体的能源利用效率。然而,长期以来,受自然条件、制度和政策导向等因素影响,中国的要素和产品市场存在严重的区域分割或流通障碍。这不但不利于地区间在人均 GDP 意义上的"平衡发展"(陆铭等,2019;陆铭等,2023),还可能加剧经济发展与减排之间的矛盾。本章强调,要素和产品市场在区域间的分割是导致中国能源利用效率不高和经济发

---

① 本书不对能耗、排放进行区分,减碳、减排和提高能源利用效率(或降低单位 GDP 能耗)依据不同的上下文而不作区分。因为碳排放(即温室气体排放量)同能源消耗高度相关。近年来,温室气体大量排放造成了全球变暖等环境问题,而温室气体的主要组成部分就是二氧化碳(CO_2)。二氧化碳的大量排放是由人类的生产、生活大量使用各种化石能源造成的。能源种类较多,所含热量也各不相同,为了便于总量研究,中国把每公斤含热 7 000 大卡(29 306 焦耳)定为标准煤(标煤)。根据换算,1 吨标准煤完全燃烧产生的二氧化碳的碳排放系数参考值为 0.7。能源结构、技术等因素变化会影响能源利用效率,我们统一将其纳入单位 GDP 能耗,不做进一步的分类讨论。

② 参见 2022 年 1 月中共中央政治局就努力实现"双碳"目标进行集体学习时,习近平总书记的讲话。

③ 具体可参见:Cherniwchan 等(2017),Shapiro 和 Walker(2018),Copeland 等(2021),Qi 等(2021)。

展不充分的重要原因。畅通国内大循环，将促使要素和产品向高生产率和高能源效率地区集聚，实现产业结构转型、经济增长与能源效率提高的多赢。

首先，我们将基于中国实践的特征事实，展示 2000 年以来中国各区域之间在能源利用效率上的差异，结合区域发展政策这一外生冲击和空间集聚特征，讨论区域空间能源利用效率变化（关于能源或能耗以外的其他特征事实我们在第 2 章已有了详细的阐述和讨论，本章不再赘述）。接着，本章将构建一个包含区域间生产效率和能源效率差异的空间一般均衡模型，在要素空间配置、产业结构、经济增长和能源效率之间建立起紧密的内在逻辑联系，并结合中国数据定量分析"在集聚中减碳和发展"的效应。①我们的反事实分析表明，降低区域间劳动力流动成本和贸易成本，跨区域人口流动会大幅增长，非农就业占比和人均实际 GDP 上升，而单位 GDP 能耗显著下降。例如，让流入非农部门的迁移成本下降为 2010 年迁移成本的 75%，省内跨城乡移民将增加 35.2%，省间移民将增加 42.7%，城市化率将提高 9.4 个百分点，实际GDP 将增长 6.4%，社会福利将提高 8.6%，单位实际和名义 GDP 能耗分别下降 6% 和 1%，服务业就业占比将增加 4.6 个百分点。让 2010 年区域间贸易成本下降 20%，省际移民将增长 0.1%，城镇化率将上升 0.1 个百分点，实际 GDP和社会总福利将分别增长 7.9% 和 2.9%，单位 GDP 能耗将下降 7.3%。上述效应会随着集聚带来的规模经济而扩大，并在一系列敏感性分析下仍然稳健。

同本章相关的部分文献综述可以参见本书第 1 章的文献综述部分，同时本章还与以下两类文献密切相关，但同这些研究相比又有新的边际创新。第一类文献研究资源配置的环境效应。部分研究探讨国际贸易如何通过影响资源配置进而对环境产生影响。由于不同地区、行业或企业有不同的排

---

① 需要说明的是，总能源消耗包括生产性能源消耗和消费性能源消耗，根据《中国能源统计年鉴》，生产性能源消耗远远大于消费性能源消耗，同时，由于本章主要研究单位 GDP 能耗，故主要关注生产性能源消耗。

污密度,国际贸易①通过影响资源在不同地区、行业或企业之间的配置而影响环境(Copeland and Taylor,1994;Brock and Taylor,2010;Taylor and Copeland,2014;Larch and Wanner,2017;Cherniwchan,2017;Barrows and Ollivier,2018;Shapiro and Walker,2018;Najjar and Cherniwchan,2021;Shapiro,2021)。也有研究基于微观数据发现,高生产率企业的生产通常更清洁,因此信贷约束、环境政策和特惠性政策等引起的企业间资源配置,会同时影响经济增长和环境(Martin,2013;Barrows and Ollivier,2018;Tombe and Winter,2015;Shapiro and Walker,2018;陈登科,2020;Qi et al.,2021)。②与这类文献相比,本章将区域间的能源利用效率差异引入空间一般均衡的分析框架,定量分析区域间资源配置对能源利用效率的影响,是对资源配置的环境效应文献的补充,也将资源空间配置或管制的环境效应的研究从简约式估计(陆铭、冯皓,2014;Chen et al.,2018;宋弘等,2019;Xu et al.,2022)提升到空间一般均衡的量化估计。

第二类文献研究空间资源错配对于经济发展的影响。部分研究从劳动力空间配置效率的视角发现,劳动力流动成本会带来劳动力配置效率恶化,进而降低劳均产出、贸易水平和社会福利(潘士远等,2018,2021;Bryan and Morten,2019;Caliendo et al.,2019;宋扬,2019;Tombe and Zhu,2019;Hao et al.,2020;Liang et al.,2020;张文武等,2021)。也有研究发现,转移支付的空间错配导致资源配置效率恶化,进而损害整体的国际竞争力(陆铭、向宽虎,2014;Lu and Xiang,2016)。还有研究从土地要素空间配置的视角发现,土地空间错配会同时带来劳动力的空间错配,进而压低全要素生

---

① 相对而言,污染行业生产的产品贸易更多。
② 相关的文献综述请参见:Brock 和 Taylor(2005)、Copeland(2014)、Cherniwchan 等(2017)以及 Copeland 等(2021)。

产率（陆铭等，2015；刘修岩、李松林，2017；张莉等，2017；韩立彬、陆铭，2018；Chen et al.，2019；Hsieh and Moretti，2019；Liang et al.，2020；赵扶扬、陈斌开，2021；张文武等，2021）。然而，这类文献鲜有从空间视角讨论错配（尤其是商品或生产要素流通）的环境效应。本章将研究空间错配对于经济增长和能源利用效率的影响，将中国的特征事实和空间一般均衡模型有机结合，提供了资源空间配置如何影响环境的中国证据。

7.2 特征事实

在本部分，我们将在第 2 章的基础上，补充展示中国不同区域之间在能源利用效率上的差异。利用《中国统计年鉴》《中国能源统计年鉴》《中国城市统计年鉴》等数据，我们新构建以下几点特征事实：(1)地区间在能源利用效率上存在显著差异，而能源利用效率和人均 GDP 之间存在较强的正相关关系。(2)自 2003 年以来，东部地区（简称沿海地区）和中西部地区（简称内陆地区）在能源利用效率上出现了显著的分化，沿海地区单位 GDP 能耗出现下降趋势，而内陆地区出现上升趋势。

7.2.1 能源利用效率的区域间差异

中国不同区域（省级单位）之间在能源利用效率上存在显著差异。图 7.1 刻画了 2010 年中国各省（区、市）GDP、人口和能源消耗占全国的比重。如果各地区之间的人均 GDP 和单位 GDP 能耗相同，那么这三条线应该重合。然而，图 7.1 显示，三条线之间的偏离都较大，表明人均 GDP 和单位 GDP 能耗都存在

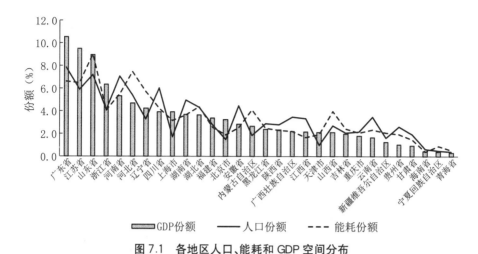

图 7.1　各地区人口、能耗和 GDP 空间分布

资料来源：2010 年《中国统计年鉴》与《中国能源统计年鉴》。份额是指占全国的比重；替换其他年份的人口、能耗和 GDP 空间分布关系图，得出的结论类似。

显著的地区差异。值得注意的是，内陆地区的单位 GDP 能耗高于沿海地区。

根据图 7.2 可以看到，从 2000 年到 2015 年，在每一个时点，中国各地区人均 GDP 和单位 GDP 能耗之间都存在很强的相关关系。经济发展越好、人均 GDP 越高的地区，单位 GDP 能耗越低。无论我们使用名义 GDP 还是实际 GDP（同时控制时间上和区域间差异），这一结论都成立。

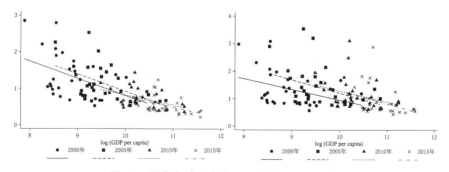

图 7.2　历年各地区人均 GDP 和单位 GDP 能耗

注：左边是名义 GDP 能耗；右边是实际 GDP 能耗（2000 年不变价格），实际 GDP 根据 Brandt 和 Holz(2006)的方法进行修正。

图 7.3 展示了不同地区各部门的能源利用效率。可以看到,农业部门和服务业部门的单位 GDP 能耗差异不大,制造业部门的单位 GDP 能耗显著

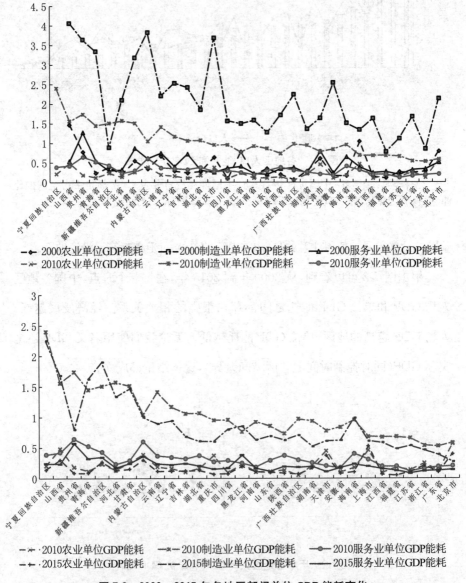

图 7.3 2000—2015 年各地区部门单位 GDP 能耗变化

资料来源:2000—2015 年《中国统计年鉴》与《中国能源统计年鉴》。

高于农业和服务业部门,虽然两者之间的差距随着时间变化在缩小。这意味着,每个地区内部从农业向制造业再向服务业的结构转型,虽然会使该地区的人均 GDP 上升,但也会使该地区的单位 GDP 能耗出现先上升后下降的过程。但同时,不同地区间的三个部门的单位 GDP 能耗存在很大的差异,因此促进要素在不同地区之间的空间再配置,可以降低中国整体的单位 GDP 能耗。

7.2.2　区域发展政策下地区间能源利用效率的分化

改革开放之后,中国城市化进程快速推进,同时出现经济和人口向沿海地区集聚,但是转型时期的人口却未能充分地根据经济空间布局的变化而做出相应的调整,于是,经济集聚也伴随着地区间人均 GDP 差距的扩大而扩大。2003 年之后,为了缩小地区间的差距,中央政府采取了一系列平衡地区发展的政策,引导建设用地指标、转移支付等向内陆地区配置。区域发展政策是导致空间布局变化的外生冲击,也是影响国内大循环的重要决定因素,2003 年的区域再平衡发展政策带来某些维度的低效或分散式发展,不利于畅通国内大循环发展。因此,2003 年的区域发展政策冲击为本章检验空间布局和能耗的相关关系提供了自然实验。建设用地指标调整和财政转移支付等都会影响要素流动,诱使更多高能耗和低效率产业迁移到内陆,同时大量人口被滞留在内陆,这些使得经济在空间上均匀分布的政策同时会影响减碳和经济增长。

为揭示能源利用效率在时间上的动态变化,图 7.4 给出了控制其他变量后,年份虚拟变量对单位 GDP 能耗的回归结果。结果表明,以 2000 年为基期,随着时间推移,单位 GDP 能耗整体呈增加趋势(实线)。进一步地,我们区分了沿海地区和内陆地区子样本,2003 年区域发展政策之后,沿海和内陆

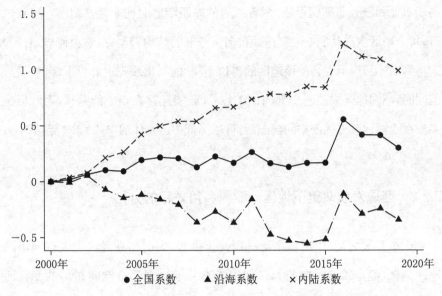

图 7.4 历年单位 GDP 能耗变化回归系数

注:2000—2019 年省级层面回归结果中,回归控制了省内的人均 GDP、第二产业占比、第三产业占比及省份虚拟变量。全国系数是指全国 31 个省级行政区样本,控制了其他控制变量后,各年份虚拟变量回归系数,揭示不同年份下的能源利用效率变化。类似地,沿海系数和内陆系数分别是指沿海省份样本和内陆省份样本,年份虚拟变量回归系数。需要说明的是,如果加上 90% 的置信区间,沿海系数统计上不显著,内陆系数和全国系数在 2003 年后系数统计上显著大于 0。本部分汇报结果为名义 GDP 能耗,我们将名义 GDP 能耗替换为实际 GDP 能耗(2000 年不变价格),结论不变。

地区的能源利用效率开始分化,内陆地区的能源利用效率恶化。单位 GDP 能耗整体上升是由于内陆地区能源利用效率下降驱动。

表 7.1 基于 2003 年区域发展政策的冲击,构建 DID 回归模型,讨论空间因素对单位 GDP 能耗的影响。第(1)列内陆地区虚拟变量(内陆地区为 1,沿海地区为 0)和 $Post_{2003}$ 虚拟变量(2003 年及以后为 1,之前为 0)交互项系数显著为正的回归结果表明,2003 年以后内陆地区的单位 GDP 能耗显著上升。考虑到样本期较长,第(2)列给出 2007 年及以前的回归结果,减少其他潜在政策对结论的干扰影响,结论同第(1)列类似。

　　为了讨论结论的稳健性和进一步剥离其他潜在因素的干扰,第(3)列给出沿海及紧邻沿海的内陆省份样本回归,除了区域发展政策的差异,这些地理临近地区在时间维度上的变化较相似,DID 回归结果受其他潜在干扰的影响较小。类似地,第(4)列给出 2007 年及以前沿海和紧邻的内陆省份样本回归。上述回归结果均表明:2003 年之后内陆地区单位 GDP 能耗显著上升。

表 7.1　区域政策与单位 GDP 能耗

被解释变量	ln(单位 GDP 能耗)			
模型范围	全国范围		沿海及紧邻省份	
样本时间	2000—2019 年	2007 年及以前	2000—2019 年	2007 年及以前
模型编号	(1)	(2)	(3)	(4)
内陆地区虚拟变量 * Post_{2003}	1.241*** (0.367)	0.630** (0.273)	1.298** (0.586)	1.137** (0.479)
ln(人均 GDP)	−1.636*** (0.432)	−2.313** (0.958)	−0.261 (0.620)	−4.237** (1.898)
第三产业占比	−1.948 (2.227)	−6.539** (3.270)	−4.621 (3.220)	−11.356*** (3.900)
年份虚拟变量	Yes	Yes	Yes	Yes
省份虚拟变量	Yes	Yes	Yes	Yes
样本数	596	236	359	143
R^2	0.847	0.885	0.798	0.848

　　注:括号内为修正的稳健标准误:* 表示 $p<0.1$,** 表示 $p<0.05$,*** 表示 $p<0.01$。能源消耗包括生产性能源消耗和消费性能源消耗,根据《中国能源统计年鉴》,生产性能源消耗远远大于消费性能源消耗。由于本章主要研究区域政策如何影响单位 GDP 能耗,主要回归结果以生产能源消耗结果为准,用总能源消耗度量能源消耗进行稳健性检验,结论不变。

　　西部地区的制造业污染比东部地区的更高,是不是因为产业结构差异?为进一步剥离产业结构在地区间差异对本章结论的影响(地区差异很可能是因为有些地区的产业是高能耗,而有些地区的产业是低能耗),我们用企业排污数据,控制行业2位码,进行行业内部比较。由于企业层面的单位产出能耗有不少0值,故我们未对被解释变量做取对数处理。在控制了行业2位码虚拟变量(保持行业可比)和年份虚拟变量后,内陆地区的单位产出能耗显著高于沿海地区;进一步地,第2栏给出沿海及紧邻沿海的内陆省份的单位产出能耗对比,结果仍然表明,内陆地区的单位产出能耗显著更高。

表7.2　区域政策与 ln(部门单位 GDP 能耗)

被解释变量	单位产出能耗			
模型范围	全国范围		沿海及紧邻省份	
模型编号	(1)	(2)	(3)	(4)
内陆地区虚拟变量 ∗ Post_{2003}	4.068∗ (2.138)	3.663∗ (2.208)	8.586∗∗∗ (2.380)	9.245∗∗∗ (2.466)
行业2位码虚拟变量	Yes	Yes	Yes	Yes
省份虚拟变量	Yes	No	Yes	No
城市虚拟变量	No	Yes	No	Yes
年份虚拟变量	Yes	Yes	Yes	Yes
样本数	436 622	436 622	327 113	327 113
R^2	0.002	0.004	0.002	0.003

注:括号内为修正的稳健标准误;∗ 表示 $p<0.1$, ∗∗ 表示 $p<0.05$, ∗∗∗ 表示 $p<0.01$。控制行业3位码后得到的虚拟变量回归结果类似。

7.3　开放经济下的理论模型

以上述特征事实和第2章为基础,本节将构建一个包含区域间生产和能源利用效率差异、上下游产业链、劳动力流动成本和贸易成本的量化空间一般均衡模型,使用独立于价格的广义线性(PIGL)间接效用偏好从需求侧刻画部门结构转型差异,在要素空间配置、产业结构、经济增长(包括产出和社会福利)和能源利用效率之间建立起紧密的内在逻辑联系。[1]下面,我们将结合中国数据,定量分析畅通国内要素和产品市场(主要以劳动力流动成本和贸易成本度量),对于中国产业结构、经济增长和能源利用效率产生的影响。

具体而言,模型中存在 $N+1$ 个地区(对应于中国的 N 个省级单位和中国以外的世界地区),每个地区又分为农村和城市两个子区域,生产三种产品:农产品(a)、制造品(m)和服务品(s)。此外,每个地区还有一个能源部门,提供生产所需的能源。这些产品在地区间均可贸易,但需要付出"冰山型"贸易成本(简称冰山成本),既同自然条件和运输技术相关,又受制度性的区域分割影响。[2]同时,不同区域间的劳动力流动存在成本:一个出生在 k 地区 d 区域(d,k)的劳动者可以前往其他 j 地区 i 区域(i,j),但会面临一定的效用损失。类似地,这些效用损失既反映两个地区之间的地理距离和文化差异等因素,又反映户籍制度等人为因素造成的劳动力流动障碍。

7.3.1　生产和贸易

我们的模型关于各部门生产和贸易的描述,与 Eaton 和 Kortum(2002)中的经典假设类似。每个部门 $i \in \{a, m, s, e\}$ 都由许多不同种类的商品 ν 构成,$\nu \in [0, 1]$。每个地区 j 最终使用的 i 部门产品,是这些不同种类商品的 CES 加总:

$$Y_{i,j} = \left[\int_0^1 y_{i,j}(\nu)^{\frac{\theta_i-1}{\theta_i}} \, d\nu \right]^{\frac{\theta_i}{\theta_i-1}} \tag{7.1}$$

---

　① 量化空间一般均衡分析的重要研究包括:Eaton 和 Kortum(2002)、Ahlfeldt 等(2015)、Redding(2016)以及 Tombe 和 Zhu(2019)等。

　② 在中国转型时期的行政体制之下,往往在辖区边界存在商品和生产要素的流动障碍,导致贸易成本提高。

其中,$y_{i,j}(\nu)$是j地区所使用的i部门的商品种类ν,可以是本地生产的,也可以从其他地区进口,而$\theta_i>1$是同一部门内不同种类之间的替代弹性。$Y_{i,j}$既可以用作最终消费,也可以用作生产的中间投入品。①j地区i部门ν种类的生产函数为:

$$y_{i,j}(\nu)=L_j^{\zeta_i}\phi_{i,j}(\nu)L_{i,j}(\nu)^{\beta_i}T_{i,j}(\nu)^{\gamma_i}\left[\prod_{g\in\{a,m,s,e\}}M_{i,jg}(\nu)^{\psi_{i,g}}\right]^{1-\beta_i-\gamma_i}$$

(7.2)

其中,$L_{i,j}(\nu)$为企业生产所使用的劳动力,$T_{i,j}(\nu)$为企业生产所使用的土地,$M_{i,jg}(\nu)$为企业生产所使用的农业、制造业、服务业和能源部门生产的中间投入品(满足$\sum\limits_{g\in\{a,m,s,e\}}\psi_{i,g}=1$)。单个企业的生产率由$L_j^{\zeta_i}$和$\phi_{i,j}$两部分组成,其中$L_j^{\zeta_i}$反映了由集聚带来的规模效应:$j$地区所使用的劳动力越多,企业的平均生产效率就越高,而这个效应的大小由参数ζ_i控制(内生化技术进步)。$\phi_{i,j}$则决定了j地区i部门每个企业生产效率的差异,它是从Frechet分布中独立同分布抽取出来:

$$F_{i,j}(\phi)=e^{-A_{i,j}\phi^{-\sigma}}$$

其中,参数$A_{i,j}$决定了ϕ的平均值,而σ决定了ϕ的方差(该值越大,差异越小)。给定要素价格,抽取了$\phi_{i,j}$的企业生产商品ν的单位成本(即该产品的出厂价格)为:

$$p_{i,j}(\nu)=\frac{w_{i,j}^{\beta_i}r_{i,j}^{\gamma_i}\left(\prod\limits_{g\in\{a,m,s,e\}}P_{g,j}^{\psi_{i,g}}\right)^{1-\beta_i-\gamma_i}}{L_j^{\zeta_i}\phi_{i,j}(\nu)}$$

(7.3)

---

① 由于本书仅考虑生产中的能源消耗,因此假设能源部门的产品只用作生产的中间产品,而不进入最终消费。《中国能源统计年鉴》的数据表明,生产性能源消耗远远大于消费性能源消耗。

然而,这并非消费者所支付的价格,因为跨地区贸易存在贸易成本:如果 j 地区要从 k 地区最终获得 1 单位 $i\in\{a,m,s,e\}$ 部门生产的商品,k 地区必须生产 $\tau_{i,jk}\geqslant1$ 单位。因此,j 地区的消费者为 k 地区的产品最终支付的价格将是单位成本乘以贸易成本。来自不同地区的生产 i 部门 ν 种类商品的企业,在 j 地区展开价格上的竞争,而消费者将选择最终支付价格最低的那家企业。

正如 Eaton 和 Kortum(2002)所表明的,如果我们假设 $\phi_{i,j}$ 服从 Frechet 分布,那么在 i 部门上,j 地区从 k 地区购买(或进口)部门产品的份额可以表示为:

$$\pi_{i,jk}=\frac{\left[\tau_{i,jk}w_{i,k}^{\beta_i}r_{i,k}^{\gamma_i}\left(\prod_{g\in\{a,m,s,e\}}P_{g,k}^{\psi_{i,g}}\right)^{1-\beta_i-\gamma_i}/(L_k^{\zeta_i}A_{i,k})\right]^{-\sigma}}{\sum_{Z=1}^{N+1}\left[\tau_{i,jZ}w_{i,Z}^{\beta_i}r_{i,Z}^{\gamma_i}\left(\prod_{g\in\{a,m,s,e\}}P_{g,Z}^{\psi_{i,g}}\right)^{1-\beta_i-\gamma_i}/(L_Z^{\zeta_i}A_{i,Z})\right]^{-\sigma}}$$

$$(7.4)$$

因此,j 地区从 k 地区购买(或进口)产品的份额,取决于 k 地区在 i 部门的平均生产率($L_k^{\zeta_i}A_{i,k}$)、两地间的贸易成本 $\tau_{i,jk}$ 和 k 地区的投入要素价格 $w_{i,k}^{\beta_i}r_{i,k}^{\gamma_i}\left(\prod_{g\in\{a,m,s,e\}}P_{g,k}^{\psi_{i,g}}\right)^{1-\beta_i-\gamma_i}$,参数 σ 是区域间的贸易弹性。j 地区在 i 部门的综合价格为:

$$P_{i,j}=\Gamma_i\left[\sum_{k=1}^{N+1}\left(\frac{\tau_{i,jk}w_{i,k}^{\beta_i}r_{i,k}^{\gamma_i}\left(\prod_{g\in\{a,m,s,e\}}P_{g,k}^{\psi_{i,g}}\right)^{1-\beta_i-\gamma_i}}{L_k^{\zeta_i}A_{i,k}}\right)^{-\sigma}\right]^{-\frac{1}{\sigma}}\quad(7.5)$$

其中,Γ_i 是关于 σ 和 θ_i 的函数,给定参数后是常数。本章关注的重点,是各地区和各部门能源利用效率的差异。给定上述假设,j 地区农业、制造业和服务业部门的单位名义 GDP 能耗(Energy_intensity$_{i,j}$)和单位实际 GDP 能耗(Real_energy_intensity$_{i,j}$)分别为:

$$\text{Energy\_intensity}_{i,j} = \frac{(1-\beta_i-\gamma_i)\phi_{i,e}}{P_{e,j}} \tag{7.6}$$

$$\text{Real\_energy\_intensity}_{i,j} = \frac{(1-\beta_i-\gamma_i)\phi_{i,e}}{P_{e,j}} P_{i,j} \tag{7.7}$$

因此，模型给定参数后，影响单位名义 GDP 能耗的重要因素是能源价格 $P_{e,j}$；影响单位实际 GDP 能耗的除了 $P_{e,j}$，还有部门商品价格 $P_{i,j}$，部门商品价格越高，单位实际 GDP 能耗越高。在现实生活中，各地企业所面临的能源价格，既受能源生产技术影响，同时也受能源政策和环境管制政策影响。受数据所限，本章不对这两个因素做进一步区分。因此，本模型中各地区能源部门的效率参数 $A_{e,j}$ 可以理解为生产技术和能源政策的叠加。需要说明的是，能源效率的计算分为单要素能源效率和全要素能源效率。[①]在本章，由于总劳动人口并不改变（允许地区、部门劳动力数量调整），地区总土地数量也不改变（允许部门土地调整），故考虑包含劳动力、土地和能源组合的全要素能源效率变化同能源的单位 GDP 能耗变化的方向一致。

7.3.2 劳动者的偏好和迁移

类似 Boppart(2014)、Hao 等(2020)和 Alder 等(2022)，个体偏好由非位似的 PIGL(price independent generalized linearity)间接效用函数表示。PIGL 效用函数可以刻画收入效应和价格效应影响，能从需求侧反映结构转型效应。来自 d 地区 n 子区域的个体 (d,n) 迁移到 (j,k) 就业的劳动者的间接效用函数 V_{jd}^{kn} 可以表示为：

---

① 单要素能源效率只把能源要素与产出作比较(例如,能源投入/国民产出)；全要素能源效率则考虑各种投入要素的共同作用(例如,所有投入要素与产出关系)。

$$V_{jd}^{kn} = \frac{1}{\zeta} \left[\frac{I_{jd}^{kn}}{P_{a,j}^{\alpha_a} P_{m,j}^{\alpha_m} P_{s,j}^{\alpha_s} r_{jk}^{\alpha_h}} \right]^{\zeta} - \vartheta P_{a,j}^{\eta_a} P_{m,j}^{\eta_m} P_{s,j}^{\eta_s} \tag{7.8}$$

从 (d,n) 流向 (j,k) 的居民收入为 I_{jd}^{kn}。偏好参数满足 $\sum_{g \in \{a,m,s,h\}} \alpha_g = 1$，$\sum_{g \in \{a,m,s\}} \eta_g = 0$，$\eta_g$ 反映相对价格变化对消费份额的影响。ζ 和 ϑ 分别反映收入变化和相对价格的重要性对消费份额的影响。当 $\zeta = 1$，$\vartheta = 0$ 时，PIGL 间接效用函数对应柯布-道格拉斯效应函数。

根据罗伊恒等式（Roy's identity）和消费支出份额，个体对 g 部门的消费支出份额为：

$$\Psi_{jd}^{kn,g} = \alpha_g + \vartheta \eta_g \frac{P_{a,j}^{\eta_a} P_{m,j}^{\eta_m} P_{s,j}^{\eta_s}}{\left[\dfrac{I_{jd}^{kn}}{P_{a,j}^{\alpha_a} P_{m,j}^{\alpha_m} P_{s,j}^{\alpha_s} r_{jk}^{\alpha_h}} \right]^{\zeta}} \quad g \in \{a,m,s\} \tag{7.9}$$

住房消费份额为：$\Psi_{jd}^{kn,h} = \alpha_h$。根据式（7.9）和实际收入 $v_{jd}^{kn} = \dfrac{I_{jd}^{kn}}{P_{a,j}^{\alpha_a} P_{m,j}^{\alpha_m} P_{s,j}^{\alpha_s} r_{jk}^{\alpha_h}}$，式（7.8）可以表示为：

$$V_{jd}^{kn} = \left(\frac{1}{\zeta} - \frac{\Psi_{jd}^{kn,g} - \alpha_g}{\eta_g} \right) v_{jd}^{kn\,\zeta}$$

本章允许劳动者有不同的选址偏好，用 ϵ_j^k 表示劳动者对于 j 地区 k 子区域的个体化偏好（例如，有些劳动者更偏爱 A 省农村，有些更偏好 B 省城镇），从 Frechet 分布中独立抽取，分布函数为 $F_{jk}(\epsilon) = e^{-\epsilon^{-\kappa}}$，其中，$\kappa$ 决定了 ϵ_j^k 个体的方差。这样假设的好处在于，模型中的区域劳动供给弹性不再是无限大的。劳动者跨地迁移面临流动成本：移民从 (d,n) 迁移到 (j,k)，劳动者面临效用损失 μ_{jd}^{kn}，故劳动者跨地迁移最大化自身的福利水平表示为：$\dfrac{\epsilon_j^k V_{jd}^{kn}}{\mu_{jd}^{kn}}$。定义 m_{jd}^{kn} 为 (d,n) 的户籍人口迁移到 (j,k) 的份额，因此

$\sum_{j=1}^{N} \sum_{k \in \{r, u\}} m_{jd}^{kn} = 1$。 根据大数定律,$m_{jd}^{kn}$同时也是出生于 d 地区 n 子区域的劳动者迁移到 j 地区 k 子区域的概率,满足:

$$m_{jd}^{kn} = \Pr\left(\frac{\epsilon_j^k V_{jd}^{kn}}{\mu_{jd}^{kn}} \geqslant \max_{j', k}\left\{\frac{\epsilon_{j'}^{k'} V_{j'd}^{k'n}}{\mu_{j'd}^{k'n}}\right\}\right) \tag{7.10}$$

由于假设$\epsilon_{i, j}$服从 Frechet 分布,我们可以得到下面的式(7.11):

$$m_{jd}^{kn} = \frac{(V_{jd}^{kn}/\mu_{jd}^{kn})^\kappa}{\sum_{k'} \sum_{j'=1}^{N} (V_{j'd}^{k'n}/\mu_{j'd}^{k'n})^\kappa} \tag{7.11}$$

因此,从 A 区域到 B 区域的劳动力流动,取决于 B 区域的实际收入与其他区域的比值(吸引力),以及 A 区域到 B 区域的劳动力流动成本(排斥力),而参数 κ 正好是区域劳动供给弹性。

7.3.3 空间均衡

1. 劳动力市场出清

在达到空间均衡时,各区域的劳动力市场实现出清:

$$L_j = L_j^r + L_j^u = L_{a, j} + L_{m, j} + L_{s, j} + L_{e, j} \tag{7.12}$$

其中,$L_{i, j}$ 为部门 $i \in \{a, m, s, e\}$ 的劳动供给;$L_j^k = \sum_{n \in \{r, u\}} \sum_{d=1}^{N} m_{jd}^{kn} \bar{L}_d^n$,$\bar{L}_d^n$ 是指 d 地区 n 子区域的户籍人口,L_j^k 是指 j 地区 k 子区域的就业(常住)人口。

2. 区域贸易平衡

定义 j 地区 k 子区域居民的平均收入为:$I_j^k = \sum_n \sum_{d=1}^{N} I_{jd}^{kn} L_{jd}^{kn}/L_j^k$;平

均实际收入为：$v_j^k = \dfrac{I_j^k}{P_{a,j}^{\alpha_a} P_{m,j}^{\alpha_m} P_{s,j}^{\alpha_s} r_{jk}^{\alpha_h}}$；部门商品的平均消费支出份额为：

$\Psi_j^{k,g} = \alpha_g + \vartheta\eta_g \dfrac{P_{a,j}^{\eta_a} P_{m,j}^{\eta_m} P_{s,j}^{\eta_s}}{v_j^{k\zeta}}$；商品平均消费为：$D_j^{k,g} = I_j^k \Psi_j^{k,g}$，$g \in \{a,$

$m, s, h\}$。产品市场 $i \in \{a, m, s, e\}$ 部门要实现区域贸易平衡条件：

$$R_{i,d} = \sum_{j=1}^{N+1} \pi_{i,jd}\left[D_j^{u,i} L_j^u + D_j^{r,i} L_j^r + \sum_{g \in \{a,m,s,e\}} R_{g,j}(1 - \beta_g - \gamma_g)\psi_{g,i}\right]$$

$$(7.13)$$

其中，$\pi_{i,jk}$ 是指从 k 地区出口到 j 地区的 $i \in \{a, m, s, e\}$ 商品份额，$R_{i,k}$ 是指 k 地区 $i \in \{a, m, s, e\}$ 部门的总销售额。

3. 收支平衡

类似 Tombe 和 Zhu(2019)，土地是不可贸易品，并且土地收入归本地户籍人口所有，移民不获得土地收入。给定总土地数量 $\bar{T}_j$，当已知 j 地区 k 子区域的土地数量 $\bar{T}_j^k$ 的条件下，土地市场出清满足：

$$\bar{T}_j = \bar{T}_j^r + \bar{T}_j^u$$

$$r_{r,j}\bar{T}_j^r = r_{r,j}\bar{T}_{a,j} + \alpha_h I_j^r L_j^r$$

$$r_{u,j}\bar{T}_j^u = r_{u,j}(\bar{T}_{m,j} + \bar{T}_{s,j}) + \alpha_h I_j^u L_j^u$$

$$r_{i,j}\bar{T}_{i,j} = \gamma_i \left(\frac{w_{i,j}L_{i,j}}{\beta_i}\right) \quad i \in \{a, m, s\}$$

地区城乡的平均收入分别表示为：$I_j^r = \dfrac{w_{r,j} + w_{r,j}\gamma_a/\beta_a}{1 - \alpha_h}$，$I_j^u =$

$\left[w_{u,j} + w_{u,j}\left(\dfrac{\gamma_m}{\beta_m}\dfrac{L_{m,j}}{L_j^u} + \dfrac{\gamma_s}{\beta_s}\dfrac{L_{s,j}}{L_j^u}\right)\right]\bigg/(1 - \alpha_h)$。由于只有留在本地的人口可

以获得土地收入，故城乡未迁移人口的平均收入分别为：$I_{jj}^{rr} = w_{r,j} \cdot$

$$\left[1+\left(\frac{\gamma_a}{\beta_a}+\alpha_h\right)\Big/(1-\alpha_h)\frac{L_{a,j}}{L_{jj}^{rr}}\right],\ I_{jj}^{uu}=\left[1+\frac{L_j^u}{L_{jj}^{uu}}\left(\left(\frac{\gamma_m}{\beta_m}+\alpha_h\right)\frac{L_{m,j}}{L_j^u}+\left(\frac{\gamma_s}{\beta_s}+\alpha_h\right)\cdot\right.\right.$$

$$\left.\left.\frac{L_{s,j}}{L_j^u}\right)\Big/(1-\alpha_h)\right]w_{u,j};$$ 移民的可支配收入为: $I_{jd}^{kn}=w_{k,j}$ 。Land Rebate Rate

参数可以定义为:

$$\delta_{jd}^{kn}=\begin{cases}1 & j\neq k,\ d\neq n\\[2mm]1+\dfrac{L_{a,j}}{L_{jj}^{rr}}\dfrac{\dfrac{\gamma_a}{\beta_a}+\alpha_h}{1-\alpha_h} & j=d,\ k=n=r\\[4mm]1+\dfrac{L_j^u}{L_{jj}^{uu}}\dfrac{\left(\dfrac{\gamma_m}{\beta_m}+\alpha_h\right)\dfrac{L_{m,j}}{L_j^u}+\left(\dfrac{\gamma_s}{\beta_s}+\alpha_h\right)\dfrac{L_{s,j}}{L_j^u}}{1-\alpha_h} & j=d,\ k=n=u\end{cases}$$

不同类型的工人收入为: $I_{jd}^{kn}=\delta_{jd}^{kn}w_{k,j}$ 。

7.4　开放经济下的量化分析

本章的量化估计需要年份一致的多个变量,因此以相关数据较完整的 2010 年作为基准时期进行参数校准,使用各省各部门人均 GDP 和单位 GDP 能源消耗、省际贸易数据、跨区域人口流动数据等刻画初始均衡。在此基础上,本节使用文献中常用的变化代数运算方法进行反事实分析,在保持其他条件不变的情况下,改变劳动力流动成本或贸易成本等变量,计算部门结构、经济增长和单位 GDP 能耗等相关变量如何变化。[1]这一方法的优点在

---

[1]　类似方法的研究可参见:Dekle 等(2007)、Tombe(2015)、Tombe 和 Zhu(2019)以及 Hao 等(2020)。

于,我们只需要关注核心变量的变化,而不需要估计基期各区域各部门的生产率水平等变量。本章附录 7.A.1 给出了部分代表性变量的变化代数运算过程。

7.4.1 参数校准

本部分展示核心参数的校准过程:首先,给出生产函数相关的参数校准过程;其次,给出劳动力流动成本和贸易成本的参数校准过程;最后,给出 PIGL 间接效用函数的参数校准过程。具体的参数说明和数值剪表 7.3。

表 7.3 校准参数

参 数	数值(数据来源)	说 明
$(\alpha_a, \alpha_m, \alpha_s, \alpha_h)$	$(0.07, 0.2, 0.53, 0.2)$	部门产品或住房消费偏好份额
(η_a, η_m, η_s)	$(0.58, -0.01, -0.57)$	价格效应对支出份额的影响
ζ	0.36	收入效应对支出份额的影响
ϑ	0.535	相对价格的重要性
κ	4.2	区域劳动供给弹性,Tombe 和 Zhu (2019)、Hao 等(2020)
σ	4	贸易弹性,Tombe(2015)
$(\beta_a, \beta_m, \beta_s, \beta_e)$	$(0.58, 0.3, 0.4, 0)$	部门劳动要素份额
$(\gamma_a, \gamma_m, \gamma_s, \gamma_e)$	$(0.3, 0.10, 0.10, 0)$	部门土地要素份额
$(\psi_{a,a}, \psi_{a,m}, \psi_{a,s}, \psi_{a,e})$	$(0.2, 0.7, 0.3, 0)$	农业生产中间投入品份额
$(\psi_{m,a}, \psi_{m,m}, \psi_{m,s}, \psi_{m,e})$	$(0.03, 0.83, 0.12, 0.02)$	制造业部门生产中间投入品份额
$(\psi_{s,a}, \psi_{s,m}, \psi_{s,s}, \psi_{s,e})$	$(0.02, 0.46, 0.47, 0.05)$	服务业部门生产中间投入品份额
$(\psi_{e,a}, \psi_{e,m}, \psi_{e,s}, \psi_{e,e})$	$(0.02, 0.4, 0.13, 0.45)$	能源部门中间投入品份额
$(\zeta_a, \zeta_m, \zeta_s, \zeta_e)$	$(0, 0.05, 0.1, 0.05)$	农业部门、制造业部门、服务业部门、能源部门生产规模效应弹性

续表

参　　数	数值（数据来源）	说　　明
m_{jd}^{kn}	Data	迁移份额数据
$\pi_{i,jd}$	Data	i 部门贸易份额数据
$\bar{L}_d^n$	Data	户籍人口数据

　　注：根据世界银行数据，2010 年世界城镇人口为 35.9 亿人，中国城镇人口为 6.6 亿人，中国以外的世界城镇人口数量为中国城镇人口的 4.4 倍；世界农村人口为 33.7 亿人，中国农村人口为 6.8 亿人，中国以外的世界农村人口数量为中国农村人口的 4 倍（https://data.worldbank.org/indicator；访问日期：2024 年 8 月 31 日）。类似地，在计算城乡就业人口时，定义世界城镇就业人口为中国的 4.4 倍，农村就业人口为中国的 4.0 倍。根据 WIOT 2010 数据，中国和世界其他国家的贸易份额关系为：中国出口到世界的份额为 6.6%，世界其他国家出口到中国的份额为 2%（https://www.rug.nl/ggdc/valuechain/wiod/wiod-2016-release；访问日期：2024 年 8 月 31 日）；将此数据和中国省级投入产出表相结合，可以计算世界同中国的贸易量。

　　1. 效用与生产函数

　　Hao 等（2020）以及 Tombe 和 Zhu（2019）基于中国数据发现，区域劳动供给弹性 κ 取值为 1.5/0.36＝4.2，跨区域贸易弹性 σ 取值为 4。农业部门、制造业部门和服务业部门生产的劳动要素份额通过《2012 年全国投入产出表》计算。Fang 等（2022）基于中国工业企业数据库发现，企业生产的土地收入份额约为 10%，[①]本章取 $\gamma_m = \gamma_s = 0.1$；Adamopoulos 等（2022）指出中国农业用地的土地收入份额 γ_a 约为 0.3。对于能源部门，本章作一个简化处理，假设仅用不同部门的产品作为中间投入进行生产。农业部门、制造业部门和服务业部门、能源部门生产的中间投入份额通过《2012 年全国投入产出表》计算。

　　关于规模效应弹性 ζ_i 取值。Rosenthal 和 Strange（2004）、Allen 和 Arkolakis（2014）、Henkel 等（2019）以及 Henderson 等（2022）发现，人口规

[①]　类似地，Hsieh 和 Moretti（2019）指出美国城市生产用地的土地收入份额是 10%—18%。

模每增加 1 倍,制造业或生产部门的全要素生产率将增加 1%—10%[①],钟粤俊等(2020)指出,服务业相比其他部门更依赖于密度或规模经济。基于2006—2015 年《中国城市统计年鉴》数据,人口规模对制造业部门 GDP 的影响弹性约为 0.05,对服务业部门 GDP 的影响弹性约为 0.1。因此,在具体分析过程时,本章设定制造业部门的规模效应弹性 $\zeta_m = 0.05$,服务业部门的规模效应弹性 $\zeta_s = 0.1$。不失一般性,假设能源部门也存在规模经济,考虑到大多数能源属于自然资源,能源部门不属于人口集聚会带来规模效应大幅提高的部门,其规模经济效应并不会比制造业和服务业部门大,本章的基准分析对能源部门赋予同制造业一样的规模经济参数 $\zeta_e = 0.05$。对农业部门,我们假设集聚带来的规模效应 ζ_a 为 0。[②]为了检验规模经济对本章结论的影响,在敏感性分析部分,本章会对比其他规模效应参数组合下的反事实分析结果。

2. 劳动力流动成本和贸易成本

根据前面的式(7.11),我们可以获得各地区间劳动力流动成本的计算公式:即式(7.14):

$$\mu_{jd}^{kn} = \frac{V_j^k \delta_{jd}^{kn}}{V_d^n \delta_{dd}^{nn}} \left(\frac{m_{jd}^{kn}}{m_{dd}^{nn}} \right)^{-1/\kappa} \tag{7.14}$$

也就是说,利用劳动力流动(m_{jd}^{kn})、地区实际收入($V_j^k \delta_{jd}^{kn}$)数据和区域劳动供给弹性(κ),我们就可以计算劳动力流动成本 μ_{jd}^{kn}。根据 2010 年全国人

[①]　关于中国全要素生产率的研究中,常把地区人口规模作为控制变量进行控制,关心行政等级等对全要素生产率的影响,鲜有关于中国的人口规模和全要素生产率关系的直接研究,因为这类研究会面临反向因果和样本选择导致的内生性问题。李静等(2014)和孔令乾等(2019)利用工业企业数据库计算中国的人口规模对制造业的全要素生产率的弹性范围为 1%—15%。

[②]　徐灏龙和陆铭(2021)指出,农业部门相对而言并不存在人口规模经济。

口普查数据中劳动者的户籍信息和居住地信息,可以计算 m_{jd}^{kn}。

本章主要采用 Head 和 Ries(2001)的方法估算贸易成本:

$$\bar{\tau}_{i,jk} = \sqrt{\tau_{i,jk}\tau_{i,kj}} = \left(\frac{\pi_{i,jj}\pi_{i,kk}}{\pi_{i,jk}\pi_{i,kj}}\right)^{1/2\sigma} \tag{7.15}$$

这就是说,如果我们有了各地区之间的贸易数据和贸易弹性参数 σ,就可以计算各地之间的贸易成本。农业、制造业和服务业部门的贸易份额 $\pi_{i,jk}$ 基于 2012 年中国 31 省(区、市)8 部门区域间投入产出表计算。由于 2012 年中国 31 省(区、市)8 部门区域间投入产出表并未给出更细的行业分类统计,故能源贸易用工业产品贸易数据近似度量。[1]式(7.15)的贸易成本估计满足对称性假设,从 i 到 n 的商品与从 n 到 i 的商品相同。

3. PIGL 效用函数参数的校准

PIGL 效用函数的参数包括 ζ、ϑ、α_g 和 η_g。遵循 Boppart(2014)、Hao 等(2020)和 Alder 等(2022)的校准策略,根据《中国统计年鉴》的消费结构数据,我们设定住房消费份额 $\alpha_h = 0.2$,式(7.8)中的其他参数使用非线性最小二乘估计方法估计。本估计分析主要用到的数据是《中国统计年鉴》的总价格指数、部门价格指数数据、消费支出数据(实际收入等于消费支出除以总价格指数)和部门消费份额。[2]

7.4.2 反事实分析

《中共中央、国务院关于加快建设全国统一大市场的意见》指出,要

---

[1] 如果使用 2002 年分省部门能源贸易数据,不影响我们的主要结果。

[2] 具体地,我们将 1978 年的总价格指数和部门价格指数标准化为 1,并根据 Brandt 和 Holz (2006)的方法校正了 1978 年各地区的价格差异。

全面建设统一的土地、劳动力、资本、数据、能源市场；打通制约经济循环的关键堵点，促进商品要素资源在更大范围内畅通流动，故畅通国内大循环很重要的两个表现是降低要素和商品流通成本。同时，国内大循环通过影响劳动力和商品流通，进而影响投入产出和产业结构。因此，本章反事实分析讨论以劳动力和商品流通为代表的国内大循环畅通的影响，具体地，我们在模型初始均衡的基础上，主要进行如下反事实分析：(1)降低区域间的劳动力流动成本；(2)降低区域间的贸易成本；(3)同时降低区域间的劳动力流动成本和贸易成本；(4)调整部门生产率变化(刻画技术进步)和规模经济效应的影响，量化分析畅通国内要素和商品大循环对空间资源配置、经济结构、增长率和能源利用效率等的影响。

1. 畅通劳动力要素流通的影响效应

我们首先分析劳动力流动成本下降的结果。中国劳动力流动障碍主要体现在农村流向城镇的障碍，农村户籍人口在城市劳动力市场以及教育、医疗和其他公共服务领域均难以获得市民待遇(陈斌开等，2010；梁文泉，2018；钟粤俊等，2020)。本部分主要关注流入非农部门成本变化的影响，我们讨论如下两个反事实实验：第一个实验下降流入非农部门的成本，包括省内和跨省的部门流动；为进一步分离跨省流动的影响，第二个实验仅下降跨省流入非农部门的成本。

表 7.4 第一行，我们将流入城镇的成本下降 1/4(迁移成本变为 2010 年的 3/4)。结果表明，降低流入城镇的迁移成本会使省内跨部门移民增加 35.2%，省间移民增加 42.7%，城市化率提高 9.4 个百分点(城市化率提高约 10 个百分点)，实际 GDP 增长 6.4%，社会福利提高 8.6%，单位实际 GDP 能

耗和名义 GDP 能耗分别下降 6％和 1％，服务业就业占比增加 4.6 个百分点。在这个实验中，能源利用效率受到正反两个方向影响：在每一个省内部，从农业部门流向制造业部门的结构转型，会使该省的单位 GDP 能耗上升，因为同一省内制造业部门的单位 GDP 能耗远高于农业部门。但对于跨省流动来说，要素空间再配置优化有利于降低单位 GDP 能耗。定量结果表明，第二个效应占据主导地位，故降低迁移成本有利于提升能源利用效率。迁移成本下降后，进一步带来发达省份人口移民增加，广东省（珠三角）、长三角和京津冀等地区的人口大幅增加（北京城镇人口增加 45％，天津人口增加 21％，广东城镇人口增加 36％，上海城镇人口增加 41％，浙江城镇人口增加 26％）。

表 7.4 第二行，我们将跨省流入城镇的成本下降 1/4，而省内迁移成本保持不变。结果表明，降低跨省迁移成本，省内农村向城镇迁移的移民减少 17％，省间移民增加 102％，城镇化增加 3.6 个百分点，实际 GDP 增长 2.8％，社会福利提高 3.2％，单位实际 GDP 能耗下降 2.7％，单位实际 GDP 能耗下降 2.5％，服务业就业占比增加 2 个百分点。

表 7.4 第三行，为分析农业向非农部门的结构转型效应，我们讨论省内农村向城镇的迁移成本下降 1/4 的反事实分析。结果表明，仅仅降低省内流向城镇的迁移成本，省内移民增加 49.5％，省间移民减少 34％，城镇化增加 6.9 个百分点，服务业就业增加 3.1 个百分点，实际 GDP 增长 4.7％，社会总福利增加 6.3％，单位实际 GDP 能耗下降 4.5％，但是单位名义 GDP 能耗增加 1％。单位名义 GDP 能耗上升是由于城乡移民带来生产扩大，引起商品价格下降，导致名义 GDP 的增长慢于能源使用量增长（地区价格差异）。

表 7.4　迁移成本变化影响

变化	省内移民增长	省间移民增长	城镇化提高	实际 GDP 增长	社会总福利	单位实际 GDP 能耗	单位名义 GDP 能耗	服务就业占比增长
实验 1	35.2%	42.7%	9.4 个百分点	6.4%	8.6%	−6.0%	−1.0%	4.6 个百分点
实验 2	−17.1%	102.1%	3.6 个百分点	2.8%	3.2%	−2.7%	−2.5%	2.0 个百分点
实验 3	49.5%	−34.4%	6.9 个百分点	4.7%	6.3%	−4.5%	1.0%	3.1 个百分点

　　注:所有地区非农部门的迁移成本下降为 2010 年迁移成本的一半,结论类似。单位名义 GDP 能耗变化方向和单位实际 GDP 能耗变化方向一致,考虑到名义 GDP 会有地区价格差异,本章主要汇报单位实际 GDP 能耗的分析结果。

2. 畅通商品流通的影响效应

　　接下来,我们分析贸易成本下降的结果。当前中国地区间贸易成本是经济发展的重要阻力,甚至比国际贸易成本对经济增长的影响更大(陈朴等,2021)。正如我们前面所提到的,地区间的贸易成本不仅取决于地理和运输,也受转型时期行政辖区之间的制度性分割所影响。研究指出,中国国内贸易中的制度性贸易成本在国内总贸易成本中的占比为 21.7%,制度性贸易成本的降低可以改善贸易福利(韩佳容,2021)。制度性贸易成本在全国的总成本为 20%—30%,由于部门差异,不同部门产品的制度性贸易成本也存在差异。

　　本部分用式(7.15)分别计算 2010 年贸易成本和 2000 年贸易成本,表 7.5给出了贸易成本变化后的反事实分析。实验 4 给出了当 2010 年农业、制造业和服务业部门贸易成本均下降 20% 后的结果,即省内跨部门移民会增加 0.1%,省际移民增长 0.1%,城镇化率上升 0.1 个百分点,实际 GDP 和社会总福利分别增长 7.9% 和 2.9%,单位实际 GDP 能耗下降 7.3%,单位名义 GDP 能耗下降 5%。

表 7.5　贸易成本变化影响

变化	省内移民增长	省间移民增长	城镇化提高	实际 GDP 增长	社会总福利	单位实际 GDP 能耗	单位名义 GDP 能耗	服务就业占比增长（百分点）
实验 4	0	0.1%	0.1 个百分点	7.9%	2.9%	−7.3%	−5.0%	−0.3
实验 5	0.3%	0.2%	0.1 个百分点	3.0%	0.9%	−2.9%	−0.8%	0.4
实验 6	0.4%	3.5%	0.5 个百分点	7.1%	2.3%	−6.6%	−5.0%	−0.7

由于部门产品的制度性贸易成本存在差异（韩佳容，2021），实验 5 给出服务业部门产品贸易成本下降 20%，其他部门产品贸易成本不变的反事实分析结果，结果表明：当贸易成本变化后，省内跨部门移民会小幅增加 0.3%，省际移民增长 0.2%，城镇化率上升 0.1 个百分点，实际 GDP 和社会总福利分别增长 3% 和 1%，单位实际 GDP 能耗和单位名义 GDP 能耗分别下降 2.9% 和 0.8%。实验 6 给出制造业部门产品贸易成本下降 20%，其他部门产品贸易成本不变的反事实分析结果，结果表明：当贸易成本变化后，省内跨部门移民会小幅增加 0.4%，省际移民增长 3.5%，城镇化率上升 0.5 个百分点，实际 GDP 和社会总福利分别增长 7% 和 2%，单位实际 GDP 能耗和单位名义 GDP 能耗分别下降 6.6% 和 5%。

3. 畅通劳动力和商品流通的影响效应

表 7.6 给出了同时畅通劳动力和商品流通的国内大循环改革的影响。由于规模经济，共同改革带来商品和要素同时起作用的叠加效应，这更有利于发挥规模经济效应，因为生产规模经济效应，降低迁移成本有利于劳动力集聚，降低贸易成本有利于国内商品运输和集聚，进而带来增长和提升福利（商品价格下降）。实验 7 的反事实分析结果表明，同时将流入城镇的成本下降 1/4 和整体贸易成本下降 20% 时，经济和社会总福利的增长会出现"1＋

"1＜2"的影响效应(同时改革效应大于单项改革加和的效应)。另一方面,根据表7.5,部门贸易成本变化对移民和产业结构的影响并不大,故即使迁移成本和贸易成本的共同改革,改革对移民和产业结构主要起作用的仍然是劳动力流动。故移民、城镇化和产业结构调整出现"1＋1≈2"的影响效应。单位GDP能耗(尤其是单位名义GDP能耗)下降出现"1＋1＞2"的影响效应,原因是共同改革带来的商品和能源价格变化小于单独改革效应加和的影响。

实验8给出同时将流入城镇的成本下降1/4和整体贸易成本下降20%的反事实分析结果,同实验7类似。

表7.6 畅通劳动和商品流通变化的影响

变化	省内移民增长	省间移民增长	城镇化提高	实际GDP增长	社会总福利	单位实际GDP能耗	单位名义GDP能耗	服务就业占比增长(百分点)
实验7	35.4%	52.0%	9.5个百分点	14.8%	11.7%	−12.9%	−4.8%	4.1
实验8	35.3%	42.8%	9.4个百分点	9.7%	9.6%	−8.8%	−1.4%	5.0

4. 改变生产技术的影响效应

前面是基于保持技术水平不变的分析,一方面,随着时间推移,技术水平提高会带来生产技术进步;另一方面,绿色技术进步也会推动绿色技术水平提高,故绿色技术革命会直接影响能源使用效率或绿色技术进步改革(尤其是制造业绿色技术进步),进而带来生产技术进步。研究表明,规模经济或集聚经济可以显著促进绿色技术和技术水平进步(林伯强、谭睿鹏,2019;邵帅等,2019;陆凤芝、王群勇,2022),[①]因此,有必要探讨生产技术进步的影响效应。

生产技术进步的直接表现是生产率提高,表7.7给出保持其他条件不

---

① 劳动力流动和商品流通带来的集聚如果促进技术进步提高也会影响绿色技术进步。

表 7.7   生产技术变化影响

变化	省内移民增长	省间移民增长	城镇化提高	实际GDP增长	社会总福利	单位实际GDP能耗	单位名义GDP能耗	服务占比增长
M	1.1%	0.3%	0.5个百分点	7.9%	2.6%	−7.3%	−6.0%	−1.3个百分点
S	0.6%	0.9%	0.2个百分点	7.7%	2.1%	−7.1%	−3.2%	1.2个百分点

注：M是指保持其他条件不变，提高制造业部门10%的全要素生产率；S是指保持其他条件不变，提高服务业部门10%的全要素生产率。

变，相关部门的全要素生产率提高10%的反事实分析结果。结果表明，制造业和服务业部门的全要素生产率提高后，单位名义GDP能耗和实际GDP能耗均大幅下降，实际GDP大幅增加。

7.5   本章小结

新发展阶段，为了实现国内国际双循环相互促进的新格局，需要深化改革，促进各类生产要素合理流动和高效集聚，推动经济实现更高质量发展。环境库兹涅茨曲线（environmental Kuznets curve）指出，在经济发展的初期和中期，经济发展和环境保护之间存在此消彼长的替代关系。然而，从全局来看，在一个有要素配置障碍的经济里，经济增长、结构优化和环境保护之间并不矛盾。在后工业化发展阶段，经济的集聚发展和要素资源向高效率地区配置既可促进经济增长，又可以通过规模效应和再配置效应提高能源利用效率。本章基于空间一般均衡模型，定量分析劳动力空间配置和贸易成本对能源利用效率、经济结构和产出的影响。我们的结果表明，要素和商品的国内循环不畅是中国能源利用效率不高的重要原因。降低劳动力流动和贸易成本均会使非农就业占比和实际 GDP 上升,但单位 GDP 能耗下降。随着规模经济扩大,上述效应会相应增加。

本章为实现"双碳"目标和经济增长共赢提供了理论指导和可行的政策建议:减排不是减生产力;"双碳"目标要从全国角度来衡量,畅通国内大循环可以实现产业结构优化、经济增长和单位 GDP 能耗下降的多赢,真正实现在经济发展中促进绿色转型、在绿色转型中实现更大发展,使中国经济实现"在集聚中减碳和发展"。

7.A　附录

7.A.1　变化代数运算

本章使用变化代数运算方法进行反事实分析,该方法是进行量化分析的常见方法,在使用过程中,主要关注变量变化的影响,部分无法观测且无须关心的变量数值不需要计算。

变化代数运算的反事实分析主要在保持其他条件不变,改变迁移成本、贸易成本、规模经济效应或生产率等,产业结构、经济增长、单位 GDP 能耗及其他相关变量如何变化。定义 $\hat{X}$ 为反事实均衡变量 X' 与初始均衡变量 X 比值(即 $\hat{X}=X'/X$),如果 j 地区 i 部门(i,j)的贸易成本、迁移成本、规模经济、生产率等受外生冲击而发生变化,则地区-部门就业人数、工资率、商品价格、贸易份额、企业收益、消费支出等变量在新均衡下同初始均衡有差异。

如果 $\hat{p}_{i,j}=\hat{w}_{i,j}^{\beta_i}\hat{r}_{i,j}^{\gamma_i}\left(\prod_{g\in\{a,m,s,e\}}\hat{P}_{g,j}^{\psi_{i,g}}\right)^{1-\beta_i-\gamma_i}\Big/\left(\hat{L}_j^{\xi_i}\hat{A}_{i,j}\right)$,则商品价

格变化和贸易份额变化为:

$$\hat{P}_{i,j} = \left[\pi_{i,jk} \sum_{k=1}^{N} (\hat{\tau}_{i,jk} \hat{p}_{i,k})^{-\sigma} \right]^{-\frac{1}{\sigma}}$$

$$\hat{\pi}_{i,j} = (\hat{\tau}_{i,jk} \hat{p}_{i,k})^{-\sigma} \Big/ \left[\sum_{Z=1}^{N} \pi_{i,jZ} (\hat{\tau}_{i,jZ} \hat{p}_{i,z})^{-\sigma} \right] \qquad (7A.1)$$

j 地区的 $g \in \{a, m, s\}$ 部门的 GDP 为:$R_{g,j} = w_{g,j} L_{g,j} / \beta_g (\beta_g + \gamma_g)$;

实际 GDP 为 GDP 除以总价格指数 $P_{jk} = P_{a,j}^{\alpha_a} P_{m,j}^{\alpha_m} P_{s,j}^{\alpha_s} r_{jk}^{\alpha_h}$。因此,实际 GDP

的变化为($\hat{w}_{g,j} \hat{L}_{g,j} / \hat{P}_{jk}$ 或 $\hat{V}_j^k \hat{L}_j^k$):

$$\hat{Y} = \sum_{j=1}^{N} \sum_{k \in \{r, u\}} \Phi_{jk} \hat{V}_j^k \hat{L}_j^k \qquad (7A.2)$$

其中,$\Phi_{jk} = V_j^k L_j^k \Big/ \left[\sum_{j=1}^{N} \sum_{k \in \{r, u\}} V_j^k L_j^k \right]$ 是指 k 区域和 j 地区的初始实

际 GDP 份额。部门的实际 GDP 变化为:$\hat{Y}_{g,j} = \sum_{j=1}^{N} \Phi_{g,j} \hat{w}_{g,j} \hat{L}_{g,j} / \hat{P}_{g,j}$,其

中 $\Phi_{g,j}$ 是初始部门 GDP 份额。

结语:迈向中国式现代化
——畅通国内要素大循环

    服务业的繁荣发展为发挥超大规模市场优势和形成国内循环发展提供有力保障,然而,当前服务业发展不足与消费不足是阻碍国内大循环、国内国际双循环相互促进发展的主要障碍,研究产业结构转型的影响因素及其作用机制对理解如何实现国内大循环和推动经济高质量发展具有重要的理论和现实指导意义。本书主要从三个维度研究畅通要素空间配置对产业结构转型的影响:第一,基于跨国比较和中国的现状,揭示了要素空间配置和结构转型、地区发展之间的相关关系。第二,从城市视角深入探讨畅通国内要素循环的影响效应及其作用机制。第三,从区域视角探讨畅通国内要素循环对产业结构转型和经济增长的影响及其作用机制。优化要素和资源的空间配置效率,有利于促进产业结构转型和推动经济高质量发展。区域空间因素会如何影响产业结构转型和高质量发展是政府和学术界迫切关注和探寻的焦点问题,研究二者将为当下推动中国式现代化建设和区域协调发展改革提供重要的理论支撑和政策指导。本书各章节的主要研究结论如下:

　　本书第 2 章基于国际比较和国内比较描述特征事实,为后续篇章的分析提供所需的特征事实。本章首先重点描述了影响中国的要素空间配置及其相关制度背景,揭示中国要素空间的总体变化趋势和空间特征;其次,基于跨国数据和区域数据阐述中国和发达国家的产业结构转型特点及其影响因素;最后,介绍地区发展差异。如果地区发展没有差异,则要素空间配置并不影响结构转型和经济增长。然而,根据地区比较发现:全世界范围内,城市化有利于提升服务业发展;在一国内部,地区间发展差异较大,区域(尤其是城乡)和城市间的服务业发展存在显著差异。

　　基于第 2 章的研究发现,第 3—5 章从空间视角讨论城市层面影响结构转型的机制。其中,第 3 章讨论密度的故事,分析集聚与服务业发展的关系,人口密度促进服务业发展;第 4 章基于市场对家庭生产的替代效应视角讨论城市如何促进服务业发展,市场-家庭生产替代效应是影响城市规模经济(分享、匹配和学习效应)的另一个重要作用机制;第 5 章量化分析城市间要素空间配置与结构转型、增长的关系,畅通城市间的要素配置,有利于增长和促进产业结构转型。第 3—5 章从不同维度全面考察了城市层面的要素配置效用,城市层面要素集聚趋势越来越明显,但是政策往往限制大城市发展,不利于规模经济对产业结构和发展的影响。

　　第 6—7 章主要分析区域视角下畅通要素循环的影响,从另一个空间维度讨论要素配置的影响效应。其中,第 6 章基于"中心-外围"理论探讨城市群空间与产业分工的关系。研究结果表明,距离显著影响城市群内的区域分工,服务业份额随距离增加而下降,但外围地区消费性服务业会增加,制造业份额随距离增加先升后降,农业份额随距离增加而上升。研究同时发现,核心城市对城市群内的分工效应会因其市场规模而有差异,本部分将为区域产业分工协作提供经验证据,也为当下中国是否存在过早去工业化现象给出充分讨论;第 7 章在第 2 章和第 6 章的基础上,结合结构模型方法量化分析区域一体化建设的结构转型和增长效应,从空间一般均衡的视角去理解发展与污染的关系,为如何实现在集聚中"减碳"的目标、"双碳"目标和发展目标改革提供理论支撑和政策建议。

基于本书研究,我们认为,解决区域发展方面的一些体制性结构性问题,有利于产生巨大的制度红利,可以更好发挥国内大循环、国内国际双循环相互促进发展的作用,促进经济更高质量发展。因此,我们给出如下政策建议。

第一,持续深化户籍制度改革,尤其是重点推进城区常住人口 500 万以上的特大和超大城市的户籍制度改革。具体地,要确保以实际居住年限和社保缴纳年限作为积分落户的主要标准;增加积分落户名额,在同等级的城市之间加快推进积分累计互认体系;对暂时无法通过积分获得本地城镇户籍的外来人口,要确保公共服务均等化,尤其是要让相关人群在子女教育和廉(公)租房等方面享受市民待遇;改革要逐渐过渡到公共服务按照常住人口进行配置,户籍制度转化为常住地登记制度。这样,可以利用人口的配置红利对冲人口总量红利下降的负面影响,有利于提高劳动力资源的利用效率,同时实现经济增长和共同富裕。

第二,加强人口和土地的空间匹配,确保建设用地配置与人口流动方向配置一致。在人口持续增长的城市或地区,要根据常住人口的实际增长数量和速度来增加建设用地供应。在建设用地结构方面,提高工业用地和商服用地的利用效率,更有效地将闲置的工业和商服用地向居住用地转换以增加与住房相关的建设用地供应。在建设用地总量供应和结构调整的前提下增加住房供应,可以使商品房价格保持相对稳定;同时,增加保障房建设,确保农村进城务工人员和刚毕业的学生能够通过租赁房市场在城市改善居住条件,以增加人口在所在城市的居住和就业稳定性。在外来人口较为集中的特大和超大城市，要充分认识到外来人口对于本地经济和社会发展做出的贡献，打造新时代城市建设者之家，切实改善城市外来务工人员在城市的居住条件。

在人口流出地做建设用地的减量规划和发展，加快推进土地制度改革。对于闲置的城镇建设用地的布局向中心城区集中；对于郊区和农村闲置的建设用地（包括集体经营性建设用地和农村宅基地等），要加快农村宅基地改革，实现宅基地的所有权、资格权和实际使用权之间的分立。根据人口流出的趋势，有序地将闲置宅基地复耕为农业或生态用地。对于长期离开农村老家的农民，如果其宅基地已经长期闲置，可以在自愿且有偿的情况下，将其使用权转化为可携带的建设用地指标流转到人口流入地，同时可以提高跨地区迁移的农村进城人口的财产性收入。在全国范围内加快构建建设用地和补充耕地指标的全国统一大市场。

第三，把破除对大城市无限扩张的恐惧和将人口集聚与区域平衡发展的对立作为观念更新政策，要尊重区域经济发展的客观规律和国际经验，科学预测大城市人口增长的趋势，防止认知偏差转化成控制大城市规模的具体政策。尤其是对于人口持续增长的特大和超大城市，要突破行政区划对于中心城市和毗邻的中小城市一体化发展为都市圈的体制和机制障碍。在通勤半径一小时范围之内统一进行都市圈规划、土地资源配置、人口和公共服务的空间布局规划。将中心城市及周边地区建设成为引领区域经济发展的增长极，在空间形态上建设成为围绕中心城市以轨道交通和高速公路作为辐射线的一体化、现代化的都市圈。

此外，本书对于经济政策的制定具有一般的启示意义：需要进一步凝聚共识，经济发展是一个多目标过程，经济政策的制定既需要基于科学的依据，也需要考虑不同目标之间的关系，避免顾此失彼。因此，针对中国这样的大国研究,需要基于一般均衡的视角分析区域经济发展,能较好地避免局部和全局最优的不一致或冲突问题。本书的研究表明,畅通国内要素循环配置有利于促进结构转型、增长和改善环境,体现了优化要素资源配置推动高质量发展的客观规律。同时,随着经济发展水平提高,上述改革将产生更大的制度红利,促进更高质量发展。如果主观认为要素等集聚的趋势是不好的,从而试图用行政干预手段来改变这个趋势,结果可能导致损失加大、经济不平衡和不充分发展。

最后,我们对未来可以进一步扩展的研究方向进行展望,以丰富和完善要素空间配置和结构转型相关的研究议题。第一,可以进一步讨论城市化和服务业发展的关系。本书是关于要素空间配置和产业结构转型的关系,第 7 章是基于区域间的差异对结构转型的影响。然而,在中国,除了城市群等区域间的关系和差异,城乡户籍制度带来城乡区域发展差异也很大。在全世界范围内,城市化率和服务业发展呈现正相关的关系,同时,相对世界平均水平来说,中国的城市化率偏低 10 个百分点左右,因此,中国服务业发展偏低的其中一个机制是由于城市化率偏低所致。

第二,本书主要研究要素空间配置对结构转型和增长等的影响,第 4—7 章主要涉及土地和人口的空间分布,并未对财政转移支付的影响进行讨论,在未来的研究过程中会对转移支付进行探讨。该项扩展研究基于结构模型的方法进行分析,可以为财政转移支付改革提供理论和现实指导建议。

第三,本书关注的“空间”主要是指区域层面和城市间,主要研究要素在区域层面和城市间的再配置如何影响产业结构、经济发展、国际贸易和环境。下一步的研究可以将关注点扩展到城市内部,当前城市内部各种要素资源分布是不均衡的。由于职住分离等现象的存在,如何在城市内部空间内更有效地组织分配各种要素资源,可以成为未来进一步的研究方向。

参考文献

才国伟、陈思含、李兵：《全国大市场中贸易流量的省际行政边界效应——来自地级市增值税发票的证据》，《经济研究》2023 年第 3 期。

常晨、陆铭：《新城之殇——密度、距离与债务》，《经济学（季刊）》2017 年第 4 期。

陈斌开、陆铭、钟宁桦：《户籍制约下的居民消费》，《经济研究》2010 年 S1 期。

陈斌开、陆铭：《迈向平衡的增长：利率管制、多重失衡与改革战略》，《世界经济》2016 年第 5 期。

陈斌开、杨汝岱：《土地供给、住房价格与中国城镇居民储蓄》，《经济研究》2013 年第 1 期。

陈斌开、赵扶扬：《外需冲击、经济再平衡与全国统一大市场构建——基于动态量化空间均衡的研究》，《经济研究》2023 年第 6 期。

陈登科：《贸易壁垒下降与环境污染改善——来自中国企业污染数据的新证据》，《经济研究》2020 年第 12 期。

陈建军、陈国亮、黄洁：《新经济地理学视角下的生产性服务业集聚及其影响因素研究——来自中国 222 个城市的经验证据》，《管理世界》2009 年第 4 期。

陈朴、林垚、刘凯：《全国统一大市场建设、资源配置效率与中国经济增长》，《经济研究》2021 年第 6 期。

程大中：《收入效应、价格效应与中国的服务性消费》，《世界经济》2009 年第 3 期。

陈敏、桂琦寒、陆铭、陈钊：《中国经济增长如何持续发挥规模效应？——经济开放与国内商品市场分割的实证研究》，《经济学（季刊）》2008 年第 1 期。

邓婷鹤、何秀荣、白军飞：《"退休-消费"之谜——基于家庭生产对消费下降的解释》，《南方经济》2016 年第 5 期。

范子英、张军：《转移支付、公共品供给与政府规模的膨胀》，《世界经济文汇》2013 年第 2 期。

傅勇：《财政分权、政府治理与非经济性公共物品供给》，《经济研究》2010 年第 8 期。

高翔、龙小宁:《省级行政区划造成的文化分割会影响区域经济吗?》,《经济学(季刊)》2016 年第 2 期。

盖庆恩、方聪龙、朱喜、程名望:《贸易成本、劳动力市场扭曲与中国的劳动生产率》,《管理世界》2019 年第 3 期。

盖庆恩、朱喜、程名望、史清华:《土地资源配置不当与劳动生产率》,《经济研究》2017 年第 5 期。

郭凯明、杭静、颜色:《中国改革开放以来产业结构转型的影响因素》,《经济研究》2017 年第 3 期。

郭凯明、王藤桥:《基础设施投资对产业结构转型和生产率提高的影响》,《世界经济》2019 年第 11 期。

郭凯明、颜色、杭静:《生产要素禀赋变化对产业结构转型的影响》,《经济学(季刊)》2020 年第 4 期。

郭凯明、余靖雯、吴泽雄:《投资、结构转型与劳动生产率增长》,《金融研究》2018 年第 8 期。

郭庆旺、贾俊雪:《中央财政转移支付与地方公共服务提供》,《世界经济》2008 年第 9 期。

韩佳容:《中国区域间的制度性贸易成本与贸易福利》,《经济研究》2021 年第 9 期。

韩立彬、陆铭:《供需错配:解开中国房价分化之谜》,《世界经济》2018 年第 10 期。

黄文彬、王曦:《政府土地管制、城市间劳动力配置效率与经济增长》,《世界经济》2021 年第 8 期。

江小涓:《服务全球化的发展趋势和理论分析》,《经济研究》2008 年第 2 期。

江小涓:《服务业增长:真实含义、多重影响和发展趋势》,《经济研究》2011 年第 4 期。

江小涓:《高度联通社会中的资源重组与服务业增长》,《经济研究》2017 年第 3 期。

金煜、陈钊、陆铭:《中国的地区工业集聚:经济地理、新经济地理与经济政策》,《经济研究》2006 年第 4 期。

况伟大,"房价变动与中国城市居民消费",《世界经济》2011 年第 10 期。

孔令乾、付德申、陈嘉浩:《城市行政级别、城市规模与城市生产效率》,《华东经济管理》2019 年第 7 期。

李静、黄丹丹、彭翡翠:《城市规模与企业全要素生产率关系的实证研究》,《合肥工业大学学报(社会科学版)》2014 年第 5 期。

李兵、郭冬梅、刘思勤:《城市规模、人口结构与不可贸易品多样性——基于"大众点评网"的大数据分析》,《经济研究》2019 年第 1 期。

李杰伟、陆铭:《城市人多添堵? ——人口与通勤的实证研究和中美比较》,《世界经济文汇》2018 年第 6 期。

李杰伟、韩立彬:《控制人口能缓解城市通勤问题吗——基于人群异质性通勤模式的比较分析》,《学术月刊》2020 年第 2 期。

李杰伟、吴思栩:《互联网、人口规模与中国经济增长:来自城市的视角》,《当代财经》2020 年第 1 期。

李宏彬等:《企业家的创业与创新精神对中国经济增长的影响》,《经济研究》2009 年第 10 期。

李平、付一夫、张艳芳:《生产性服务业能成为中国经济高质量增长新动能吗》,《中国工业经济》2017 年第 12 期。

李实:《中国个人收入分配研究回顾与展望》,《经济学(季刊)》2003 年第 2 卷第 2 期。

李自若、杨汝岱、黄桂田:《中国省际贸易流量与贸易壁垒研究》,《经济研究》2022 年第 7 期。

李永友、张子楠:《转移支付提高了政府社会性公共品供给激励吗?》,《经济研究》2017 年第 1 期。

梁文泉:《不安居,则不消费:为什么排斥外来人口不利于提高本地人口的收入?》,《管理世界》2018 年第 1 期。

梁文泉、陆铭:《城市人力资本的分化:探索不同技能劳动者的互补和空间集聚》,《经济社会体制比较》2015 年第 3 期。

梁文泉、陆铭:《后工业化时代的城市:城市规模影响服务业人力资本外部性的微观证据》,《经济研究》2016 年第 12 期。

林伯强、谭睿鹏:《中国经济集聚与绿色经济效率》,《经济研究》2019 年第 2 期。

刘瑞明、赵仁杰:《西部大开发:增长驱动还是政策陷阱——基于 PSM-DID 方法的研究》,《中国工业经济》2015 年第 6 期。

刘瑞明:《国有企业、隐性补贴与市场分割:理论与经验证据》,《管理世界》2012 年第 4 期。

刘毓芸、戴天仕、徐现祥:《汉语方言、市场分割与资源错配》,《经济学(季刊)》2017 年第 4 期。

刘生龙、王亚华、胡鞍钢:《西部大开发成效与中国区域经济收敛》,《经济研究》2009 年第 9 期。

刘守英:《土地制度变革与经济结构转型——对中国 40 年发展经验的一个经济解释》,《中国土地科学》2018 年第 1 期。

刘晓峰、陈钊、陆铭:《社会融合与经济增长:城市化和城市发展的内生政策变迁》,《世界经济》2010 年第 6 期。

刘修岩、李松林:《房价、迁移摩擦与中国城市的规模分布——理论模型与结构式估计》,《经济研究》2017 年第 7 期。

陆凤芝、王群勇:《产业协同集聚如何影响绿色经济效率? ——来自中国城市的经验证据》,《经济体制改革》2022 年第 6 期。

陆铭:《建设用地使用权跨区域再配置:中国经济增长的新动力》,《世界经济》2011 年第 1 期。

陆铭:《大国大城:当代中国的统一、发展与平衡》,上海人民出版社 2016 年版。

陆铭:《空间的力量:地理、政治与城市发展(第二版)》,格致出版社 2017 年版。

陆铭:《向心城市》,上海人民出版社 2022 年版。

陆铭、陈钊:《城市化、城市倾向的经济政策与城乡收入差距》,《经济研究》2004 年第 6 期。

陆铭等:《分工与协调:区域发展的新格局、新理论与新路径》,《中国工业经济》2023 年第 8 期。

陆铭,冯皓:《集聚与减排:城市规模差距影响工业污染强度的经验研究》,《世界经济》2014 年第 7 期。

陆铭、李鹏飞:《城乡和区域协调发展》,《经济研究》2022 年第 8 期。

陆铭、李鹏飞、钟辉勇:《发展与平衡的新时代——新中国 70 年的空间政治经济学》,《管理世界》2019 年第 10 期。

陆铭、李杰伟、韩立彬:《治理城市病:如何实现增长、宜居与和谐?》,《经济社会体制比较》2019 年第 1 期。

陆铭:《城市、区域和国家发展——空间政治经济学的现在与未来》,《经济学(季刊)》2017 年第 4 期。

陆铭、向宽虎:《破解效率与平衡的冲突——论中国的区域发展战略》,《经济社会体制比较》2014 年第 4 期。

陆铭、张航、梁文泉:《偏向中西部的土地供应如何推升了东部的工资》,《中国社会科学》2015 年第 5 期。

马草原、李廷瑞、孙思洋:《中国地区之间的市场分割——基于"自然实验"的实证研究》,《经济学(季刊)》2021 年第 3 期。

马光荣、郭庆旺、刘畅:《财政转移支付结构与地区经济增长》,《中国社会科学》2016 年第 9 期。

潘士远、朱丹丹、徐恺:《中国城市过大抑或过小?——基于劳动力配置效率的视角》,《经济研究》2018 年第 9 期。

潘士远、朱丹丹、徐恺:《人才配置、科学研究与中国经济增长》,《经济学(季刊)》2021 年第 2 期。

平新乔、范瑛、郝朝艳:《中国国有企业代理成本的实证分析》,《经济研究》2003 年第 11 期。

曲玥、蔡昉、张晓波:《"飞雁模式"发生了吗?——对 1998—2008 年中国制造业的分析》,《经济学(季刊)》2013 年第 3 期。

邵帅、张可、豆建民:《经济集聚的节能减排效应:理论与中国经验》,《管理世界》2019 年第 1 期。

宋弘、孙雅洁、陈登科:《政府空气污染治理效应评估——来自中国"低碳城市"建设的经验研究》,《管理世界》2019 年第 6 期。

宋扬:《户籍制度改革的成本收益研究——基于劳动力市场模型的模拟分析》,《经济学(季刊)》2019 年第 3 期。

渠慎宁、李鹏飞、吕铁:《"两驾马车"驱动延缓了中国产业结构转型?——基于多部门经济增长模型的需求侧核算分析》,《管理世界》2018 年第 1 期。

万广华等:《城乡分割视角下中国收入不均等与消费关系研究》,《经济研究》2022 年第 5 期。

万广华、张茵、牛建高:《流动性约束、不确定性与中国居民消费》,《经济研究》2001 年第 11 期。

吴涵、郭凯明:《双循环视角下要素市场化配置、产业结构转型与劳动生产率增长》,《经济研究》2023 年第 9 期。

王如玉、梁琦、李广乾:《虚拟集聚:新一代信息技术与实体经济深度融合的空间组织新形态》,《管理世界》2018 年第 2 期。

魏后凯:《在区域发展新格局中实现西部高质量发展》,《新西部》2019 年第 34 期。

吴敏、刘冲、黄玖立:《开发区政策的技术创新效应——来自专利数据的证据》,《经济学(季刊)》2021 年第 5 期。

徐现祥、王贤彬、高元骅:《中国区域发展的政治经济学》,《世界经济文汇》2011 年第 3 期。

许政、陈钊、陆铭:《中国城市体系的"中心-外围模式"》,《世界经济》2010 年第 7 期。

徐灏龙、陆铭:《求解中国农业困局:国际视野中的农业规模经营与农业竞争力》,《学术月刊》2021 年第 6 期。

徐朝阳、白艳、王韡:《要素市场化改革与供需结构错配》,《经济研究》2020 年第 2 期。

徐朝阳、王韡:《部门异质性替代弹性与产业结构变迁》,《经济研究》2021 年第 4 期。

徐朝阳、张斌:《经济结构转型期的内需扩展:基于服务业供给抑制的视角》,《中国社会科学》2020 年第 1 期。

宣烨:《生产性服务业空间集聚与制造业效率提升——基于空间外溢效应的实证研究》,《财贸经济》2012 年第 4 期。

杨曦、徐扬:《行业间要素错配、对外贸易与中国实际 GDP 变动》,《经济研究》2021 年第 6 期。

颜色、郭凯明、杭静:《需求结构变迁、产业结构转型和生产率提高》,《经济研究》2018 年第 12 期。

严成樑:《结构转型中税收政策的社会福利成本:基于比较静态的分析》,《世界经济》2017 年第 9 期。

余运江、孙斌栋、孙旭:《区域政策能否重塑中国经济版图:中国区域经济差距研究综述》,《江淮论坛》2014 年第 4 期。

袁航、朱承亮:《西部大开发推动产业结构转型升级了吗?——基于 PSM-DID 方法的检验》,《中国软科学》2018 年第 6 期。

袁铭、白军飞:《"退休-消费之谜":基于中国食物消费的理论与实证分析》,《劳动经济研究》2020 年第 2 期。

张天华、邓宇铭:《开发区、资源配置与宏观经济效率——基于中国工业企业的实证研究》,《经济学(季刊)》2020 年第 4 期。

张莉、何晶、马润泓:《房价如何影响劳动力流动?》,《经济研究》2017 年第 8 期。

张莉、陆铭、刘雅丽:《税收激励与城市商住用地结构——来自"营改增"的经验证据》,《经济学(季刊)》2022 年第 4 期。

赵婷、陈钊:《比较优势与中央、地方的产业政策》,《世界经济》2019 年第 10 期。

赵婷、陈钊:《比较优势与产业政策效果:区域差异及制度成因》2020 年第 3 期。

章潇萌、杨宇菲:《对外开放与我国产业结构转型的新路径》,《管理世界》2016 年第 3 期。

郑怡林、陆铭:《大城市更不环保吗? ——基于规模效应与同群效应的分析》,《复旦学报(社会科学版)》2018 年第 1 期。

张文武、梁琦、张为付:《房价、户籍制度与城市生产率》,《经济学(季刊)》2021 年第 4 期。

赵扶扬、陈斌开:《土地的区域间配置与新发展格局——基于量化空间均衡的研究》,《中国工业经济》2021 年第 8 期。

钟宁桦:《农村工业化还能走多远?》,《经济研究》2011 年第 1 期。

钟粤俊、陆铭、奚锡灿:《集聚与服务业发展——基于人口空间分布的视角》,《管理世界》2020 年第 11 期。

钟粤俊、奚锡灿、陆铭:《在集聚中减碳:畅通国内大循环的环境效应》,《世界经济》2023 年第 10 期。

钟粤俊、奚锡灿、陆铭:《城市间要素配置:空间一般均衡下的结构与增长》,《经济研究》2024 年第 2 期(a)。

钟粤俊、陆铭、奚锡灿、王凤岩:《市场替代家庭生产:基于大数据看生活服务业发展》,《财贸经济》2024 年第 7 期,第 74—93 页(b)。

周海伟、厉基巍:《家庭生产社会化与居民消费:趋势、机理和动因》,《消费经济》2021 年第 6 期。

周黎安:《晋升博弈中政府官员的激励与合作——兼论我国地方保护主义和重复建设问题长期存在的原因》,《经济研究》2004 年第 6 期。

周黎安:《中国地方官员的晋升锦标赛模式研究》,《经济研究》2007 年第 7 期。

Adamopoulos, T. and D. Restuccia, 2022, "Geography and Agricultural Productivity: Cross-country Evidence from Micro Plot-level Data", *The Review of Economic Studies*, 89(4), 1629—1653.

Adamopoulos, T. and D. Restuccia, 2020, "Land Reform and Productivity: A Quantitative Analysis with Micro Data", *American Economic Journal: Macroeconomics*, 12(3), 1—39.

Adamopoulos, T. and D. Restuccia, 2014, "The Size Distribution of Farms and International Productivity Differences", *American Economic Review*, 104(6), 1667—1697.

Adamopoulos, T., L. Brandt, J. Leight and D. Restuccia, 2022, "Misallocation, Selection and Productivity: A Quantitative Analysis with Panel Data from China", *Econometrica*, 90(3), 1261—1282.

Aguiar, M. and E. Hurst, 2005, "Consumption Versus Expenditure", *Journal of Political Economy*, 113(5), 919—948.

Aguila, E., O. Attanasio and C. Meghir, 2011, "Changes in Consumption at Retirement: Evidence from Panel Data", *Review of Economics and Statistics*, 3, 1094—1099.

Ahlfeldt, G. M., S.J. Redding, D.M. Sturm and N. Wolf, 2015, "The Economics of density: Evidence from the Berlin Wall." *Econometrica*, 83(6), 2127—2189.

Alder, S., T. Boppart and A. Müller, 2022, "A Theory of Structural Change that Can Fit the Data", *American Economic Journal: Macroeconomics*, 14(2), 160—206.

Allen, T. and C. Arkolakis, 2014, "Trade and the Topography of the Spatial Economy", *Quarterly Journal of Economics*, 129(3), 1085—1139.

Armington, P., 1969, "A Theory of Demand for Products Distinguished by Place of Production", *IMF Staff Papers*, 16, 159—178.

Aruoba, S.B., M.A. Davis and R. Wright, 2016, "Homework in Monetary Economics: Inflation, Home Production, and the Production of Homes", *Review of Economic Dynamics*, 21, 105—124.

Arzaghi, M. and J. V. Henderson, 2008, "Networking off Madison Avenue", *The Review of Economic Studies*, 75(4), 1011—1038.

Arzaghi, M. and J. V. Henderson, 2008, "Networking off Madison Avenue", *The Review of Economic Studies*, 75(4), 1011—1038.

Au, C. C. and J. V. Henderson, 2006, "Are Chinese Cities Too Small?" *Review of Economic Studies*, 73, 549—576.

Banerjee, A. V. and E. Duflo, 2005, "Growth Theory Through the Lens of Development Economics", *Handbook of Economic Growth*, 1, 473—552.

Barlet, M., A. Briant, and L. Crusson, 2013, "Location Patterns of Service Industries in France: A Distance-based Approach", *Regional Science and Urban Economics*, 43(2), 338—351.

Barrows, G. and H. Ollivier, 2018, "Foreign Demand and Greenhouse Gas Emissions: Empirical Evidence with Implications for Leakage" (No. 2018.16), FAERE-French Association of Environmental and Resource Economists.

Baumol, William J., 1967, "Macroeconomics of Unbalanced Growth: The Anatomy of Urban Crisis", *American Economic Review*, 57 (3), 415—426.

Be, A., B. Lh and B. Yt, 2020, "Home Production, Market Substitutes, and the Labor Supply of Mothers", *Journal of Economic Behavior and Organization*, 171, 378—390.

Becker, Gary S., 1965, "A Theory of the Allocation of Time", *Economic Journal*. 75(9), 493—517.

Becker, G. S., 1965, "A Theory of the Allocation of Time", *The Economic Journal*, Vol.75, No.299, 493—517.

Been, J., S. Rohwedder and M. D. Hurd, 2015, "Home Production as A Substitute to Market Consumption? Estimating the Elasticity Using Houseprice Shocks from the

Great Recession", SSRN Working Paper.

Behrens, K., G. Duranton and F. Robert-Nicoud, 2014, "Productive Cities: Sorting, Selection, and Agglomeration", *Journal of Political Economy*, 122(3), 507—553.

Benhabib, J., R. Rogerson and R. Wright, 1991, "Homework in Macroeconomics: Household Production and Aggregate Fluctuations", *Journal of Political Economic*, 99 (9), 1166—1187.

Betts, C., R. Giri and R. Verma, 2017, "Trade, Reform, and Structural Transformation in South Korea", *IMF Economic Review*, 65, 745—791.

Bils, M. and P. Klenow, 1998, "Using Consumer Theory to Test Competing Business Cycle Models", *Journal of Political Economy*, Vol.106, 233—261.

Brandt, L. and C. A. Holz, 2006, "Spatial Price Differences in China: Estimates and Implications", *Economic Development and Cultural Change*, 55(1), 43—86.

Brandt L., T. Tombe and X. Zhu, 2013, "Factor Market Distortions Across Time, Space and Sectors in China", *Review of Economic Dynamics*, 16(1), 39—58.

Bridgman, B., A. Craig and D. Kanal, 2022, "Accounting for Household Production in the National Accounts", Survey of Current Business, 102(2), 1—3.

Bridgman, B., G. Duernecker and B. Herrendorf, 2018, "Structural Transformation, Marketization, and Household Production Around the World", *Journal of Development Economics*, 133, 102—126.

Bridgman, B., G. Duernecker and B. Herrendorf, 2018, "Structural Transformation, Marketization, and Household Production around the World", *Journal of Development Economics*, 2018:S0304387817301281.DOI:10.1016/j.jdeveco.2017.12.009.

Brock, W. A. and M. S. Taylor, 2005, "Economic Growth and the Environment: A Review of Theory and Empirics." *Handbook of Economic Growth*, 1, 1749—1821.

Brock, W. A. and M. S. Taylor, 2010, "The Green Solow Model", *Journal of Economic Growth*, 15(2), 127—153.

Bryan, G. and M. Morten, 2019, "The Aggregate Productivity Effects of Internal Migration: Evidence from Indonesia", *Journal of Political Economy*, 127(5), 2229—2268.

Buera, F.J. and J.P. Kaboski, 2012, "The Rise of the Service Economy", *American Economic Review*, 102(6), 2540—2569.

Burda, M. and D. Hamermesh, 2010, "Unemployment, Market Work and Household Production", *Economics Letters*, 107, 131—133.

Cai, F. and Y. Du, 2011, "Wage Increases, Wage Convergence, and the Lewis Turning Point in China", *China Economic Review*, Vol.22, No.4, 601—610.

Caliendo, L., L. D. Opromolla, F. Parro and A. Sforza, 2021, "Goods and Factor Market Integration: A Quantitative Assessment of the EU Enlargement, "*Journal of*

Political Economy, 129, 3491—3545.

Caliendo, L., L. D. Opromolla, F. Parro and A. Sforza, 2023, "Labor Supply Shocks and Capital Accumulation: The Short- and Long-Run Effects of the Refugee Crisis in Europe", *AEA Papers and Proceedings*, 113, 577—584.

Caliendo, L., L. D. Opromolla, F. Parro, and A. Sforza, 2019, "Trade and Labor Market Dynamics: General Equilibrium Analysis of the China Trade Shock, " *Econometrica*, 87, 741—835.

Chen, B., M. Lu, C. Timmins and K. Xiang, 2019, "Spatial Misallocation: Evaluating Place-based Policies Using A Natural Experiment in China", (No. w26148). *National Bureau of Economic Research*.

Chenery, H. B., 1960, "Patterns of Industrial Growth", *American Economic Review*, Vol.50, 624—653.

Chen, Y.,J.V. Henderson and W. Cai, 2017, "Political Favoritism in China's Capital Markets and Its Effect on City Sizes", *Journal of Urban Economics*, 98, 69—87.

Chen, Z., M. E. Kahn, Y. Liu and Z. Wang, 2018, "The Consequences of Spatially Differentiated Water Pollution Regulation in China", *Journal of Environmental Economics and Management*, Vol.88, 468—485.

Chen, Z., Y. Jin, and M. Lu, 2008, "Economic Opening and Industrial Agglomeration in China, " in M. Fujita, S. Kumagai and K. Nishikimi(eds.), *Economic Integration in East Asia: Perspectives from Spatial and Neoclassical Economics*, Edward Elgar Publishing, 276—331.

Cherniwchan, J., 2017, "Trade Liberalization and the Environment: Evidence from NAFTA and US manufacturing", *Journal of International Economics*, 105, 130—149.

Clark, C., 1957, *The Conditions of Economic Progress*, third ed., Macmillan, London.

Colella, F. and A. Van Soest, 2013, "Time Use, Consumption Expenditures and Employment Status: Evidence From the LISS Panel", (Paper presented at the 7th MESS Workshop).

Combes, Pierre-Philippe, Gilles Duranton and Laurent Gobillon, 2019, "The Costs of Agglomeration: House and Land Prices in French Cities", *Review of Economic Studies*, 86(4), 1556—1589.

Combes, P. P., G. Duranton, and L. Gobillon, 2008, "Spatial wage disparities: Sorting matters!", *Journal of urban economics*, 63(2), pp.723—742.

Comin, D. A., D. Lashkari and M. Mestieri, 2015, "Structural Change with Long-run Income and Price Effects", National Bureau of Economic Research, 21595.

Copeland, B. R. and M. S. Taylor, 1994, "North-South Trade and the Environment", *The Quarterly Journal of Economics*, 109(3), 755—787.

Copeland, B. R., J. S. Shapiro and M.S. Taylor, 2021, "Globalization and the Environment."(No. w28797). *National Bureau of Economic Research*, 2021.

Copeland, B. R., 2014, *Recent Developments in Trade and the Environment*, Edward Elgar Publishing.

Dekle, R., J. Eaton and S. Kortum, 2007, "Unbalanced Trade", *The American Economic Review*, 97(2), 351—355.

Desmet, K. and E. Rossi-Hansberg, 2014, "Spatial Development", *American Economic Review*, 104(4), 1211—1243.

Dinkelman, T. and L. R. Ngai, 2022, "Time Use and Gender in Africa in Times of Structural Transformation", *Journal of Economic Perspectives*, 36(1), 57—80.

Duarte, M. and D. Restuccia, 2010, "The Role of the Structural Transformation in Aggregate Productivity", *The Quarterly Journal of Economics*, 125(1), 129—173.

Dumais, G., G. Ellison and E.L. Glaeser, 2002, "Geographic Concentration As A Dynamic Process", *Review of economics and Statistics*, 84(2), 193—204.

Duranton, G. and D. Puga, 2004, "Micro-foundations of Urban Agglomeration Economies", *Handbook of Regional and Urban Economics*, Vol.4, 2063—2117.

Duranton, G. and D. Puga, 2020, "The Economics of Urban Density", *Journal of Economic Perspectives*, 34(3), 3—26.

Duranton, G. and D. Puga, 2019, "Urban Growth and its Aggregate Implications", National Bureau of Economic Research.

Duranton, G., E. Ghani, A. G. Goswami and W. Kerr, 2015, "The Misallocation of Land and other Factors of Production in India", The World Bank.

Duranton, G., E. Ghani, A. G. Goswami and W. Kerr, 2015, "The Misallocation of Land and Other Factors of Production in India", The World Bank.

Duval-Hernandez, R., L. Fang and L. R. Ngai, 2021, "Taxes, Subsidies, and Gender Gaps in Hours and Wages" Federal Reserve Bank of Atlanta Working Paper, DOI:10. 29338/WP2021-17.

Eaton, J. and S. Kortum, 2022, "Technology, Geography, and Trade", *Econometrica*, 70(5), 1741—1779.

Fajgelbaum, P. and S. J. Redding, 2022, "Trade, Structural Transformation, and Development: Evidence from Argentina 1869—1914", *Journal of Political Economy*, 130(5), 1249—1318.

Fang M., L. Han, Z. Huang, M. Lu and L. Zhang, 2022, "Regional Convergence or Just An Illusion? Place-based Land Policy and Spatial Misallocation", SSRN Working paper, https://papers.ssrn.com/sol3/papers.cfm?abstract_id=3846313.

Freeman, R.B. and R. Schettkat, 2005, "Marketization of Household Production and the EU-US Gap in work", *Economic policy*, 20(41), 6—50.

Fujita, M. and P. Krugman, 1995, "When is the Economy Monocentric? von Thünen and Chamberlin unified", *Regional Science and Urban Economics*, 25 (4),

505—528.

Fujita, M. and T. Mori, 1996, "The Role of Ports in the Making of Major Cities: Self-agglomeration and Hub-effect", *Journal of Development Economics*, Vol. 49, 93—120.

Fujita, M., P. Krugman and T. Mori, 1999, "On the Evolution of Hierarchical Urban Systems", *European Economic Review*, 43(2), 209—251.

Ghani, S. E., A. G. Goswami and W. Kerr, 2016, "Spatial Development and Agglomeration Economies in Services—Lessons from India", World Bank Policy Research Working Paper, 7741.

Gill, I. S., H. J. Kharas and D. Bhattasali, 2007, *An East Asian Renaissance: Ideas for Economic Growth*, World Bank Publications.

Gimenez-Nadal, J.I. and R. Ortega-Lapiedra, 2013, "Health Status and Time Allocation in Spain", *Applied Economics Letters*, 20(15), 1435—1439.

Glaeser, E., J. Scheinkman and A. Shleifer, 2003, "The Injustice of Inequality", *Journal of Monetary Economics*, 50(1), 199—222.

Glaeser, E. L. and J. E. Kohlhase, 2004, "Cities, Regions and the Decline of Transport Costs", Advances in Spatial Science.

Glaeser, E.L. and M. Lu, 2018, "Human-capital externalities in China" (No. w24925), National Bureau of Economic Research.

Glaeser, E. L. and W. R. Kerr, 2009, "Local Industrial Conditions and Entrepreneurship: How Much of the Spatial Distribution Can We Explain?", *Journal of Economics & Management Strategy*, 18(3), 623—663.

Glaeser, E. L., W. R. Kerr and G. A. Ponzetto, 2010, "Clusters of Entrepreneurship", *Journal of Urban Economics*, 67(1), 150—168.

Glaeser, E., 2011, *Triumph of the City: How Our Greatest Invention Makes Us Richer, Smarter, Greener, Healthier, and Happier*, Penguin.

Gollin, D., S. Parente and R. Rogerson, 2002, "The Role of Agriculture in Development", *American Economic Review*, 92(2), 160—164.

Greenwood, S.L., L.M. Simkins, M.C. Winsborrow and L.R. Bjarnadóttir, 2021, "Exceptions to Bed-controlled Ice Sheet Flow and Retreat from Glaciated Vontinental Margins Worldwide", *Science Advances*, 7(3), p.eabb6291.

Hao, T., R. Sun, T. Tombe and X. Zhu, 2020, "The effect of Migration Policy on Growth, Structural Change, and Regional Inequality in China", *Journal of Monetary Economics*, 113, 112—134.

Head, K. and J. Ries, 2001, "Increasing Returns versus National Product Differentiation as An Explanation for the Pattern of US-Canada Trade", *American Economic Review*, 2001, 91(4), 858—876.

Heblich, S., S. J. Redding and D. M. Sturm, 2020, "The Making of the Modern

Metropolis: Evidence from London", *The Quarterly Journal of Economics*, Vol.135, No.4, 2059—2133.

Henderson, J. Vernon and Yannis M. Ioannides, 1981, "Aspects of Growth in a System of Cities", *Journal of Urban Economics*, 10(1), 117—139.

Henderson, J. Vernon., 1982, "Systems of Cities in Closed and Open Economies", *Regional Science and Urban Economics*, 12(3), 325—350.

Henderson, V., D. Su, Q. Zhang and S. Zheng, 2022, "Political Manipulation of Urban Land Markets: Evidence from China", *Journal of Public Economics*, 214: 104730.

Henkel, Marcel, Tobias Seidel and Jens Südekum, 2019, "Fiscal transfers in the spatial economy", DICE Discussion Papers 322, University of Düsseldorf.

Henkel, M., T. Seidel and J. Südekum, 2021, "Fiscal Transfers in the Spatial Economy", *American Economic Journal: Economic Policy*, 13(4), 433—468.

Herrendorf, B., R. Rogerson and A. Valentinyi, 2013, "Two Perspectives on Preferences and Structural Transformation", *American Economic Review*, 103(7), 2752—2789.

Herrendorf, B., R. Rogerson, and Á. Valentinyi, 2014, "Growth and Structural Transformation", *Handbook of Economic Growth*, 2, 855—941.

Hicks, D., 2015, "Consumption Volatility, Marketization, and Expenditure in An Emerging Market Economy", *American Economic Journal: Macroeconomics*, 7(2), 95—123.

Ho, C. and D. Li, 2010, "Spatial Dependence and Divergence across Chinese Cities", *Review of Development Economics*, Vol.14, No.2, 386—403.

Hsieh, C. and E. Moretti, 2019, "Housing Constraints and Spatial Misallocation", *American Economic Journal: Macroeconomics*, 11(2), 1—39.

Hsieh, C. and P. Klenow, 2009, "Misallocation and Manufacturing TFP in China and India", *Quarterly Journal of Economics*, 124(4), 1403—1448.

Hurd, M. and S. Rohwedder, 2013, "Heterogeneity in Spending Change at Retirement", *The Journal of the Economics of Aging*, 1—2, 60—71.

Imbert C., M. Seror, Zhang Y., and Zylberberg Y., 2022, "Migrants and Firms: Evidence from China", *American Economic Review*, 112(6):1885—1914.

Ito, J., 2008, "The removal of Institutional Impediments to Migration and Its Impact on Employment, Production and Income Distribution in China", *Economics of Planning*, 41(3), 239—265.

Jia, J., G. Ma and C. Qin, 2020, "Place-based Policies, State-led Industrialization, and Regional Development: Evidence from China's Great Western Development Programme", *European Economic Review*, Vol.123, p.103398.

Keeble, D. and L. Nachum, 2002, "Why do Business Service Firms Cluster? Small

Consultancies, Clustering and Decentralization in London and Southern England", *Transactions of the Institute of British Geographers*, Vol.27, No.1, pp.67—90.

Kharroubi, E. and Kohlscheen, E., 2017, "Consumption-led Expansions", *BIS Quarterly Review*, March.

Kongsamut P., S. Rebelo and D. Xie, 2001, "Beyond Balanced Growth", *Review of Economic Studies*, Vol.68, 869—882.

Kuznets, S., 1966, *Modern Economic Growth*. New Haven, CT: Yale Univ. Press.

Larch, M. and J. Wanner, 2017, "Carbon tariffs: An analysis of the Trade, Welfare, and Emission Effects."*Journal of International Economics*, 109, 195—213.

Leukhina, O. and Z. Yu, 2020, "Home Production and Leisure during the Covid-19", FRB St. Louis Working Paper (2020-025).

Liang, W., R. Song and C. Timmins, 2020, "Frictional Sorting", National Bureau of Economic Research 27643.

Li, C. and J. Gibson, 2013, "Rising Regional Inequality in China: Fact or Artifact?" *World Development*, Vol.47, 16—29.

Li, N. and C.M. Ho, 2008, "Aptamer-based Optical Probes with Separated Molecular Recognition and Dignal Transduction Modules, *Journal of the American Chemical Society*, 130(8), 2380—2381.

Li, P. and M. Lu, 2021, "Urban Systems: Understanding and Predicting the Spatial Distribution of China's Population", *China & World Economy*, 29(4), 35—62.

Lu, M. and G. Wan, 2014, "Urbanization and Urban System in China: Research Findings and Policy Recommendations", *Journal of Economic Survey*, Vol. 28, 671—685.

Lu, M. and K. Xiang, 2016, "Great Turning: How Has Chinese Economy Been Trapped in an Efficiency-and-Balance Tradeoff?", *Asian Economic Papers*, 15(1), 25—50.

Lu, M., X. Xi and Y. Zhong, 2021, "Urbanization and The Rise of Services: Evidence from China", Shanghai Jiao Tong University and Fudan University Working paper.

Marshall, A., 1920, *Principles of Economics*, Macmillan Press.

Martin, Leslie A., 2013, "Energy Efficiency Gains from Trade: Greenhouse Gas Emission and India's Manufacturing Firms", Working paper.

Matsuyama, K., 2009, "Structural Change in an Interdependent World: A Global View of Manufacturing Decline", *Journal of the European Economic Association*, Vol.7, 478—486.

Moretti, E., 2004, "Human Capital Externalities in Cities", *Handbook of Urban and Regional Economics*, North-Holland, 4, 2243—2291.

Moretti, Enrico, 2019, "The Effect of High-Tech Clusters on the Productivity of Top Inventors", *National Bureau of Economic Research* 26270.

Moretti, E., 2012, "The New Geography of Jobs", in Moro, A., S. Moslehi and S.

Tanaka, 2017, "Does Home Production Drive Structural Transformation?", *American Economic Journal: Macroeconomics*, 9(3), 116—146.

Najjar, N. and J. Cherniwchan, 2021, "Environmental Regulations and the Cleanup of Manufacturing: Plant-level Evidence", *Review of Economics and Statistics*, 103(3), 476—491.

Ngai, L. Rachel and Christopher A. Pissarides, 2007, "Structural Change in a Multisector Model of Growth", *American Economic Review*, 97(1), 429—443

Ozawa, T., 2011, "The(Japan-Born) 'Flying-Geese' Theory of Economic Development Revisited and Reformulated from a Structuralist Perspective", *Global Policy*, Vol.2, No.3, 272—285.

Parente SL., Rogerson R., Wright R., 2000, "Homework in Development Economics: Household Production and the Wealth of Nations", *Journal of Political Economy*, Vol.108, 680—687.

Porzio T., F. Rossi and G. Santangelo, 2022, "The Human Side of Structural Transformation", *American Economic Review*, 112(8), 2774—2814.

Qi, J., X. Tang and X. Xi, 2021, "The Size Distribution of Firms and Industrial Water Pollution: A Quantitative Analysis of China", *American Economic Journal: Macroeconomics*, 13(1), 1—34.

Qu, Y., F. Cai, and X. B. Zhang, 2012, "Has the 'Flying Geese' Phenomenon in Industrial Transformation Occurred in China", in McKay H. and L. G. Song(Ed), *Rebalancing and Sustaining Growth in China*, ANU Press.

Rachel N. L. and C. A. Pissarides, 2007. "Structural Change in a Multisector Model of Growth", *American Economic Review*, Vol.97, 429—443.

Redding, S. J., 2016, "Goods trade, factor mobility and welfare."*Journal of International Economics*, 101, 148—167.

Reid, M. G., 1934, *Economics of Household Production*, New York: J. Wiley Sons, Incorporated.

Restuccia, D., and R. Rogerson, 2008, "Policy Distortions and Aggregate Productivity with Heterogeneous Establishments", *Review of Economic Dynamics*, 11(4), 707—720.

Restuccia, D., D. T. Yang and X. Zhu, 2008, "Agriculture and Aggregate Productivity: A Quantitative cross-country Analysis", *Journal of Monetary Economics*, Vol.55, 234—250.

Rogerson, R., 2008, "Structural Transformation and the Deterioration of European Labor Market Outcomes", *Journal of Political Economy*, Vol.116, 235—259.

Rosenthal, S. S. and W. C. Strange, 2004, "Evidence on the Nature and Sources of Agglomeration Economies", in Elsevier. Henderson, J. V. and J.-F. Thisse(Eds.), *Cities and Geography*, Vol.4, 2119—2171.

Ruan, J. and X. Zhang, 2010, "Do Geese Migrate Domestically? Evidence from the Chinese Textile and Apparel Industry", IFPRI Discussion Paper 01040.

Rupert, Peter, Richard Rogerson and Randall D. Wright, 1995, "Estimating Substitution Elasticities in Household Production Models", *Economic Theory*, (6), 179—193.

Shapiro, J. S. and R. Walker, 2018, "Why is Pollution from US Manufacturing Declining? The Roles of Environmental Regulation, Productivity, and Trade", *American Economic Review*, 108(12), 3814—3854.

Shapiro, J.S., 2021, "The Environmental Bias of Trade Policy", *The Quarterly Journal of Economics*, 136(2), 831—886.

Srinivasan, T.N.(Eds.), Handbook of Development Economics, Vol. 1. North Holland, Amsterdam and New York, 203—273(Chapter 7).

Święcki, T., 2017, "Determinants of Structural Change", *Review of Economic Dynamics*, Vol.24, 95—131.

Syrquin, M., 1988, *Patterns of structural change*, in Chenery, Hollis, Srinivasan, T.N.(Eds.), *Handbook of Development Economics*, Vol. 1, 203—273(Chapter 7).

Taylor, M. S. and B. Copeland, 2014, "International Trade and the Environment: A Framework for Analysis", Department of Economics, University of Calgary(No. 2014—71).

Teignier, M., 2018, "The Role of Trade in Structural Transformation", *Journal of Development Economics*, Vol.130, 45—65.

Tombe, T., and X. Zhu, 2019, "Trade, Migration and Productivity: A Quantitative Analysis of China", *The American Economic Review*, 109(5), 1843—1872.

Tombe, T., 2015, "The Missing Food Problem: Trade, Agriculture, and International Productivity Differences", *American Economic Journal Macroeconomics*, 7(3), 226—258.

Uy, T., K. M. Yi and J. Zhang, 2013, "Structural Change in An Open Economy", *Journal of Monetary Economics*, Vol.60, 667—682.

Velarde, M. and R. Herrmann, 2014, "How Retirement Changes Consumption and Household Production of Food: Lessons from German Time-use Data", *The Journal of the Economics of Aging*, 3, 1—10.

Venable, A. J., 1996, "Equilibrium Locations of Vertically Linked Industries", *International Economic Review*, Vol.37, No.2, 341—359.

Whalley, J. and S. Zhang, 2007, "A numerical Simulation Analysis of (Hukou) Labour Mobility Restrictions in China", *Journal of Development Economics*, 83(2), 392—410.

Wu, W. and W. You, 2013, "Should Governments Promote or Slow the Pace of Urbanization? A Quantitative Analysis of the Internal Migration Restrictions in China", SSRN Working paper, https://papers.ssrn.com/sol3/papers.cfm?abstract_id=3637557.

Xu，H.，W. Liang and K. Xiang，2022，"The Environmental Consequences of Place-based Policies in China：An Empirical Study Based on SO₂ Emission Data"，*China & World Economy*，30(4)，1—29.

Yang，Y.，1999，"An Evaluation of Statistical Approaches to Text Categorization"，*Information retrieval*，1(1)，69—90.

Yao，W. and X. Zhu，2020，"Structural Change and Aggregate employment fluctuations in China Structural Change"，*International Economic Review*，(9)，pp.1—36.

后　记

　　本书是我近年来对中国经济关于增长、结构转型、要素资源配置等相关问题的讨论和总结。大国产业结构是当前中国深化改革和推进高质量发展的关注焦点,其中要素空间配置是影响产业结构很重要的因素。本书研究了要素空间配置影响产业结构转型的事实与作用机制,并量化分析其对产业结构转型、发展和分工的影响。研究产业结构转型影响因素及其机制对理解和认识如何推动中国式现代化和制造强国发展改革等有重要的现实指导意义。

　　成书之际,首先要感谢的是上海交通大学的陆铭老师和复旦大学的奚锡灿老师,他们是本书一系列研究的主要合作者,也是我学术生涯阶段的重要引路人,是他们的鼓励和帮扶才让我即使在遇到困难时也敢于向前冲。此外,要感谢华南师范大学的董志强老师,是他带领我进入经济学的世界,一直以来都给予我很大的支持和帮助。硕士舍友李耸经常和我说:"你能遇到这几位好老师(导师)是多么地幸运,单就这一点就已经赢了很多人。"我很赞同他的这句话,我赶上了好时代和抓住了好机会。

　　当然,本书的完成也离不开众多师友的帮助,借此机会我要感谢师门所有的师兄弟姐妹和一路以来帮助过我的各位师友,大家的美和爱我一直记在心里。尤其要感谢复旦大学的陈钊老师和刘志阔老师、暨南大学的梁文泉老师、温州大学的夏怡然老师、山东大学的梁超老师、东北财经大学的韩立彬老师、上海大学的向宽虎老师等学者的各种帮助,他们在本书的构思、写作和讨论中给予了建设性的修改意见。

和本书相关的这些研究发表在《经济研究》《管理世界》《世界经济》《中国工业经济》《财贸经济》等权威期刊上,在此,要一并感谢这些期刊的编辑和审稿专家。本书的系列研究工作得到了国家自然科学基金专项项目"超大规模市场的动态均衡理论与量化方法研究:结构转型与改革路径"(72342035)、国家自然科学基金面上项目"大数据视野下的城市空间结构与有效治理"(72073094)、国家自然科学基金青年项目"要素空间配置与产业结构转型:统一大市场下的量化分析"(72403088)的资助,本书也是这些项目的阶段性研究成果。在此一并感谢。

本书的大部分章节或内容是在我入职华东师范大学经济与管理学院后完成或撰写的,感谢岳华书记、殷德生院长和学院的领导、同事为我的工作所提供的支持和帮助。当然本书能顺利出版和定稿离不开格致出版社的各位编辑和上海交通大学中国发展研究院的严功翠老师的大力支持和帮助。

最后,感谢父母和家人一直以来对我的理解和支持。也感谢这个转型的时代,致敬为时代前进而努力的各类建设者,世界因你们而更好!

钟粤俊

2024 年 10 月于上海

图书在版编目（CIP）数据

大国产业结构：要素空间配置的影响 / 钟粤俊著.
上海：格致出版社：上海人民出版社，2024. -- ISBN
978-7-5432-3634-9

Ⅰ. F121.3
中国国家版本馆 CIP 数据核字第 2024PF3754 号

责任编辑　郑竹青
装帧设计　路　静

大国产业结构：要素空间配置的影响

钟粤俊　著

出　　版　格致出版社
　　　　　上海人民出版社
　　　　　（201101　上海市闵行区号景路 159 弄 C 座）
发　　行　上海人民出版社发行中心
印　　刷　上海商务联西印刷有限公司
开　　本　710×1000　1/16
印　　张　18.25
插　　页　2
字　　数　220,000
版　　次　2024 年 12 月第 1 版
印　　次　2024 年 12 月第 1 次印刷
ISBN 978 - 7 - 5432 - 3634 - 9/F・1608
定　　价　85.00 元